U0573991

Pocket Series of
The Chinese Pedagogy
当代中国教育学小丛书

智能时代的
中国教育学

李政涛 / 著

北京师范大学出版集团
BEIJING NORMAL UNIVERSITY PUBLISHING GROUP
北京师范大学出版社

出版说明

中国教育学的发展已有百余年历史，从清末民初引进日本、德国、美国等国家的教育学开始，到新中国成立初期全盘苏化、照搬照抄苏联教育学，再到对苏联教育学进行批判反思，进而提出"中国教育学"并对其进行本土化建构，历经了引进、融合与创新的发展过程。尤其是改革开放之后，一代代中国教育学人对建设中国特色社会主义教育学和教育学本土化进行了不懈的努力，无论是理论研究还是实践探索，都取得了丰硕的成果。

党的十八大以来，中国特色社会主义进入新时代，中国教育学的发展迎来了历史性机遇。在习近平新时代中国特色社会主义思想指导下，构建具有主体性、原创性的中国教育学自主知识体系，成为时代赋予教育理论工作者的核心使命。这一知识体系的关键在于"自主"——它既立足于中国独特的历史、文化和国情，扎根于中国教育实践的丰厚土壤，致力于回答中国之问、世界之问、人民之问、时代之问，也要区别于西方教育学的理论预设与话语体系，同时保持教育学作为独立学科的学科边界与特质，区别于其他学科的知识生产逻辑。全面建设社会主义现代化国家、实现中华民族伟大复兴的宏伟目标，向教育学提出了诸多前所未有的、亟须解答的重大理论和实践问题。这迫切需要新时代中国教育理论工作者凝聚共识、协同创新、集体攻关，共同推动中国教育学自主知识体系的系统构建。

为了更好地展现和普及新时代中国教育学者在构建自主知识体系征程中的最新研究成果，体现时代大潮下中国教育学的思想自信、文化自信、理论自信和价值自信，我们策划了这套"当代中国教育学小丛书"。

"小丛书"的作者都是对某一领域做过持续、深入研究的学者，他们的成果不仅在理论方面有所建树，而且对实践具有指导意义；"小丛书"的内容多是某位学者从这一领域的某一主题出发撰写的文章合集，具有可读性、前沿性、引领性和代表性。

我们编辑出版这套"当代中国教育学小丛书"，目的是向更多的读者普及教育学的最新研究成果，力图使这套丛书做到：以习近平新时代中国特色社会主义思想为指导，彰显中国特色、融汇古今智慧、立足本土实践、面向世界前沿；着力回应和解决中国教育现代化进程中的实际问题，积极探索构建中国教育学自主知识体系的有效路径，从而为中国教育新知的传播和未来教育的创新贡献绵薄之力。

限于水平，丛书的编辑出版工作肯定存在这样那样的不足，敬请读者不吝赐教，也希望得到教育学术界学者和各界有识之士的宝贵建议，在此深表谢忱！

修订于 2025 年 7 月

序　言

　　教育学是一门时代之学，教育学之思离不开时代问题之思。

　　人类的当下境遇和未来命运，都与人工智能带来的挑战以及人类必须做出的"转变"或"改变"有关。生成式人工智能的出现，正在以破竹之势加剧社会变革与教育变革，人所独有的能力面临挑战，认知与思维亟待重塑。人类教育已由传统农业时代、工业时代的教育进入"智能时代的教育"，教育学也随之成为"智能时代的教育学"。从此，没有人工智能参与的教育是不完整的教育，缺乏基于智能时代反思与重构的教育学是不完善的教育学。

　　人工智能的迅速崛起，改造了人类的生存境况。大数据、元宇宙、脑机接口、智能问答与创作等新兴技术加速迭代，智能机器正像人类的"第二器官"内嵌于人的生活，"人机协同"成为常态，人与机器的融合日渐加深。这一改变既给人类带来"希望"——人工智能为人类赋能，通过人的智能优势与人工智能优势的融合，促进人的生命进化，也给人类带来"困境"——当人工智能正在或即将替代人类诸多领域的实践活动，淘汰传统职业，人又将何去何从？人的独立且独特的意义该如何在这个时代显现？无论是希望还是困境，归根结底都与人的生命发展有关，与人的教育有关。

时代之变，归根结底是人之变。作为"迷恋人的成长"的教育学人必须给出这个时代的教育学思考，发出教育学的时代之问：面对智能时代人类的困境与希望，教育何为？教育学又能有何作为？在"百年未有之大变局"的背景下，中国教育学又该何去何从？

习近平总书记强调，"加快构建中国特色哲学社会科学，归根结底是建构中国自主的知识体系"。面对智能时代的教育变革，本书立足中国实际，力求提出具有主体性、原创性的理论观点，形成中国教育学自己的特色和优势，从而在融通中外文化、增进文明交流中发挥独有作用。推进教育学自主知识创新，教育学科要始终秉持强烈的"中国立场""中国意识"，从倡导"教育学中国化"走向建构"中国教育学"，以自主知识创新为基础，促进文明互鉴和跨文化对话。

党的二十大报告强调："教育、科技、人才是全面建设社会主义现代化国家的基础性、战略性支撑。"教育、科技、人才是一个有机联系的整体，以教育强国、科技强国和人才强国共同支撑社会主义现代化强国建设。本书聚焦"智能时代的中国教育学"，延续了作者长期以来观照教育学学科发展、构建中国自主教育学的研究旨趣，在智能时代反思教育学的学科问题和未来教育的问题，以及中国教育学发展的问题，力图展现时代大变局下的教育学、中国教育、中国教育学的可能样态。本书将人工智能与教育发展、人才培养、教育学理论发展结合起来，也在一定程度上回应了教育、科技、人才一体化发展的现实需要。

本书共收录了九篇文章。其中，《什么是"教育学基本问题"》《什么是"教育基本理论"》《面对信息技术，教育学理论何为》《"五育融合"与新时代"教育新体系"的构建》《智能时代的生命进化及其教育》《跨以成人：跨界教育的历史、现实与未来》六篇可概括为"智能时代的教育学之思"，回到学科原点、概念原点，面对智能时代，审视教育学问题以及教育发展问题；《文化自觉、语言自觉与"中国教育学"的发展》《走向世界的中国教育学：目标、挑战与展望》《教育学中国话语体系的世界贡献与国际认同》三篇可概括为"智能时代的中国教育学"，阐释中国教育学的"中国独特"与"世界贡献"，回应建构中国自主的教育学知识体系的时代使命。

面对教育学问题，本书提出了两个原点性和一个时代性的问题。第一，什么是"教育学基本问题"？本书通过概念辨析，从简单走向复杂，从单一走向多元，从平面走向立体，建立对教育学基本问题的"立交桥式"认识。第二，什么是"教育基本理论"？本书指出，教育基本理论是"一种把握教育存在的方式"，是教育生活中的"形而上学"，是在存在层面、智慧层面、意义层面、原理层面对"教育"的整体把握。第三，面对信息技术，教育学理论何为？本书通过对"信息技术与教育学理论"关系的双向式探讨，认为信息技术带来了新的"价值尺度"，拓展了原有的"理论边界"，生成了新的理论生产机制和改变了理论主体的生存方式，而教育学理论可以提供"理论""原理"，通过回到"概念原点"、"价值原点"和"思维方式原点"等方式，对教育技术的发展承担责任、做出贡献，从而有所作为。

面对智能时代的机遇与挑战，本书提出了教育发展的三大取向：一是走向"五育融合"。"五育融合"是一种"育人假设"、一种"育人实践"、一种"育人理念"、一种"育人思维"、一种"育人能力"，"五育融合"教育体系的建构要破解"融合日常"之难、"融合机制"之难、"融合评价"之难、"融合主体"之难、"融合生态"之难。二是走向生命 3.0 阶段的教育。在智能时代探讨面对进化与重生的人类，教育何为，这需要重新审视"教育实践的意义""教育实践的目标""教育实践与社会的关系""教育实践中的师生关系"等教育实践中的前提性问题，走向教育实践、理论与政策的交互生成和交融共生。三是走向跨界教育。如何"跨以成人""跨界生长"，实现人的全面而自由发展，是当代教育的基本问题。围绕跨界教育"是什么""跨什么""谁来跨""如何跨"等议题阐述了跨界教育的基本样态，分析了跨界教育的实践逻辑、理论逻辑和政策逻辑。

面对中国教育学发展问题，本书就中国教育学何以独特、中国教育学如何走向世界、教育学中国话语体系建构等问题进行阐释。"中国"是一种"态度"、一种"立场"、一种"视角"、一种"方法"和一种"典范"。我们应基于文化自觉和语言自觉构建"中国"教育学，运用中国的思维方式来思考和解决教育学的问题，持续凝练教育学的中国特色、推出中国原创、形成中国体系和提升中国影响，破解当前教育学中国话语存在的"关系之难""接轨之难""贡献之难""认同之难"。只有回应人类的普遍关切、需要，在接轨度、贡献度、转化度、参与度方面持续提升，才可能成为具有世界影响的教育学理论。

《智能时代的中国教育学》是站在我们所处的智能时代，立足中国国情、扎根中国大地，重新审视中国教育问题与中国教育学问题的思考之作。人工智能在持续进化，中国也在持续变革，无论是教育、教育学还是教育学人，都唯有持续地改变——改变观念、改变视角、改变思维，才可能迎接未来不确定性的挑战。如果迈向"智能"是人类社会的宿命，那么对智能时代的中国教育学的思考将是一个永恒的话题……

2024 年 6 月

李政涛

目录

什么是"教育学基本问题"①

　　任何一门学科的缘起和诞生，都是从问题开始的。研究问题的性质，既决定了研究的方法，也决定了学科的价值，更推动了学科知识的增长，如同波普尔所言，"科学和知识的增长永远始于问题，终于问题——愈来愈深化的问题，愈来愈能启发大量新问题的问题"②。从这个角度来看，就教育学而言，"教育学研究的问题在形成其理论价值中具有重要的地位，它是教育学理论的价值源泉……它对理论发展、研究方法、理论论证等方面都具有决定性的影响"③。为此，如何充分发挥教育学的"研究问题"在学科建设和发展中的关键作用，是不同时代的教育学人都需努力完成的重大任务。

---

　　①　本文已见刊于《高等教育研究》2022 年第 10 期，本次出版略有改动。
　　②　纪树立编译：《科学知识进化论——波普尔科学哲学选集》，184 页，北京，生活·读书·新知三联书店，1987。
　　③　庞国辉、扈中平：《逻辑与问题：教育学真理和价值的源泉》，载《教育研究》，2016(7)。

这一关键作用的发挥，首先需要"回到问题本身"，就"教育学"的问题本身加以深究细察。但难题在于，教育学应该探究的"问题"很多，什么性质或类型的问题是首要问题？在笔者看来，就是"基本问题"，这是"从各种概念群、问题群中筛选出的被认定为绕不过去的'根本问题'"①。根本问题，是根基性、本源性问题，因而是魂魄性问题，只有固守并持守之，才可能避免教育学研究的失魂落魄和魂不守舍。

一、相关研究的基本思路和知识谱系

有关教育学基本问题的已有探究，大致沿着三个层面或三个思路展开并推进。

(一)"教育研究"层面的基本问题

这是在"研究"意义上的考察，认为教育研究的基本问题是指教育研究工作必须面对的首要问题，它不仅是构建教育学学科体系大厦的逻辑支点，而且是教育实践过程中必须解决的关键问题。② 这里的研究，其对象涵盖了"教育研究本身""教育学科研究""教育实践研究"等，无论是何种研究对象，都具有"稳定性""全局性""跨越性""时代性"的特征，它们从不同侧面诠释了基本问题之"基本"的内涵：凡属于"基本"问题的问题，首先

① 李政涛：《什么是"教育基本理论"》，载《高等教育研究》，2020(3)。
② 刘波、刘泽环：《从教育研究的基本问题论前沿问题》，载《教育理论与实践》，2012(13)。

是稳定性的问题，不会因为区域差异、时代变迁和文化流动而轻易改变；反过来说，不断流变的问题一定不是"基本问题"。其次是全局性的问题，它"牵一发而动全身"，具有动力性、枢纽性和奠基性的作用，同时，全面渗透贯穿"方方面面"和"角角落落"，与"人人事事时时处处"相关。再次是跨越性的问题，跨越各区域、各时代，跨越不同领域、类型、层次的教育学科和教育实践，成为它们共享共通的问题，因而也是绕不过去的问题。最后是时代性的问题，它虽然贯穿每个时代，但会在不同时代，由不同研究者持续探究，提供不同形式、不同内容的答案，成为"古老而常新"的问题。例如，在实践研究层面，"培养什么样的人""怎样培养人"作为教育研究的基本问题①，总是会常谈常新。这些问题的提出和解答，必定会因人而异，因时而异。再如，在理论研究层面，"教育学的科学化"问题，"教育学的科学化，不只是通常议论的研究范式问题，而是涉及在不同历史时期和不同条件下具有不同形式的诸多问题"②，是典型的教育学"老问题"，当它进入新时代后，将由新的研究者在新的社会背景下，展开推进性、深入化的研究。又如，在理论与实践关系研究的层面，中国改革开放带来经济社会的发展和教育面临的挑战，为教育学基本问题的探究提供了全新的实践背景，

---

① 刘波、刘泽环：《从教育研究的基本问题论前沿问题》，载《教育理论与实践》，2012(13)。

② 孙振东：《当前我国教育学建设中的几个问题》，载《教育学报》，2005(5)。

教育学的基本概念和基本问题得到前所未有的实践反映或转化，从而也为这些问题和概念的研究打开了更为广阔的空间。随之而来的是，"20 世纪 80 年代关于端正教育思想的讨论，教育本质的争鸣，教育与人的发展的论争，教育理论与教育实践关系的辨析，传统教育与现代教育的分野，90 年代围绕教育起源展开的讨论，就教育学逻辑起点提出的不同看法，在教育价值观上进行的论辩，21 世纪初针对教育是否存在本质规定、创生中国教育流派所需条件、中国教育学走向等进行的分析，都使得教育学的基本概念和问题得到深入研究"[1]。

(二)"教育学"层面的基本问题

这是在作为一门学科的"教育学"层面对基本问题的探究，被命名为元问题研究，主要论述教育学的学科属性、教育学的学科品性、教育学的学科立场三个问题；从学科建设的角度，可以认为"教育学与其他学科的关系问题"或"教育学领地被其他学科占领的问题"、"教育学与意识形态或政策的关系问题"、"教育学研究的方法论问题"、"教育学与教育实践的关系问题"（尤其是教育学的有用性问题）、"教育学的民族性问题"[2]等构成教育学的基本问题。

---

[1] 郑金洲：《改革开放 30 年的教育学研究》，载《教育研究》，2009(3)。
[2] 孙振东：《当前我国教育学建设中的几个问题》，载《教育学报》，2005(5)。

(三)"教育实践"层面的基本问题

这是将教育作为一种"实践"意义上的探析。有的将教育者、受教育者、教育内容以及教育方法作为教育基本理论问题[①]，有的将"教育内涵、教育本质、教育功能、教育价值、教育目的、教育制度六个理论问题"[②]视为教育的基本问题，有的则将其中的某一问题，如"教育目的"作为教育基本问题[③]。

如上三个层面的基本问题的辨析与阐发，时常连接在一起，很难截然分离。例如，教育研究和教育学研究存在诸多内在关联，"立场"是联结二者的桥梁和纽带："教育研究是有自己的教育学学科立场的……教育研究是以一定的教育学视角，立足于教育问题，本着教育的价值追求而展开的研究。"[④]在根底上，它们之所以相互交织，是因为基本理论问题研究面临多重需要，涵括研究深化的需要、学科建设的需要和教育教学实践的需要等。这些需要的满足，只凭一个维度的专门研究无法实现，为此以教育研究的基本逻辑思路和重点研究问题为依据，除了有对教育基本问题的探究，还要有针对教育学元问题的研究，论述教育学的学科属性、教育学的学科品性、教育学的学科立场

---

① 贾建国：《关于几个教育基本理论问题的探求》，载《当代教育论坛（宏观教育研究）》，2007(5)。

② 王北生：《当代教育基本理论研究之系统思考》，载《中国教育科学》，2013(3)。

③ 这是庞国辉博士在和笔者交流研讨时提出的核心观点。

④ 孙振东：《当前我国教育学建设中的几个问题》，载《教育学报》，2005(5)。

等基本问题，还要有关于教育的基本关系问题研究，着重论述教育与人的发展、与社会进步、与生产劳动结合、与生活结合四个重要的关系问题，以及关于教育的方法（论）问题研究，重点探明教育应关注和应用当代新出现的研究方法等。[①]

根据现有教育学基本问题的探究视野，总体可见三点：其一，关于"什么才是基本问题"的理解和认识差异很大，不仅教育学内部各分支学科背景的研究者观点多样，而且即使是在教育基本理论界内部，各种观念也是歧义繁杂。其二，关于"基本问题有什么用"的理解不够充分，无论是对于"基本问题"在学科建设中的重要价值的认识，还是把握基本问题的意识、能力和习惯等，都相对匮乏，尤其是教育学下属的二级学科或交叉学科领域，虽然有"问题意识"，但普遍缺乏"基本问题意识"。其三，原有探究"基本问题"的思路和框架，存在两个极端：要么缺乏相对统一的表述，或彼此割裂，或非此即彼，呈现出碎片化、割裂化的症候，要么局限于某一类型的基本问题，尚未充分考虑到不同学科、不同领域、不同类型的特殊性，甚至用某一类型的基本问题来囊括或涵盖其他类型的基本问题，存在单一化、唯一化和替代化的现象。

现在看来，到了需要对教育基本问题进行整体梳理、重新认识、再度重构的时候了。

[①] 王北生：《当代教育基本理论研究之系统思考》，载《中国教育科学》，2013（3）。

二、相关概念的辨析与问题性质的厘定

对教育学基本问题的厘定，不能以"一言概之"的方式解决，这注定是一个复杂艰难的过程。严格来说，它是一个严密的体系，涵括与相关概念的比较和辨析，如"问题"与"对象"的关系、"问题"与"范畴"的关系、"问题"与"问题"的关系等。相关概念的辨析，是明晰教育学基本问题的起点和出发点。在现实状态下，如上概念之间的纠结缠绕是一种常态，是导致各种混淆不清，以致教育学基本问题长期处在晦暗不明状态的源头之一。

(一)"问题"与"对象"的关系

"对象"一词，被黑格尔(Georg Wilhelm Friedrich Hegel)界定为 Gegenstand，本义为"站在对面的东西"，这与汉语语境中的"对象"存在一定程度的契合，对象之"对"，即"对面"之"对"。倘若如此理解"对象"，则可知"对象"和"问题"的区别。所有的问题都是"对象"，当"问题"成为"问题"之时，就自然站在了问题提出者的"对面"。换言之，只有站在"对面"，才可能变成"问题"。"对象化"成为"问题化"的基本条件和前提基础。

不是所有的"对象"都构成"问题"，虽然，"站在对面的东西"很多，几乎无穷无尽，在相当程度上，只要是人之自身视野所及的，不论是客观存在，还是主观存在，都可能变成"对象"，它们不一定是"研究对象"，但可以是"观察对象""倾听对象""想象对象"，或者"思考对象"，以及"意识对象"——即使是"意识

之意识"，也是"意识之对象"。可见，"对象"无处不在。不管被
诟病的"对象化"本身存在多少弊端，它的普遍存在都无法抹除。

可见，"对象"的外延与内涵要大于"问题"。问题之所以是
研究的起始，源头在于普遍性的"对象"转化为特殊性的"问题"，
此时，"问题"从"对象"中脱颖而出，真正的研究进程就此开始；
反过来，没有"问题"，任何研究都必然失去作用的"对象"。

这里的普遍性与特殊性，是在对象和问题关系意义上的"相
对而言"。严格来说，无论是"对象"还是"问题"，都存在普遍与
特殊之分，既有普遍对象和特殊对象，也有普遍问题和特殊
问题。

回到本文主题及牵涉到的"对象"，包括"教育对象"和"教育
学对象"。由此生成了"教育对象"和"教育问题"、"教育学对象"
和"教育学问题"两组对举。二者性质有明显区分：前者的性质
是"实践"，后者的性质是"理论"和"学科"。就前者而言，"教
育"是人类各种实践样式之一，与之相对相连的，是政治实践、
经济实践、宗教实践等，它们分别转化为"政治对象"和"政治问
题"、"经济对象"和"经济问题"、"宗教对象"和"宗教问题"等的
对举。作为人类学科共同体中的一员，"教育学"的比较对象是
哲学、社会学、经济学等其他学科及其理论，因而可以在"哲学
对象"和"哲学问题"、"社会学对象"和"社会学问题"、"经济学
对象"和"经济学问题"等不同对举之间进行跨学科式的对象比较
和问题比较。

在中国，已有的研究谱系和视野主要是在"教育学"的层面，即聚焦于"教育学对象"和"教育学问题"。在厘定教育学问题之前，"最关键的是确定教育学今天研究的对象"①，因为教育学研究对象的界定不但影响教育学存在的合法性，还关乎教育学成为"一流学科"的可能性②。以此意义的判定为基础，有人主张"教育学是以教育为独立研究对象的知识系统和科学体系……教育学的研究对象自然要被确定为人类社会所存在的全部教育现象，而不能有任何例外，也不允许有任何人为的、任意的割裂和取舍。从时间上讲，它包括人类从古及今及至未来一切纵向存在的教育现象。从空间上讲，它包括地球上一切国家、一切民族以及所有地域内存在的教育现象、教育问题。而从教育的对象来讲，它存在于社会所有个体从生到死的全过程之中"③。有人则强调"教育学的研究对象是人的教育活动，其中既包括具体个人的教育活动，也包括人类社会中的各种教育现象和教育问题，这些教育现象和教育问题实际上是人类群体的教育活动在社会生活中的具体表现形式"④。

(二)"问题"与"范畴"的关系

对"范畴"的认识，首先与概念联结在一起。二者的相同点

---

① 胡德海：《关于什么是教育学的问题》，载《中国教育科学》，2013(2)。
② 张翔：《教育问题：教育学的研究对象》，载《当代教育科学》，2016(19)。
③ 胡德海：《关于什么是教育学的问题》，载《中国教育科学》，2013(2)。
④ 《教育学原理》编写组：《教育学原理》，3页，北京，高等教育出版社，2019。

在于：都是作为人的认识中最基本的思维工具，是人的思维对客观事物本质和关系的概括和反映，这种概括和反映"是'外部存在和活动的''无数''细节'的简化"①，也是对事物现象的某一方面、侧面的浓缩的规定。二者的区别同样不少：其一，范畴的逻辑形式是概念，"是外延最广的基本概念，即通过外延最广的概念来表现事物的普遍的本质关系，这种概念统摄着一系列层次不同的概念。这样，人们在认识某一领域的客观存在的过程中，总是通过一个个范畴把认识的成果凝结起来，清理纷繁复杂的现象之网"②。其二，范畴是某一领域内不同概念体系之间的连接，不仅是对不同概念之间联系的外在反映，还是其内在联结。其三，每一个范畴都可以且需要通过概念来表达，但并非所有概念都能进入范畴，概念能否进入范畴，主要看它们的内涵和外延的关系："概念的内涵小，外延则大，是成反比例关系，范畴的内涵越丰富，它的外延就越广，是成正比例关系。"③在这个意义上，"范畴比概念更深刻，更具有普遍性"④。其四，更具有普遍性的范畴能够统摄或推演出一系列层次不同的具体概念。例如，物理学中的"力"范畴，就是对引力、磁力、

---

① 《列宁全集》第55卷，75页，北京，人民出版社，1990。

② 郭元祥：《教育学范畴问题探析》，载《华东师范大学学报（教育科学版）》，1995(3)。

③ 朱碧君：《试论范畴体系及其认识作用》，载《贵州师范大学学报（社会科学版）》，1988(1)。

④ 郭元祥：《教育学范畴问题探析》，载《华东师范大学学报（教育科学版）》，1995(3)。

强相互作用和弱相互作用等具体概念的统摄；教育学中的"教育"范畴，可以统摄德育、智育、美育、体育等具体概念；科目、功课、学程、教程等各种概念，则能被"课程"范畴所统摄。

之所以要深究"范畴"，是因为"范畴本身就是一门科学的要核、'网上纽结'或理论框架，把握了这些网上纽结，就能建立起一定的理论体系。教育学理论也只有明确并把握了它的基本范畴，才可能建立起合理的体系"①。作为一门学科，教育学的基本范畴或核心范畴构成了它的核心范围，而"核心范畴的成熟程度是学说、理论发展程度的标志……它同时也影响到其他范畴的有序有机地展开……确定了核心范畴就等于选好了培育学科体系的种子"②。说到底，范畴是包括教育学在内的各学科的核心魂魄，离开范畴谈学科建设和理论发展，将导致"魂无所依"。离开"范畴"谈"问题"，也终将使对"问题"的认识失去重要的参照系。

就范畴和问题的关系来看，无论是范畴还是概念，都具备转化为"问题"的可能，可以转化为"范畴问题"或"概念问题"。任何一个范畴，都能作为一个问题提出，在不同时代，由不同学科和不同学者加以探究。相对而言，与"对象和问题"的关系相反，"问题"的外延要大于"范畴"，一切范畴都可转化为问题，

---

① 郭元祥：《教育学范畴问题探析》，载《华东师范大学学报（教育科学版）》，1995(3)。

② 刘庆昌、卢红：《论教育学的体系》，载《现代教育论丛》，2002(3)。

但不是所有的问题都是范畴问题,"范畴问题"和"概念问题"只是问题域的一部分,因而不能用"教育范畴"来替代"教育问题",我们只能通过寻找"基本范畴"或"核心范畴"来试图确定"基本问题"或"核心问题"。

(三)"问题"与"问题"的关系

所谓"问题"与"问题"的关系,即教育问题和教育学问题的关系,它们的联系是天然密不可分的:"教育学侧重探讨教育的基本规律、基本原理和基本方法"[①],这似乎意味着"教育学问题"就是"教育问题",但实际上,构成教育学问题的,肯定不仅限于"教育问题"。教育问题的实质是实践问题,尽管实践问题和理论问题存在双向建构、双向转化的可能,即实践问题可以转化为理论问题,反之亦然,但这改变不了实践问题的实践特性:实践问题就是实践问题。这对本文也提出了"问题挑战":所谓"基本问题",是"谁"的基本问题?是"教育"基本问题,还是"教育学"基本问题?以往,笔者一直竭力避免这种"非此即彼式"的提问方式,但这是一个不容回避的客观差异,体现两种迥异的研究重心、研究层面和研究路径,彰显两类不同的研究使命。身为"教育基本理论"研究者,笔者自然要在纷繁多样的问题群或问题域中,以把握"教育基本问题"[②]为职责;作为以"教

---

① 《教育学原理》编写组:《教育学原理》,3页,北京,高等教育出版社,2019。

② 李政涛:《什么是"教育基本理论"》,载《高等教育研究》,2020(3)。

育学"为志向和事业者，如何理解和认定"教育学"这一学科的基本问题，明晰自身存在的不可动摇的问题根基，站稳学科立场，避免在各种时尚或时髦的问题丛中"乱花渐欲迷人眼"，失却"学科自我"，也是自身的理所当然和势在必然。

综合权衡之后，笔者定位于"教育学"基本问题的层面展开探索，同时努力将"教育"基本问题纳入其中。之所以如此，与自身认定的这一代教育学人的学术使命有关：通过把握教育中的基本矛盾或基本关系，如"教育理论与实践"这一基本关系，逐渐清晰和强化学科立场之后，我们的学术使命应该是持续推动教育学和相关学科的平等对话，并为其他学科做出属于教育学自身的贡献，彻底解决教育学的独特性和独立性问题。在此过程中，对"教育"基本问题的探讨同样重要，只不过它是"教育学"基本问题体系的一部分。教育基本问题，是教育学基本问题的核心构成之一。

三、对教育学基本问题的再认识

一旦将基本问题定位于"教育学"，就马上面临"什么是教育学基本问题"的难题。之所以称为"难题"，是因为这是一个"嚼不烂""嚼不透"的问题，难以嚼烂、嚼透的关键在于这一问题本身的复杂性。任何对该问题的"一言以蔽之"的直接回答，都可能造成对复杂问题的简单化，最终构成对此问题重要价值的轻视或轻慢。

本文的核心目标是形成对教育学基本问题的"再认识"。要实现"再认识"之"再"，需要思路的转向：从简单走向复杂，从单一走向多元，从平面走向立体，建立对基本问题的"立交桥式"认识，展现出解决该问题特有的类型化、层次化，因而具有立体性、结构性的整体答案。

　　达成如上目标的关键是避免把某一学科和学科的具体类型混淆起来。就哲学而言，基于研究对象，存在不同类型的哲学，它们都有各自的基本问题。例如，在知识论哲学上，基本问题是思维与存在的关系问题；在语言哲学上，语言分析是基本问题；在人生哲学上，对人生的系统反思是基本问题。[①] 一旦"把哲学(唯一性)与哲学的具体类型(多样性)区分开来，把哲学的元问题(唯一)与不同类型的哲学的基本问题(多样)区分开来，我们也就从根基上对所谓'哲学基本问题'获得了新的认识"[②]。

　　同理，我们也要避免把教育学与教育学的具体类型混为一谈。教育学基本问题不是唯一的，有多少不同的教育学类型，就有多少不同的基本问题。类型化与层次化难以分离，不同类型通过不同层次，以层次化的方式来呈现和区分。教育学基本问题可以分成三个层次，形成各具特色、不同类型的"问题

---

　　① 　冯友兰：《中国哲学简史》，涂又光译，2页，北京，北京大学出版社，1985。

　　② 　俞吾金：《关于哲学基本问题的再认识》，载《北京大学学报(哲学社会科学版)》，1997(2)。

体系"。

第一层次的基本问题，是属于教育学和教育共通性的"元问题"。

"元问题"之"元"有多重内涵：一是初始、原始或起点；二是最根本、最主要、最基础或者最小单位，如语言中的元音、元素等；三是为首、元首，是更高一层或者最高一层；四是超出对象之上，如"元教育学"，以超出"教育学"这一研究对象为前提，试图"为教育学立法"，即确立教育学发展的标准和规范。[①] 与之类似，"教育学元研究"，也要跳出"教育学"本身，但不同于"元教育学"，它力图把教育学的演化过程作为研究对象，寻找其发展过程中的伸展和变化，并从历史分析中寻找和建立教育学的自我意识，形成对教育学本身独特性的发展思考。

基于如上有关"元"的认识，存在两个教育学基本问题：一是"什么是教育"，二是"什么是教育学"。二者与"元问题"的"元特征"或"元标准"高度吻合，都是全部教育学问题的初始性或起点性问题，只有预先对何谓"教育"和"教育学"有所认知和判断，才能进一步走向对其他具体问题的探究，它们还是亚里士多德在《尼各马可伦理学》中所言的"原点式思维"需要回答的"原点式问题"：一切问题都从该原点出发，同时，一切问题都需要不断回到原点，校正向外扩展后出现的对原点的偏离或扭曲。其背

---

① 参见瞿葆奎主编：《元教育学研究》，杭州，浙江教育出版社，1999。

后的预设是：如果原点错了，由此出发的探究和形成的成果就全错了。在这个意义上，改革开放以来的中国基础教育改革，无论是新课程改革还是"新基础教育""新教育""主体性教育"等，都是以不同方式回到"教育"这一共同且共通的原点，以各自的视角和路径，重新理解和认识"什么是教育"。正因为二者是起点性和原点性的问题，所以才是最根本、最基础的问题：一旦无视此原点或前提，或者失去了对"什么是教育""什么是教育学"的合理认识，任何与此相关的问题都将失去根本与基础，丧失存在的前提性依据。二者也正是由于其根本性，才成为更高一层或最高一层的问题，成为超出所有教育学研究对象、教育研究对象之上的问题——还有什么比根本性问题、前提性问题更重要，更具有超越性？

两个基本问题组成一种双螺旋式结构，相互缠绕，相互构成。"什么是教育学"要以"什么是教育"为基础，只有理解了"什么是教育学"，才能更好地理解"什么是教育"，从而为探究教育奠定科学基础和理论基础。

教育学基本问题的双螺旋性，为探寻教育学的独特逻辑和自身逻辑提供了"问题逻辑"的基础。还是与哲学相比，"什么是哲学"被视为哲学的最高问题或元问题[1]，它类似于"什么是教育学"，但此外，教育学还有另一个并驾齐驱的最高问题——

---

① 俞吾金：《关于哲学基本问题的再认识》，载《北京大学学报（哲学社会科学版）》，1997(2)。

"什么是教育"，这是只有教育学才有的实践性的元问题，是每一位教育学研究者都需回答的根本性、前提性问题。我们无法想象，一个教育学者，若是对"什么是教育"都语焉不详、支支吾吾，何以有资格被称为"教育学"研究者？但在哲学那里，并没有如同"教育"这样的实践问题，必须由全体哲学同人共同探讨。即使是在教育学领域被普遍关注的"实践问题"和"理论与实践的关系问题"，在哲学领域里，也只是被部分哲学家如实践哲学家所关注。正因为有了"什么是教育"这一元问题的奠基和深入探究，才有条件在根基上解决"什么是教育学"，以及"教育学"及其所属的"教育哲学""教育社会学""教育心理学"等交叉学科姓"哲"还是姓"社"、姓"心"还是姓"教"的难题①，才有可能真正明确何谓"教育学立场"②，从而"以一种独立的学科身份和视角，将其他学科统御为自己的下位学科，并模糊其学科界限，而不是被其他学科'占据'自己的'领地'"③。

第二层次的基本问题，是教育学、教育下属的分学科、分领域、分时空、分学派的基本问题。

在学科的意义上，依据教育活动而来的德育论、课程论、教学论等，依据与相关学科交叉而来的教育哲学、教育社会学、

①　冯建军：《新时期我国教育哲学发展的三个基本问题》，载《教育研究》，2015(1)。
②　参见叶澜主编：《立场》，桂林，广西师范大学出版社，2008。
③　孙振东：《当前我国教育学建设中的几个问题》，载《教育学报》，2005(5)。

教育文化学、教育管理学等，依据学段而来的学前教育学、基础教育学和高等教育学等，它们都有属于自身的基本问题，如"什么知识最有价值""什么是课程"是课程论的基本问题，"教育对于儿童生命成长有何意义"是学前教育学的基本问题，"如何建构教育、文化和人的关系"则是教育文化学的基本问题，等等。①

在领域的意义上，有普通教育学、职业教育学、特殊教育学等，还有城市教育学、农村教育学等，它们分别拥有本领域的基本问题，如职业教育学的基本问题是"如何理解和开发职业的教育价值，提升职业教育的教育属性"，"城市教育学"的基本问题则是"城市、教育和人的关系"，等等。

在时空的意义上，不同时代的教育学和教育都各有时代性的基本问题，例如，现代教育学以"教育学如何成为一门独立而且科学的教育学"和"教育现代化"为基本问题②；不同空间地域的教育学和教育，由于存在根植于空间地域的文化特性，会促成对基本问题的跨国、跨地域和跨文化式的多元理解，例如，德国特有的"普通教育学"，是只有从德国思想文化土壤中才能生长出来的教育学样式，它无法在美国思想文化生态中生长。

---

① 这些对不同学科基本问题的认识，仅为笔者一孔之见，不代表该学科的共识。

② 这是彭正梅教授在和笔者对话中提出的核心观点。他提出，现代教育学的基本问题，是教育现代化问题，今天的教育学基本问题，仍然是教育现代化问题，只不过是在经济全球化和后现代的语境下，如何推进教育现代化。

当然，在很多情况下，时空是交融在一起的，进而化为特定时空的基本问题。例如，以 20 世纪为时间段，中国教育学发展呈现出三大问题："政治、意识形态与学科发展的关系问题"、"教育学发展的中外关系问题"和"教育学的学科性质问题"①。它们都是贯穿 20 世纪中国教育学发展的"基本问题"。新时代的中国教育要解决的基本问题，则是"如何落实立德树人根本任务，在建设高质量教育体系中，走向中国式教育现代化"。

在学派的意义上，学派之所以成为"学派"，除了立场、观念和方法的差异，还与基本问题的区别相关。首先，涉及各自关注的基本问题不同。例如，在哲学领域，马克思哲学作为实践唯物主义，"其基本问题不是思维与存在的关系问题，而是实践问题"②，这是它与传统的知识论哲学在"基本问题"上的截然分野。不厘清这一点，我们就无法真正地进入马克思哲学的独特视野和内在逻辑。回到教育学的诸多学派，它们也在基本问题上迥然不同：进步主义教育关注的是"教育、经验与生活的关系"，要素主义教育致力于挖掘"人类文化要素的教育价值"，等等。中国的"生命·实践"教育学派，其基本问题则来自学派名称"生命·实践"，即探察"生命、实践与教育的关系"。其次，还关联到对同一基本问题给予的流派式解答。例如，同样思考

---

① 叶澜：《中国教育学发展世纪问题的审视》，载《教育研究》，2004(7)。
② 俞吾金：《关于哲学基本问题的再认识》，载《北京大学学报(哲学社会科学版)》，1997(2)。

"什么是教育"，"生命·实践"教育学派将其界定为"教天地人事，育生命自觉"①，在展示该学派独特教育观的同时，也就此使其在学派的意义上卓然而立。

第三层次的基本问题，是教育学和教育要解决的具体问题或特殊问题中的基本问题。

这些具体问题或特殊问题，来自国家需要、社会变迁、学术前沿或个人志趣，依托学位论文、课题选题、项目设置等载体，通过呈现"问题意识"，或者预先整体化为本论文、本课题、本项目要解决的"核心问题"或"基本问题"，再将"基本问题"分解为具体问题，或者反其道而行之，先阐明具体问题，再进一步聚焦提炼为"基本问题"，前者是"抽象的具体化"，后者则为"具体的抽象化"。以笔者的博士学位论文《教育生活中的表演——对人类行为表演性的教育学考察》为例，基本问题起先被确定为"人如何在自我表演和观看表演中生长与发展"，随后分解为如下具体问题：(1)表演性行为怎样渗透并建构了人的形成与发展过程，又怎样渗透并建构了教育生活？换言之，人及其教育是怎样在表演性行为的广泛参与下发生和进行的？(2)教育怎样通过表演性的行为，从意识、观念和行为等各个方面建构了人的存在、社会及其文化？在何种意义上，一部人(类)的表演性行为的历史，同时就是一部人(类)存在、成长和发展史？

---

① 叶澜：《中国哲学传统中的教育精神与智慧》，载《教育研究》，2018(6)。

(3)"在表演中存在"的意义是什么？人的生命及其成长在表演中存在的意义是什么？

如上例举说明，不同层次的基本问题，都可以根据研究需要，通过进一步下沉来实现"再层次化"。例如，针对"什么是教育"这一基本问题，既可以具体化为"教育内涵、教育本质、教育功能、教育价值、教育目的、教育制度"等教育基本问题，也可以特殊化为"教育与人""教育与社会""教育与自然""教育与技术"等基本关系问题。"什么是教育学"则可以下移到"基本概念""基本范畴""基本观点"及其相互关联，以及"学科立场""学科思维""学科功能""学科主体""学科方法"等更加具体化的问题上，它们都是对这一基本问题展开的不同维度的多元探析。这种系列化下沉式问题的提出，有助于对教育学基本问题的理解和认识得到深化与拓展。

不论对哪个层次的基本问题如何加以判断和阐明，产生多少观点和主张，都可能需要在三个方面达成共识。一是基本问题对于不同层次、不同学科、不同领域、不同学派、不同问题和不同研究者的重要价值：只有带着"基本问题意识"和"基本问题承诺"，先行对各自的"基本问题"有所洞察，才有立身之本、立命之魂，才会各就各位、各尽其责。二是不同层次的基本问题，各有其存在的价值和逻辑，包括生成逻辑和运用逻辑，因而形成特有的问题体系，它们之间不能相互替代，尤其是不能以某一层次、某一类型的基本问题替代其他层次与类型的基本问题。三是不同层次的基本问题相互关联。处在最高层次的"元问题"对其他层次具有统摄性、引领性和贯穿性的作用；第二层次的基本问题，在对元问题进行学科式、领域式、时空式和学派式多元解答的同时，也发挥了承上启下的中介功能；第三层次的基本问题为前两个层次的落地提供了具体的研究载体、研究单位，既是对上位层次的具体落实，也是一种具体突破，其以提供具体载体、路径和单位的方式，助推高层次基本问题的创造性转化和转化性创造。

如上对于教育学基本问题的再认识，仍然是一种初步探索和尝试，希望有更多后来者和同行者踏入其中，将此道路持续延伸。

（本文运思和撰写过程中，先后请教了郑金洲、王北生、涂艳国、康永久、孙杰远、邓友超、冯建军、刘铁芳、侯怀银、于伟、孙振东、彭正梅、黄瑾、刘晓东、徐国庆教授和庞国辉博士，以及哲学界的郁振华、刘梁剑教授，社会学界的文军教授等，他们给予我不同视角和维度的丰富启发，在此一并致谢！）

什么是"教育基本理论"①

　　作为理论方式之一的"教育基本理论"，是一本被深思、刻写和展读的大书，先行者们为之灌注了心血，甚至灵魂。但在被泛滥的信息浸泡、强横的技术介入而来的智能时代，面向"理论"的事情，呈现出被遗忘和边缘化的趋势，"理论之事"被"实践之事"裹挟，被频繁地索要工具、方法和对策，在举步维艰中，逐渐在"众声喧哗"中"失声"，在"高朋满座"中"缺席"，在"群星闪耀"中"退隐"……

　　本文的形成，或许会成为一种"唤醒"和"呼吁"，目的不仅仅是让久已沉寂的"教育基本理论"之"本体"苏醒，更是努力让其"还魂再生"，迸发持续生长的"内生力"。这一内生力的生成与"需求"有关：我们时代的教育实践和教育学理论，是否还需要"教育基本理论"？阿伦特（Hannah Arendt）曾言，在"早已不

---

　　① 本文已见刊于《高等教育研究》2020年第3期，本次出版略有改动。

再"的往昔人事与"尚未抵达"的未来道路之间，必须向思想求助，向理论求援。在广阔的教育理论、实践与政策之间，在不同的教育分支学科之间，在教育学与相关学科之间，是否存在向"教育基本理论"求助或求援的"内需"？这是迄今为止教育基本理论面临的最大窘境和挑战。

本文的"初心"就是通过重审"教育基本理论"的内涵及存在价值，把"教育基本理论"作为一条"道路"彰显出来，重启"教育基本理论自信"："教育基本理论工作者应感到起码的欣慰和自豪，树立自信心，增强责任感和使命感，充分看到自己工作的重要性和不可替代性，切不可缺乏自信，自己瞧不起自己的研究。教育基本理论工作者应自信地、理直气壮地从事自己的研究、张扬自己的成果。"①这种学术自信蕴含着"教育基本理论勇气"和"教育基本理论自觉"，以及对教育基本理论学术道义和学科使命的担当②，终点之处，则是"教育基本理论能力"的提升。由此，让教育基本理论在理论世界里重新"在场"，并且自成"光柱"、自带"光芒"，照亮某些被遮蔽的空地——那是一些只有通过教育基本理论之光，才能照耀和浮现的地方。

---

① 扈中平、刘朝晖：《对教育基本理论学科建设与发展的几点看法》，载《华东师范大学学报(教育科学版)》，1998(2)。

② 刘旭东：《构建有中国气派的教育基本理论话语体系——胡德海先生教育学思想研究》，载《当代教育与文化》，2016(5)。

一、相关研究的基本思路和知识谱系

针对"什么是教育基本理论",已有讨论集中定位于"概念内涵与界定""研究对象和内容""研究任务和性质""研究意义和功能""学科称谓和比较"等多种视角。

从"概念内涵与界定"的角度,有人提出,"教育基本理论是教育学研究者依据教育学理和逻辑规则,经高度抽象概括而获得的关于教育活动和教育学发展的一般的、基本的教育认识、主张和思想观点"[①]。其中的"抽象""基本""思想"等构成了该定义的关键词。有的则认为,"第一,'教育基本理论'应该是受理论思维指导而形成的一般性认识";"第二,'教育基本理论'应该是反映'教育基本'的一般性认识"。"对于'教育基本理论'的研究不应再是对'教育'的基本理论的泛泛回答,而是应该直指'教育基本',对'教育基本'进行深入而抽象的研究。"[②]与前述定义相比,该定义除了"抽象""基本"等,还强调了"理论思维"和"一般性认识"。最重要的概念界定与"教育基本理论"这一概念称谓有关。它被解析为两个不同的概念:一是"教育基本"的理论,一是"教育"的基本理论。这被视为困扰教育基本理论界

---

① 柳海民、王澍:《重大成就:教育基本理论的创新发展》,载《教育研究》,2013(2)。

② 刘源:《教育基本理论包含什么——基于我国教育学者研究的反思》,载《辽宁师范大学学报(社会科学版)》,2016(1)。

的症结性问题：教育基本理论到底是"教育基本"的理论，还是"教育"的基本理论？① 如果"教育基本理论"是指"教育基本"的理论，这意味着"教育基本理论"是一系列由概念组成的、经过逻辑推导出来的理性认识，它的服务对象指向教育研究者；如果"教育基本理论"被定位于有关"教育"的基本理论，"实践"则成为它的基本面向，服务实践的功能也会随之强化。

从"研究对象和内容"的角度，可以分为两个层次。第一个层次，是剖析"教育基本理论"涉及的对象和内容。瞿葆奎曾言，教育基本理论是由一系列"形而上"组成的认识，它们组成了有关"教育"研究的最一般的原则、规则。与此呼应，"教育基本理论研究教育中的形而上问题，它引领教育的基本价值取向和教育观念的变革，是时代精神在教育中的体现，也是教育改革和教育实践的魂灵"②。又如："教育基本理论是对教育问题的基本认识和整体理解。当代教育基本理论研究是对当代教育理论问题的基本梳理、分析和整体认识及探索。"③再如，从"基本命题"出发，教育基本理论陈述体系的基本命题，是"教育与人的发展"的关系和"教育与社会发展"的关系，二者关联引出的终极

---

① 刘源：《教育基本理论包含什么——基于我国教育学者研究的反思》，载《辽宁师范大学学报(社会科学版)》，2016(1)。

② 冯建军：《回到"人"——世纪之交教育基本理论研究的共同主题》，载《基础教育》，2013(1)。

③ 王北生：《当代教育基本理论研究之系统思考》，载《中国教育科学》，2013(3)。

命题是"教育是人的发展和社会发展的中介"。① 还有的研究，将教育基本理论研究的对象和内容"类型化"，分为两种类型："前者表现为有关教育本质、关系、规律等范畴的传统哲学式研究，后者表现为有关教育意义的探寻活动。这两种类型的研究背后，隐藏着两种哲学方法论，一种是对事物本质和规律的发现和揭示，一种是对事物意义的理解，并在此基础上建构信念和理想。"②第二个层次，是解析某个教育分支学科或教育领域中的"基本理论"意蕴和构成。例如，"基础教育"中的"教育基本理论"，被界定为"基础教育中起着基础性、全局性和理念性的教育观念、教育假设和教育思想"，其构成包括"教育的基本人性假设、学生的核心教育假设、教育中的学生个体发展路径、教师在教育中的地位与作用、教育中的知识观、德育基本价值观与理念等"。③ 这些构成要素大都对基础教育范式起着潜在、全面和持久的影响。无论哪种对象、何种内容，最终都与"教育基本理论"之"基本"有关："'教育基本理论'的涵盖范围，目前尚少统一的认识。我们力求在'基本'的框架内搜集、分析材料，

---

① 董标：《教育的文化研究——探索教育基本理论的第三条道路》，载《华东师范大学学报(教育科学版)》，2002(3)。

② 刘庆昌：《教育基本理论研究的性质和方法初探》，载《太原师范学院学报(社会科学版)》，2004(1)。

③ 冉亚辉：《中国基础教育基本理论论析》，载《教育理论与实践》，2015(22)。

把研究的脉搏跳动在'基本'的节奏上。"①这里暗含了"研究内容"与"概念内涵"的内在关联：对"基本"的内涵理解不同，衍生出不同的研究内容和研究框架。例如，教育基本理论研究，就是对教育中的"基本问题"进行研究，"所谓基本问题，通常指'根本性'、'稳定性'、'纲领性'的问题，它的变化和发展决定其他问题的变化和发展；它自始至终存在，并不随时代变迁而沉浮；它居于最高的抽象层次，笼罩着教育的全部范畴，奠基着教育学的所有规律"②。

从"研究任务和性质"的角度，如果认定"教育基本理论研究应该完成这样的任务：抽象地反映和规定教育事实，对对象的运动原理作最高的概括；同时，体验式地理解教育事实，获得人文的灵动的教育世界的意义"，这就意味着"教育基本理论研究具有哲学性质和人文性质；思辨和解释是教育基本理论研究的基本方法"。③ 这是一种思考"学科性质"的经典方式：人文抑或科学？对"教育基本理论"性质的认定，还可以从"知识还是学科"的角度来阐述，主张任何独立的学科都应该以边界明确的知识作为自己的构成基础，如果将"教育基本理论"视为"教育基

---

① 瞿葆奎主编：《教育基本理论之研究(1978～1995)》，前言，2页，福州，福建教育出版社，1998。

② 郑金洲：《教育通论》，瞿葆奎序，1页，上海，华东师范大学出版社，2000。

③ 刘庆昌：《教育基本理论研究的性质和方法初探》，载《太原师范学院学报(社会科学版)》，2004(1)。

本"的理论，它回答的是有关"教育目的""教育性质""教育功能"的问题，但这些问题同样也是"教育原理"等学科关注的内容，除此之外，"我们很难找到它能够独立解答而不与其他学科有交叉的内容。因而，'教育基本理论'应该是一种知识而非学科"①。虽然这种将"知识"与"学科"截然分离的做法值得怀疑，但这种分析方式所立足的知识和学科层面，确实是阐明"教育基本理论"的研究性质所不可或缺的基本维度。

从"研究意义和功能"的角度，在教育学分支学科蓬勃发展，而教育基本理论被"弱化""矮化"甚至"边缘化"的背景之下，研究者依然坚持"要充分肯定成绩，树立自信"。自信的底气在于，教育基本理论的学术成就所具有的独特意义和功能：教育基本理论研究所取得的一系列研究成果不仅为我国的教育改革与发展提供了必不可少的理论支持和思想解放前提，而且对我国整个教育科学的发展起到了推动、深化和导向的作用。"没有教育基本理论的发展，我国教育改革和教育科学的发展，特别是教育观念的转变与更新，要取得目前的成绩是不可想象的。"②从这一坚持中可以看出，教育基本理论的意义至少表现为：一是"教育观念的转变与更新"。"几乎任何一次教育观念的更新，都

---

① 刘源：《教育基本理论包含什么——基于我国教育学者研究的反思》，载《辽宁师范大学学报(社会科学版)》，2016(1)。
② 扈中平、刘朝晖：《对教育基本理论学科建设与发展的几点看法》，载《华东师范大学学报(教育科学版)》，1998(2)。

有着理论特别是教育基本理论的支持，正是教育基本理论中对有关问题的探讨，引发了人们思想上的解放和观念上的突破。"①二是"直面现实引领重大改革走向"。教育基本理论以自己的方式，对教育实践中各种改革及发展变化给予理论回应，在促进教育实践发展的同时实现自身发展。新中国成立后，教育基本理论对教育事业发展采取的立场是对国家教育政策进行理论诠释，提出了符合当时社会发展的理论观点。改革开放以来，教育基本理论从对教育政策的诠释走向对教育改革的价值引领。② 因此，教育基本理论的价值或生命力，既取决于是否来自教育实践，亦取决于能否持续地作用于教育实践。③

从"学科称谓和比较"的角度，与"教育基本理论"相关的学科，至少涉及"教育原理""教育学原理""教育哲学"等。这些学科称谓常常纠结在一起，长期陷于"说不清道不明"的混乱窘境。"教育基本理论"与"教育原理"是并列关系还是从属关系？有人认为，"教育原理"就是"教育基本理论"，"教育基本理论"就是"教育原理"。原因在于：就设立的初心而言，"教育原理"是作为构建整个教育学学科最根本的理论而设立的，这与"教育基本

---

① 瞿葆奎、郑金洲：《教育基本理论研究与教育观念更新——十一届三中全会以来教育基本理论研究引发的教育观念变革寻迹》，载《华东师范大学学报（教育科学版）》，1998(3)。

② 柳海民、王澍：《重大成就：教育基本理论的创新发展》，载《教育研究》，2013(2)。

③ 林丹：《实践导引：教育基本理论的存在价值》，载《教育研究》，2013(2)。

理论"的"基本"含义，在词源、词义的意义上是相同的。① 还有研究者收集了 42 种冠以"教育原理""教育学原理""教育概论"的教材，就其教材内容体系进行了统计比较、分析和梳理，从中发现：(1)三者存在惊人的一致性。三个学科的研究内容存在高度重叠和惊人的一致性，集中在教育的本质、教育的历史发展、教育与社会的发展、教育与人的发展、教育目的等主题，很少有某个主题为一个学科所独有而其他学科没有的情况。(2)"教育学原理"几乎涵盖了"教育原理"的所有主要论题，使"教育原理"成为"教育学原理"的重要组成部分。(3)不同学者对"教育概论"的理解存在着很大差异。为避免称谓混乱，研究者建议：将教育学原理改称为"理论教育学"；教育原理限定于关于教育的一般的科学原理；取消"教育概论"这一学科称谓，改造为"教育学概论"，或"教育学科概论"。②

二、形而上学："教育基本理论"的根本性质

已有对"教育基本理论"的探究，从不同维度回到"什么是教育基本理论"这一核心问题，如同"什么是人""什么是存在"一样，对这一问题的回答，难有确定不疑的标准答案或唯一答案，

---

① 刘源：《教育基本理论包含什么——基于我国教育学者研究的反思》，载《辽宁师范大学学报(社会科学版)》，2016(1)。

② 冯建军：《关于"教育原理"的学科称谓与内容现状的研究》，载《教育理论与实践》，2007(4)。

对它的探问和思考，也没有穷尽之时，它会在不同时代，在一代代学人之中，接力式地持续追索，"教育基本理论"的真实"面容"将次第浮现和清晰起来，至少有助于打破局外人对这一领域的"成见"："在许多人的头脑里，基本理论研究，就是从概念到概念的运动游戏，就是远离实践、不切实际的抽象思考，甚至会认为是在进行资料的拼装。"①

对这些"成见"带来的"微词""嘲弄"及其背后的"偏见"的纠正或扭转，是本文思索"什么是教育基本理论"的起点和出发点。

真实的"教育基本理论"应该是什么？或者说，"教育基本理论"的本性或特质究竟是什么？若转换提问方式，我们还可以如此发问：当我们说出"教育基本理论"的时候，意味着什么？当我们运用"教育基本理论"之时，又意味着什么？

"教育基本理论"首先意味着"一种把握教育存在的方式"，其要义在于"形而上学"和"智慧之学"，这是"教育基本理论"的根本性质。

形而上学曾长期被推崇为人类理论思想体系，特别是德国哲学思想的主要内容。② 但黑格尔去世后，形而上学受到两类大潮的冲击而日趋式微。一是来自外部的科学大潮，科学逐渐成为普遍性、垄断性的评价尺度，当这一尺度投射到形而上学

---

① 刘庆昌：《教育基本理论研究的性质和方法初探》，载《太原师范学院学报（社会科学版）》，2004(1)。
② 参见张汝伦：《〈存在与时间〉释义》，上海，上海人民出版社，2012。

之时，它便从昔日的神坛跌落凡间，狄尔泰（Wilhelm Dilthey）甚至断言"形而上学作为科学是不可能存在的"①。到了 20 世纪 20 年代，形而上学又呈复兴之势。伍斯特（Peter Wust）出版了《形而上学的复活》一书，次年，哈特曼（Nicolai Hartmann）出版了《知识形而上学的基本特征》，旨在扭转将哲学化为认识论和逻辑的倾向。他在该书"导论"中指出："知识问题既不是心理学问题，也不是逻辑问题，而基本上是一个形而上的问题。"②在海德格尔（Martin Heidegger）看来，这种形而上学的复兴并没有明确地重提存在的问题，它仍然遗忘了存在的问题。存在问题的被遗忘并非由于形而上学被遗忘，而是传统形而上学本身就会导致这种遗忘。二是来自内部的分析哲学。20 世纪分析哲学的兴起，是从"反形而上学"开始的。在维特根斯坦看来，"形而上学的根本之处：没有弄清楚事实研究和概念研究的区别。形而上学问题总带有事实问题的外表，尽管那原本是概念问题"③。例如，"'什么是正义'本来是个语言-概念问题，形而上学却把正义视作某种像银河系那样现成存在在那里的东西，仿佛它是宇宙中的一种存在物，仿佛我们是在研究这种存在物，掌握它的本质和属性等，并力求获得关于这一存在物的终极的、

---

① Wilhelm Dilthey，*Einleitung in Die Geisteswissen-schaften*，*Gesammelte-schriften. Bd. I*，Gttingen，Vandenhoeck & Ruprecht，1990，p. 403.

② Nicolai Hartmann，*Grundzüge einer Metaphysik der Erkenntnis*，Berlin，Walter de Gruyter，1949，p. 3.

③ 陈嘉映：《谈谈维特根斯坦的"哲学语法"》，载《世界哲学》，2011(3)。

唯一的真理"①。这一反对和质疑，同时是一种建设性的批判，它通过区分语言研究（或概念研究）和事质研究，将"事质研究"还给"科学"，将"语言研究"交给"哲学"，在把哲学改造成以语言分析为理论使命的体系的同时，也把"形而上学"抛离出去，贴上带有敌意和贬损意味的"标签"，使之成为不少人唯恐避之不及的"瘟疫"。

在对形而上学的贬斥声浪中，我们遗忘了形而上学的本义，为此，需要回到"形而上学"的"初心"，它原本是为什么而来的？

其一，它为"存在"而来。"在最宽泛的层面，可以将其视为关于存在的理论"②，"何谓一般存在"是形而上学传统预设的核心问题，它的原初使命，是敞开和澄清存在的真实形态和特性。无论是亚里士多德的《形而上学》，还是海德格尔的《形而上学导论》，之所以成为影响深远、代代流传的经典之作，根本原因在于它们展现了人类对"存在"的深刻洞察。这是人之为人，才可能具有的对"存在"的理解和认知，这是"形而上学"所做出的独特、不可替代的理论贡献。

其二，它为"意义"而来。"存在"有何"意义"，是形而上学探究的另一重心。海德格尔针对存在的思想起点，不是"存在是什么"，而是"存在有何意义"，他相信对存在"意义"的理解，是

---

① 陈嘉映：《语言转向之后》，载《江苏社会科学》，2009(5)。
② 杨国荣：《哲学的视域》，74 页，北京，生活·读书·新知三联书店，2014。

界定存在"内涵"的前提，"存在"有何种"意义"，"存在"就会有何种"内涵"。即使是通过拒斥形而上学起家的"分析哲学"，说到底也是辨析意义的问题，只不过讨论的是概念、语词的意义，或者是通过对语词意义的辨析，来理解存在的意义。现象学的思想进路不同于分析哲学，但也从另一个角度关注意义问题："如果说，分析哲学主要在逻辑、语言层面讨论意义，那么，现象学——包括后来的存在主义和解释学——对意义的考察则与人的存在相联系：存在主义追问人的存在意义，解释学的'解释对象'则不仅仅限于文本，而且兼及主体(作者与读者)。"①意义的问题，同价值问题须臾不可分离。价值观就是对世界及人自身存在的意义的评价，具体体现为价值理想、价值取向、价值原则、价值规范等。对意义和价值的求索，是作为哲学的形而上学安身立命的根基或魂魄之所在，一旦它放弃了相关探究，结果将是"失魂落魄"和"魂不守舍"，也就因此失去了存在的必要。

其三，它为"智慧"而来。这是为了智慧、追问智慧和通向智慧的理论。正是通过智慧的追问或智慧之思，形而上学才与其他把握世界的形式区分开来。当我们"重新关注形而上学，指

---

① 杨国荣：《哲学的视域》，440 页，北京，生活·读书·新知三联书店，2014。

向的是智慧的回归"①，它再次将形而上学作为一种把握存在的独特方式展示出来，重新提出这样的诉求：以形而上学的方式理解存在，以形而上学的智慧之道来把握存在的整体。

在此，形而上学通过"智慧"，显现出与知识和科学的区别。

在性质上，与所有的哲学一样，形而上学不是知识，而是思想和观念。观念是决定人生态度和行动的思想系统和基本信念，本质上属于价值体系。人类需要形而上学介入、干预或者发挥作用之处，都是关于价值体系的问题，能否提供合理的价值观，如何发挥价值观对人类生活的作用，是衡量形而上学"功用"的主要标准。

在把握世界的方式上，存在着两大差异。一是客观与主观的差异，知识是对外部对象的客观认知，形而上学则是从主体出发对对象的主观解释和理解，"解释是以价值观为前提的……是以人为中心和尺度的对对象的意义的解释。它不同于作为知识的认知。'解释'不为人们提供关于对象的具体的客观的信息、答案或知识，而是通过对问题的独特的理解方式提供对对象的意义的理解和把握"②。二是整体与专门的差异。知识主要是以分门别类的方式把握世界，其典型形态就是科学。科学的典范特征是"分科之学"，不同门类的科学，以特定的视域去探究世

① 杨国荣：《哲学的视域》，424 页，北京，生活·读书·新知三联书店，2014。
② 刘福森：《哲学不是什么？——一种哲学观》，载《理论探讨》，2009(5)。

界的某一方面。知识之"分科"，意味着以分门别类的方式把握世界，由此显示出知识与智慧在考察层面的区分：在知识层面对世界的把握，主要以区分、划界的方式展开；在智慧层面对世界的把握，则是以整体性、跨越界限的方式展现。在知识从不同的角度对世界分而观之、解而构之以前，世界是以统一、整体的形态存在的，"如欲真实地把握这一世界本身，便不能仅仅限于知识的形态、以彼此相分的方式去考察，而是同时需要跨越知识的界限，从整体、统一的层面加以理解"[①]。如此，产生了对智慧的追寻。

在要解决的问题上，既然形而上学是从主体出发而来的学问，那么，形而上学所面对的问题，就是一些只有不同的理解和解释方式，而没有确定答案的难题，如"存在问题""人的问题"，它无法提供确切、唯一或没有争议的答案。形而上学要解决的基本问题永远不过时、不消失，它永远都作为"问题"居于形而上学的核心之处，等候代代学人前赴后继地给出不同的答案。科学不同，它主要提供的不是问题，而是答案和知识，这才是科学的功能与使命。虽然它也从问题出发，但它必须寻求确定的答案，一旦找到了确定的答案，问题便得到解决，问题不再是问题，而是变成了知识。如果要求形而上学像科学那样，提供答案而不提供问题，它或许会成为科学，但必将失去自我。

---

① 杨国荣：《哲学的视域》，103 页，北京，生活·读书·新知三联书店，2014。

因此，不能用知识和科学的功用衡量和替代形而上学的用途，在科学的标准看来，"哲学不能为人们提供具体知识和确定的答案"，"哲学本来就不是为人们提供具体知识的"①；"哲学，尤其是形上学，若是试图给予实际的信息，就会变成废话"②。对这一区别的漠视，是关于形而上学的各种偏见产生的根源之一。

其四，它为"原理"而来。这是有关存在的最高原理的理论，"统摄万事万物的道理是最高的原理，研究这些最高原理的学问"③，叫作形而上学。能够"统摄万物"的原理，就是"形而上学"，它具有"普遍性""统一性""超越性"，得以贯穿、渗透、影响，因而超越了万物，超越了那些"分门别类"的学科化知识。所谓"原理"，仍然与"智慧"脱不了干系，亚里士多德早在《形而上学》中就指出，智慧所指向的，是"原因和原理"，它们涉及存在的根据、本原，是对存在的根据、本原的追问。

形而上学的这些特性，在相互关联中共同揭示了形而上学是围绕存在的智慧之学、意义之学、价值之学和原理之学，它是最高原理层面的智慧。

基于对形而上学的这些理解，反观"教育基本理论"，当我们说出"教育基本理论"之时，就意味着，"教育基本理论"的特

---

① 刘福森：《哲学不是什么？——一种哲学观》，载《理论探讨》，2009(5)。
② 冯友兰：《中国哲学简史》，涂又光译，5 页，北京，北京大学出版社，1996。
③ 陈嘉映：《价值的理由》，86 页，北京，中信出版社，2012。

性，就是教育生活中的"形而上学"，它以形而上学的方式把握教育存在，是有关教育存在的"智慧之道"，是教育之学中的"智慧之学"。

作为形而上学的"教育基本理论"，是为"教育存在"而来、为"教育智慧"而来、为"教育意义"而来、为"教育原理"而来的学问。换言之，它是在存在层面、智慧层面、意义层面、原理层面对"教育"的整体把握。

在形而上学的世界里，"教育基本理论"拥有自身的独特视界，它的自身逻辑不能完全由形而上学的共有特性直接推演或演绎，或者简单套用而来。整体来看，作为教育领域中的形而上学，"教育基本理论"是以对教育存在的把握为研究对象，以"如何育人"为研究问题，以追寻教育智慧为研究目标，以教育意义和价值的揭示、教育原理的提取为研究内容的独特之学。

一是研究对象的独特。教育基本理论是对"教育存在"的把握。教育存在具有自身的复杂逻辑，包括"教育活动型存在""教育观念型存在""教育反思型存在"等组成的结构性存在[①]，它与政治存在、经济存在、宗教存在等类似，都是人类的存在方式和实践方式。"教育基本理论"就是对"教育存在"这一独特的实践方式进行整体把握的理论方式，同时，它也试图整体把握教育存在与其他存在的关系，整体建构围绕教育存在、通往教育

---

① 叶澜：《教育研究方法论初探》，306～307 页，上海，上海教育出版社，2014。

存在的人类总体存在的理论图景。

二是研究目标的独特。与其他形而上学一样，教育基本理论的目标不在"知识"，而在"智慧"，知识层面的获取不是它命定的任务，智慧层面的追寻与创获才是它孜孜以求的"本命"。知识会过时，智慧不会。技术或方法会更新，变为短暂之存在，但智慧是永恒的。如何通过"教育基本理论"的方式，追寻"教育智慧"，生成围绕"教育智慧"的理论体系，应是它需要承担的学术使命。与"政治智慧""经济智慧"等相比，"教育智慧"的内涵、特质及其生成方式、表现方式，有丰富且独特的"智慧逻辑"。这一目标能否实现，以及在多大程度上实现，决定了教育基本理论存在的价值以及理论品质的高低，它也因此成为"教育基本理论"是否获得认同、配享"理论尊严"的源头和依据。如果就此将教育基本理论与教育智慧联结起来，可以发现教育基本理论的特有价值：远离了教育基本理论，就远离了教育智慧。换句话说，当我们远离教育基本理论，往往意味着对教育智慧的远离，这是对教育智慧之学的疏离。

三是研究问题的独特。作为提供问题而不是提供问题确切答案的一种形而上学，"教育基本理论"坚持不懈地提出"教育是什么？""人为什么要接受教育？社会为什么要办教育？教育应该怎么办？"等与教育有关的"基本问题"。若再进一步凝练整合，上述问题围绕的核心是"育人"，"教育存在"是在"育人"中展开的，它提出的"为什么育人""育什么人""为谁育人""谁来育人"

"如何育人"等重大问题，是"对教育存在的必要性和如何使之趋向于合'理想目标'之理的探究，也是对教育存在合理性的理性探究"①，这是"教育基本理论"之为"此一形而上学"的独特问题。如果以这些问题为依据，"教育基本理论"所追寻的教育智慧，是"育人智慧"。和"成人"，或者相关的"成己""成物"等哲学视域下也在讨论的概念相比，"育人"是典型的教育学概念，它体现了"育"的重要性，展现了"教育"的本质，没有"育"的"教"不是真正的"教"，"教"最终要走向"育"，通过"育"来实现。同时，它还表明了人之"成"是需要"育"来完成的，没有"育"的"成"是空洞的存在，"育"既是"成人"的手段，也是"成人"的过程。"教育基本理论"所追寻的智慧之道，究其根本，是"成人之道"，更是"育人之道"。"教育基本理论"始终事关人自身的"育成"，是对人在"教育"中的成长的无尽追问，它通向教育的本质——在育人中成人。

四是研究内容的独特。作为"意义之学"或"价值之学"，教育基本理论冀望通过研究首先揭示"教育存在"的意义。这一意义已被中国的孔子、孟子、老子、庄子、朱熹、王阳明，以及西方的苏格拉底（Socrates）、柏拉图（Plato）、康德（Immanuel Kant）等历代思想家阐明，提供了形形色色的答案，但它仍然是一个"问题"，依旧需要在"经济全球化时代"和"智能时代"重

---

① 叶澜：《教育研究方法论初探》，29页，上海，上海教育出版社，2014。

新加以思考，以此作为"教育管理与治理""学校领导与管理""课程与教学"等的意义源头。其次，提炼"教育原理"。通过"教育存在"的根据和本原，"教育基本理论"试图挖掘具有"原点性质"的理论。"教育基本理论"中的"基本"之"本"，有"本原"之意；"本原"之"原"，则有"原点"之意，包括原点性的概念和问题。例如，"人""教育"等基本概念，"人为什么需要教育"，以及"育什么人""为谁育人"等基本问题，都具有原点性。任何教育理论和实践，都要基于对这些原点性概念和问题的理解和认识，并以此作为"前提"。"原点性质"即"前提性质"。如果不理解"什么是人"，就无法"育人"；如果不明晰"什么是知识"和"最有价值的知识"，就难以构建"课程论"和"开发校本课程"；如果不明确"什么是学校和好学校"，就无从建构"学校管理学"理论和推动"学校变革"。具有原点和前提性质的概念与问题，其实质依旧是"意义问题"或"价值问题"。"教育基本理论"所要把握的原理，是有关教育的"意义原理"或"价值原理"，其根底是"原理之学"。但这里的"原理"不止于"意义或价值"层面的原理，也包括"思维原理"。除了"意义原点"或"价值原点"，"思维"也具有原点性，如同怎样认识教育的意义和价值，就会如何进行教育实践一样，如何思考教育、以什么样的思维方式思考教育，也决定了如何推进和实施教育。从思维方式的角度看，"教育基本理论"不仅是"理论思维"①，而且本身就蕴含了一种特殊的思维方式，即"回到原点的思考"。当我们以"人"的方式，研究教育与人的关系，并将"教育本质研究"以人学为视野，将"教育功能研究"转向发展人的本体功能之时②，就是一种回到"人"这一原点的思考，如此思考教育的方式，就是典型的"教育基本理论"式的思考方式。

三、"教育基本理论"及其相关概念的辨析

与"形而上学"建立起内在关联，就其相通和差异之处加以比较辨析，这种"外部比较"，是理解"什么是教育基本理论"的主要方式，但若仅限于此，还不足以一窥"教育基本理论"之全貌。另一种关联或比较方式同样必要，即进行"内部比较"：在教育学科内部，对"教育基本理论"与"教育原理""教育学原理""普通教育学""教育哲学""教育学分支学科"等一直纠缠不清的关系进行梳理。

教育学科体系中的这些"传统学科"和"基础学科"，长年纠结在一起的症结在于，彼此之间有太多的重叠，而且是一种"剪不断，理还乱"的交集。如今，到了该厘清关系，平息混乱，从模糊走向清晰、从迷糊走向明晰的时候了。

---

① 周霖：《理论思维：教育基本理论的发展之钥》，载《教育研究》，2013(2)。
② 冯建军：《回到"人"——世纪之交教育基本理论研究的共同主题》，载《基础教育》，2013(1)。

（一）"教育基本理论"与"教育原理"

与其他关系相比，"教育基本理论"与"教育原理"之间的交集度、重合度和相似度是最高的。这首先源于教育基本理论"为原理而来"的形而上学特质，因此使"教育基本理论之学"成为"原理之学"。在"繁花似锦"的理论花丛里，"原理性质"的"理论"才是"教育基本理论"的心仪对象。反之，当"教育原理"被指认为"研究有关'教育'本体的原发性理论或有关'教育'本身的最一般性的理论"①之时，其身上天然的"教育基本理论烙印"就昭然若揭了。

对"教育基本理论"和"教育原理"共通之处的寻觅并非难事，无论是"原理"和"基本"在词源上的内在关联，还是研究的性质、目标和对象等，相通之处比比皆是。倘若将"教育原理"确定为通过把握教育生活中的基本概念、基本问题、基本假设和基本观点，"梳理各种教育基本活动演变的轨迹和各个教育基本问题的思想线索"②，最终把握教育本身的基本原则或基本规律，那么，教育基本理论与教育原理几乎完全一致。

困难之处在于"如何区分"。毕竟二者有不同的称谓，有所差异在所难免。即使二者有太多"神似"，相当于教育理论世界

---

① 冯建军：《关于"教育原理"的学科称谓与内容现状的研究》，载《教育理论与实践》，2007(4)。

② 陈桂生：《普通教育学纲要》，序言，2页，上海，华东师范大学出版社，2009。

中的"双胞胎"，仔细辨认，也还是可以发现，它们是两个独立的存在，无法完全相互取代。

二者的微妙差别在于：基于"教育基本理论"的立场和视域，"教育原理"首先是作为自身的研究对象而存在的。"教育基本理论"希望通过把握教育存在的本原性、根源性的概念、问题、假设、观点及其背后的立场，来整体把握"教育存在"，获取"教育存在"的"规律"或"真理"。这一研究对象，只是"教育基本理论"的研究对象之一，不是其研究对象的全部，不能把"教育基本理论"的世界全部限定在"教育原理"的疆域里。除此之外，例如，还有对"教育智慧"的寻求，智慧之存在，虽然总是与本原、根源有关，或者至少出自某种本原或有其根源，但原理性的存在不都是"智慧"，原理本身也有层次之分，只有最深和最高层次的原理，才得以进入"智慧"的境界。能够触及"理中之理，理后之理"的原理，就是最深层次的原理，得以走到"最高抽象层次"，具备"统整性""贯穿性"的原理，才是最高层次的原理。除了作为"研究对象"，"教育原理"同时也作为"教育基本理论"的思维方式之一，即"原点式思维"或"本原式思维"，但这同样也只是"教育基本理论"的思维方式之一，它不能涵盖和替代其他思维方式。

（二）"教育基本理论"与"教育学原理"

在已有的教育学教材、专著和论文中，这二者之间的"混淆"甚至"混乱"触目可见。特别是在研究问题、研究内容及研究框架上存在"高度重叠"。有比较研究表明，与"教育基本理论"极其相似的"教育原理"，其主要内容是"教育目的、教育本质、教育与人的发展、教育制度、教育与社会的发展、教师与学生、教育的历史演进"。"教育学原理"的主要内容则是"元教育理论、教育本质、教育与社会的发展、教育目的、教育的历史演进、教育与人的发展、教师与学生、教育制度、教学、德育"。二者惊人的一致性一目了然。[1] 最明显的区别是，元教育理论（关于教育学的研究）在"教育学原理"中出现的概率较大，而在其他两个学科中出现的概率较小，不少"教育原理""教育概论"中没有这方面的内容。即便是在"教育原理""教育概论"中出现的"元教育理论"，也是对"教育学"对象、性质、发展、任务等的讨论，而不是对"教育原理""教育概论"对象、性质、任务等的讨论。[2]正是在这里，显现出"教育基本理论"或"教育原理"（暂时将二者视为一体）和"教育学原理"的差别："教育基本理论"的研究对象和落脚点是"教育"，它是一种"实践活动"或"社会活动"，是一种"活动概念"或"行为概念"；"教育学原理"则以"教育学"为研究对象，出发点和落脚点都是"教育学"，它是一个"学科概念"。

---

[1]　相对较新的著作，可参见康永久：《教育学原理五讲》，北京，人民教育出版社，2016。与以往同名著作相比，此书强化了"历史意识"，从而设立专讲"教育的历史发展""历史情境与教育学"，但同样将"人的发展与教育""教育与社会发展"作为核心内容。

[2]　冯建军：《关于"教育原理"的学科称谓与内容现状的研究》，载《教育理论与实践》，2007(4)。

统合来看，"教育基本理论"是有关"教育"、为了"教育"、出自"教育"，最终也落到"教育"的理论体系，它的研究重心是"'教育'之学"，是"有关教育"的基本理论。"教育学原理"则是有关"教育学"、为了"教育学"、出自"教育学"、最终落到"教育学"的理论体系，实质是"教育学之学"，它更应该被称为"教育学基本理论"，而不是"教育基本理论"。从这一定位出发，"元教育学"研究，本质上属于"教育学原理"，而不是"教育原理"，也不是"教育基本理论"。假如是这样的话，"教育学原理"的内涵和外延应大于"教育基本理论"，因为它包含了"元教育学"。

(三)"教育基本理论"与"普通教育学"

来源于德国教育学、具有鲜明"德国标识"的"普通教育学"，其"理论DNA"和"学术血缘"也与"教育基本理论"具有诸多一致性。

就研究性质而言，从"教育基本理论"之"基本"与"普通教育学"之"普通"可以看出，二者均属于教育学世界中的"基础理论"。本纳(Dietrich Benner)认为，普通教育学以"基础理论问题"的探讨为己任，它必须坚持这个传统，既拒绝把教育学基础理论问题转交给其他学科，也拒绝教育学理论衰减为其他科学的应用科学，在他看来，"只有涉及关于教育过程和体制自身逻辑的基础理论讨论才能在教育学中研究教育问题"①。这一理论

---

① 〔德〕底特利希·本纳：《普通教育学——教育思想和行动基本结构的系统的和问题史的引论》，彭正梅等译，前言，1页，上海，华东师范大学出版社，2006。

"基础性"的获得，与"普遍"和"基本"及其相互关系有关：越是具有"基础性""根基性""本原性"的理论，就越具有"普遍性"和"通用性"，对特殊且具体的实践就越有影响力和指导力。

就研究假设而言，它们都假设：在理论的森林中，存有一种名为"普通"、"普遍"和"基本"的理论，这一理论因其独特性和普遍适用性而不可被替代。本纳在《普通教育学》中声称："普通教育学认为其见解适用或应该适用于一切教育活动和整个教育科学。"①他从"教育实践"和"教育思想"两个方面，提取具备"基本"或"普遍"特性的要素并加以阐述，即透析"教育实践"中的"基本"和"普遍"，以及"教育思想"中的"基本"和"普遍"。对于前者，他通过对管理的、传授的和社会教育的行动方式加以区分，证明它们是对所有教育分支领域都十分重要的教育行动的基本和普遍形式；对于后者，他首先证明建立普遍适用的教育基本思想的可能性和必要性。

就研究内容而言，"普通教育学"的研究主题和框架内容，与"教育基本理论"高度相似。例如，陈桂生在《普通教育学纲要》中，探讨的是"教育""学校演变的轨迹""课程演变的轨迹""教师职业与教师职业修养""学校管理演变的轨迹"等，在他的视域里，这些主题就是"普通教育学"的"普遍主题"和"基本主题"。其书名中的"纲要"一词，蕴含了对"普遍"与"基本"的追

---

① ［德］底特利希·本纳：《普通教育学——教育思想和行动基本结构的系统的和问题史的引论》，彭正梅等译，4 页，上海，华东师范大学出版社，2006。

求：构成"纲要"的概念、问题和思想，必定都是"普遍"和"基本"的。在德国普通教育学的思想体系内，"普通教育学"的思想源头来自"普遍"和"基本"问题。例如，赫尔巴特（Johann Friedrich Herbart）《普通教育学》的副标题是"由教育目的引出的普通教育学"，其中第一编的标题是"教育的一般目的"，在他眼里，这既是"教育"，也是"普通教育学"的普遍问题、基本问题和前提问题，它"引出"了其他问题。不对此问题深究细查，其他问题将无所依傍。再以本纳的《普通教育学》为例，他关注的普遍或基本的研究内容，首先是"普通教育学的困难性、必要性和可能性"，然后是"教育实践在人类总体实践范畴中的地位""教育思想和行动的原则""系统教育科学的行动理论问题""教育实践的行动维度"等。还可以举《普通教育科学研究手册》为例，这本在德国影响深远的研究手册，将"普通教育学"扩展为"普通教育科学"，所聚焦的普通或基本概念、问题，涉及"教育""教养""社会化""学校"等。^① 同样是"普通教育学"，若进行中德的差异比较，陈桂生的着力点是在"教育内部"寻求普通性；以本纳为代表的当代德国普通教育学视域中的"普通"，着眼点在"教育外部"，他们倾向于把"教育实践"放在人类总体实践的层面和背景下，寻找作为人类实践形式之一的教育实践的普通性或普遍性原则。

---

① Lutz Koch，Volker Ladenthin，Gerhard Mertens，Winfried Böhm，*Handbuch Der Erziehungswissenschaft I*，Allgemeine Erziehungswissenschaft，2011.

综合来看，无论是"教育基本理论"还是"普通教育学"，都有清晰且强烈的"基本感"，有对"基本"性质的理论探索的迷恋和执着。

本纳撰写《普通教育学》的主要目的是"寻找一种教育学思想和行动的自身逻辑"①，他力图通过对教育思想和行动的问题史的探讨，提出一种"基本思想"，提示一种"植根于人类思想和行动的教育学基本结构"②，重新提出教育实践"基本结构"和"自身逻辑"的问题，进而探寻"跨学科的教育学基本思想"③，阐明"一个教育学基本思想的计划"④，用重构的方式寻找"教育的基本思想"和"教育学的基本思想"。他确信，教育思考和行动有一种基本思想的理论假设，需要通过"普通教育学"去证实。

鉴于"教育基本理论"与"普通教育学"的众多共识，可以认为，"在德国"的"普通教育学"，就是"在中国"的"教育基本理论"。

但这并不意味着，二者完全等同，可以合二为一。在笔者

---

① ［德］底特利希·本纳：《普通教育学——教育思想和行动基本结构的系统的和问题史的引论》，彭正梅等译，前言，3页，上海，华东师范大学出版社，2006。

② ［德］底特利希·本纳：《普通教育学——教育思想和行动基本结构的系统的和问题史的引论》，彭正梅等译，4~5页，上海，华东师范大学出版社，2006。

③ ［德］底特利希·本纳：《普通教育学——教育思想和行动基本结构的系统的和问题史的引论》，彭正梅等译，前言，3页，上海，华东师范大学出版社，2006。

④ ［德］底特利希·本纳：《普通教育学——教育思想和行动基本结构的系统的和问题史的引论》，彭正梅等译，2页，上海，华东师范大学出版社，2006。

看来，至少存在三点差异。

一是研究传统的差异。"教育基本理论"源于苏联，后经中国的本土化改造，创生出现有的"教育基本理论"思想体系；"普通教育学"则出自德国，从赫尔巴特开始，再延续到本纳等，形成了德国特色的"研究传统"之链条，通过相关著作的研究内容和思想框架得以彰显。这些传统同样弥漫、渗透和体现在德国教育人类学等其他教育学分支学科之中。①

二是研究目标的差异。二者虽然都寻求"基本"和"普通"及其勾连，但"教育基本理论"更重"基本"，"普通教育学"更重"普通"，前者不像本纳那样，对理论的普遍适用性有强烈的执着。对于后者而言，似乎对"基本"的探求只是第一步，如何把"基本思想"变成具有普遍适用性的"普遍思想"，才是终极目标。这一目标被深深地打上了德国哲学甚至西方哲学传统的烙印。

三是研究重心的差异。与"教育基本理论"和"教育学原理"的区别类似，"教育基本理论"的重心是面向"教育"的"基本理论"，"普通教育学"则不满足于"教育"，而是进一步走向"教育学"，不断重构"教育学的基本思想"。

(四)"教育基本理论"与"教育哲学"

在各种错综复杂的关系中，这是最让人纠结的一对关系。

---

① 李政涛、文娟：《教育人类学发展中的"德国经验"与"德国启示"》，载《湖南师范大学教育科学学报》，2018(1)。

二者的深度交集由来已久。在中国大陆，同时存在"教育基本理论学术委员会"和"教育哲学专业委员会"这两大学术组织；在教育学者群里，不少人同时从事"教育哲学"和"教育基本理论"的研究①，身份的交集，不全是研究者研究兴趣的多样、跨领域研究能力的体现，也反映了两个领域并非像数学和文学那样界限分明，难以逾越。

有关"教育哲学"的性质、定义、对象和范围，即使在"教育哲学"界，也是"仁者见仁，智者见智"。代表性的观点有六种：(1)教育哲学是以哲学的方法研究教育根本问题的学问；(2)教育哲学是研究教育价值的学科，具有"价值属性"②；(3)教育哲学是研究教育领域中的思维和存在关系问题的学科；(4)教育哲学是寻求教育意义的学问；(5)教育哲学是对教育思想的前提反思，是认识教育问题的世界观和方法论③；(6)教育哲学是对教育生活的哲学省思，致力于重构教育生活④，引向对(教育)日常生活的超越⑤，唤醒并促使教育者更好地理解与他们密切相关的教育生活，使之不断更好地认识、了解和重建教育生活的

---

① 例如，王坤庆：《教育哲学——一种哲学价值论视角的研究》，武汉，华中师范大学出版社，2006；王坤庆：《教育基本理论研究》，合肥，安徽教育出版社，2008。

② 于伟：《教育哲学》，12页，北京，教育科学出版社，2015。

③ 郝文武：《教育哲学》，26～27页，北京，人民教育出版社，2006。

④ 周浩波：《教育哲学》，9页，北京，人民教育出版社，2000。

⑤ 刘铁芳：《走向生活的教育哲学》，242页，长沙，湖南师范大学出版社，2005。

意识、知识、能力与信念①。

　　对教育哲学的上述理解，与前述教育基本理论的特性存在诸多交集。例如，都聚焦教育中的"根本问题"②，期望从"根本上理解教育"③，所谓"根本"，或具有"根本"性质的问题，也就是教育基本理论中的"基本问题""原点问题"。又如，都致力于对"教育意义"和"教育价值"的寻求，同时阐述教育的根本"原理"④。基于这些共同点，二者都代表了教育世界的"形而上学"，带有"形而上学"的典型特质。与此相关，更重要的是，二者共同拥有对"哲学"的激情与渴盼，都认定哲学之于教育、之于教育研究的意义，主张"教育活动需要哲学"⑤，强调"教育作为哲学式的努力"⑥，认同柏拉图所言，教育的最高形式是哲学，哲学是对智慧或对最重要的、最高的或最整全的事物的知识的追求⑦；都希望让"教育走向哲学"，让教育理论拥抱哲学，拥有哲学的意蕴和品性。不过，理解共通并不难，最大的瓶颈还是在于，教育基本理论与教育哲学有何区别。不能因为二者

---

①　石中英：《教育哲学》，23～24页，北京，北京师范大学出版社，2007。

②　黄济：《教育哲学通论》，319页，太原，山西教育出版社，1998。

③　周浩波：《教育哲学》，7页，北京，人民教育出版社，2000。

④　黄济：《教育哲学通论》，322～323页，太原，山西教育出版社，1998。

⑤　参见石中英：《教育哲学》，2～5页，北京，北京师范大学出版社，2007。

⑥　刘铁芳：《走向生活的教育哲学》，242页，长沙，湖南师范大学出版社，2005。

⑦　Leo Strauss, *An Introduction to Political Philosophy*：*Ten Essays*，Detroit，Wayne State University Press，1989，pp. 1-8.

存在诸多相通，就此将其画等号，更不能相互替代。

从理论来源来看，中国的"教育基本理论"受到苏联教育学及其背后的马克思主义理论范式的影响，有着典型的"马克思主义烙印"和"中国特色"。教育哲学的源头则是西方哲学，在全世界范围内通用。正因为如此，在英美等国的大学课程和教育理论界，"教育哲学"俯拾即是，但我们几乎看不到"教育基本理论"的身影。

从名称或概念的相对面来看，任何名称或概念都可能有自己的相对面。例如，教育学是相对于哲学、社会学、政治学、经济学等人文社会学科，或者相对于数学、物理学、化学等自然学科而言的。"教育哲学"是一个典型的"学科称谓"或"学科概念"，同时作为教育学和哲学的交叉学科，它既可能属于哲学，也可能属于教育学。如果属于哲学，它的相对面就是"政治哲学""法律哲学"等其他哲学分支学科；若是在教育学的体系内，它的相对面则成了"教育社会学""教育政治学""教育经济学"等。概念或名称的相对性，决定了教育哲学的学科性质、定义、对象和范围，也在整体上决定了教育哲学的"学科边界"。教育哲学具有什么性质、研究什么，以及它的边界在哪里，不是纯粹由它自身决定的，而是在与其他相对学科的比较或对举中来厘清自己的性质和边界的独特的。同理，"教育基本理论"也有自己的相对面。除了通常与"教育理论"对举的"教育实践"，教育基本理论的相对面也包括其他"理论"，要么是教育领域中的

"非基本理论"，要么是其他实践样式的基本理论，如政治基本理论、经济基本理论等。一言以蔽之，它是按照"理论"的标准，而不是"学科"的标准来确定的。虽然"理论"与"学科"不可分离，"学科"必定是以某种"理论"为基础建构起来的，但"理论"就是"理论"，它有自身的逻辑与标准，不能用"学科标准"替代"理论标准"。基于这一认识，可以认为，与具有高度学科特性的教育哲学相比，教育基本理论具有相对的"超学科性"。

从边界划分的标准来看，既然"教育哲学"的相对面是"其他学科"，"教育基本理论"的相对面是"其他理论"，那么，这些相对面就构成了划定二者边界的标准："教育哲学由哲学方式来定位边界，教育基本理论由'基本'这个层次来定位边界，二者交叉但不重合。有些教育哲学研究不'基本'，有些教育基本理论不'哲学'。"①够不够"哲学"，成为判断教育哲学的边界标准；够不够"基本"，则成为是否有资格被称为"教育基本理论"的边界标准。这里的"基本"，既包括针对教育的"基本"理论，也包括针对"教育基本"的理论探索，二者各有侧重，共同包含在"教育基本理论"的体系之内。

从研究视角或视域来看，基于名称及边界划分标准的差异，"教育基本理论"的名称之中，纯粹是有关"教育"的基本理论，

———————

① 这是余清臣教授在与笔者讨论中提出的观点。

是关于教育存在的性质、结构和逻辑的整体把握，更加注重教育本身的立场、性质或逻辑，但"教育哲学""教育社会学""教育经济学"等学科名称中包含有"哲学""社会学""经济学"，所以，它们往往习惯于从哲学、社会学、经济学的视角来分析教育问题。在这个意义上，可以说，"没有哲学或社会学，就不会有教育哲学或教育社会学，但仍然可以有教育基本理论。或许，正因为如此，英美教育哲学界少有人将赫尔巴特的普通教育学当作是教育哲学"①。

从研究重心的确定来看，教育哲学经过多年发展，已经形成了庞大的对象和范围体系，涉及"阐明哲学与教育的关系""叙述近代各派的教育哲学""陈述各国教育之哲学的基础""研究教育哲学问题""讲述一派或一家的教育哲学""探讨教育价值""研究历代教育哲学变化的规律""陈述教育的根本原理""批评现代的教育""发表各自的教育哲学"②等多个维度。相对而言，"教育基本理论"的研究重心，聚焦于"基本"，始终"力求在'基本'的框架内搜集、分析材料，把研究的脉搏跳动在'基本'的节奏上"③，牢牢抓住教育中带有"根本性""稳定性""纲领性"的"基本概念""基本问题""基本观点"，将其视为"恒常不变"的概念和

---

① 这是程亮教授在与笔者讨论中提出的主张。

② 黄济：《教育哲学通论》，319～323 页，太原，山西教育出版社，1998。

③ 瞿葆奎主编：《教育基本理论之研究（1978～1995）》，前言，2 页，福州，福建教育出版社，1998。

问题。构成"基本"或"根本"的存在，必定是恒常不变的存在，不会轻易随时代、时尚的变迁而变迁，因此，"基本理论"抓"基本"，就是抓"常理"和"常道"，抓"恒常"性的理论。与之相比，教育哲学或注重"理论性""综合性（或概括性）""批判性"①，或强化"实践性""反思性""批判性""价值性"②。这里的价值性，指的是"教育哲学的价值性"，而非"教育的价值性"。价值和意义问题，也是教育哲学视域中的重要问题，但只是系列问题之一，远不如"教育基本理论"如此重视教育背后的价值预设、价值取向的澄清和辨析，并将此作为自身不可动摇的研究重心和研究基石。

（五）"教育基本理论"与"教育学分支学科"

"教育基本理论"的危机，"外患"源于相关学科长久以来的压制、冲击和蔑视，"内忧"则来自教育学科内部，在理论知识生产及分工专门化、学科化和精细化的大趋势下，在教育学从单数走向复数的过程中，脱离"母体"单飞后的教育学分支学科蓬勃发展，其发展动力和思想资源，越来越多地借鉴相关学科的最新理论和方法，造就了"排浪式追随"的风尚，同时对"教育学原理"和"教育基本理论"越发疏离，在"渐行渐远渐无书"中，形成了对"教育基本理论"的无视。如果对《高等教育研究》《课

---

① 黄济：《教育哲学通论》，319页，太原，山西教育出版社，1998。
② 石中英：《教育哲学》，26～32页，北京，北京师范大学出版社，2007。

程·教材·教法》《开放教育研究》等面向不同分支学科的顶尖刊物所发论文的参考文献稍加通览，就很容易发现，即使是针对"学科建设与理论发展"这一共通问题，也很少甚至没有对"教育基本理论"界研究成果的引用，似乎这个领域的研究和发展与其自身的发展无关。

笔者暂不对"教育基本理论"之于"教育学分支学科"的意义与价值进行论证和讨论，转而从二者关系的实然角度加以梳理。这里的"实然"，不是说教育基本理论对其他分支学科的发展已经发挥的"实际作用"，而是指"教育基本理论"始终"存在"，并且与其他分支学科并存的"实然状态"。此外，还存在另一种实然：教育学各分支学科都有自己的基本理论或基础理论，如"课程基本理论""教学基本理论""德育基本理论"等，这是一个无法被否认的事实性存在，对这一理论的建构，是各分支学科研究目标中不可分割的一部分。且不论学科之间对自身"基本理论建设"在重视和发展程度上的差异，这至少表明，教育学分支学科研究者同样可能具有"基本理论"意识。

可以认为，存在两种类型的"教育基本理论"：一是广义的教育基本理论，也可称为"普遍教育基本理论"，它通过对教育存在的整体把握、对教育价值和意义的探索、对教育智慧的追寻，来获得普遍性的基础理论，介入和影响教育实践，进而影响其他学科，并由此超越其他学科，因为它是跳出各分支学科之外的普遍性理论；一是狭义的教育基本理论，亦可称为"特殊教育基本理论"，它存在于教育学分支学科内部，旨在整体把握各分支学科的研究对象、研究问题、研究目标和研究内容，形成各分支学科特有的基础理论或基本理论体系，如"教育哲学基本理论""教育社会学基本理论""教育人类学基本理论""教育技术学基本理论"等。此外，在某一领域或某一问题上，同样也有其特殊的"教育基本理论"，如"基础教育"中的"基本理论"①"教育价值的基本理论"②等。无论是哪种类型的特殊教育基本理论的研究方式，都试图将教育基本理论的意识、习惯与能力，渗透、贯穿于某一学科或某一问题的研究之中③。这一研究相对稀少，却有独特意义：有助于赋予"教育基本理论"以新的发展土壤和生长平台，只有将"教育基本理论"渗透、融入和落实到具体学科、具体领域和具体问题，教育基本理论才更具有解释力和发展活力。

四、教育基本理论的未来发展及路径

对"教育基本理论"的过往与现实、内涵与价值、目标与对

---

① 冉亚辉：《中国基础教育基本理论论析》，载《教育理论与实践》，2015(22)。

② 王坤庆：《教育哲学——一种哲学价值论视角的研究》，武汉，华中师范大学出版社，2006。

③ 代表性的研究，如孙杰远有关教育人类学和少数民族文化领域的基本理论研究，参见孙杰远：《教育研究的人类学范式及其改进》，载《教育研究》，2015(6)。又如南国农对教育技术理论体系中"基本理论"的倡导和探究，参见南国农：《教育技术理论体系的重构：路线图》，载《现代教育技术》，2010(4)。

象的所有审思，都通向未来。长年处在质疑、微词、偏见以及危机中的教育基本理论，在"百年未有之大变局"的新时代，该走向何方？在砥砺前行的过程中，应该持守什么？转向何处？更加注重什么？这些都是与教育基本理论未来发展相关的"基本问题"。

(一)教育基本理论"持守"什么

最根本的持守，是持守"教育基本理论自信"，确信这一理论的独特与不可替代，"矢志不移地坚守教育基本理论的学术地位"①，持守与生俱来的形而上学特性，持守并捍卫自身独特的学术责任与使命：立足于存在层面、智慧层面、意义和价值层面、原理层面，对"教育"进行整体把握。关键且具体的持守，包括如下方面。

1. 持守"基本"

作为一种把握教育的方式，"教育基本理论"的特异基因或命脉在于"基本"，它隐含的信念是："无'基本'不'教育'"，"无'基本'不'教育理论'"。与教育基本理论具有高度血缘关系的教育哲学，20世纪以来的理论传统，是"把自己看成是从'哲学的高度'来研究教育基本问题、基本假设、基本概念与命题，以为教育理论和实践提供一般的指导原则或方法论基础。这种教育

---

① 刘旭东：《构建有中国气派的教育基本理论话语体系——胡德海先生教育学思想研究》，载《当代教育与文化》，2016(5)。

哲学是以'高级教育知识'的获得为根本目的的"①。即使这一传统到了21世纪需要有所调整和修正，"追寻基本"的意识也不会随之消散。当"人生与教育""知识与课程""理性与教学""自由与教育""民主与教育""公正与教育"作为"教育哲学"的基本框架和研究对象之时②，其实就表明，"教育""知识""课程""教学""自由""民主""公正"是"这一"教育哲学体系内的"基本概念"，"人生与教育"的关系、"知识与课程"的关系等，构成了其中的"基本问题"，它们都是研究者从各种概念群、问题群中筛选出的被认定为绕不过去的"根本问题"。这从侧面印证了"教育基本理论"的独特：它善于从万千"概念"、重重"问题"、各种"观点"、多样"假设"中，找出最"基本"因而最"根本"的"那一个"或"那一些"，以此来把握教育存在。

　　2. 持守"反思"

　　"反思"是人之为人的特有能力，也是哲学思维的典型代表。"反思"总是离不开"批判"，且最终必然通往"批判"。批判是哲学，也是形而上学的天然使命。哈特曼指出，"康德的命题——没有批判就没有形而上学——仍然是有效的"，还可以对这个命题"提出其自然的反命题：没有形而上学就没有批判"③。作为

---

① 石中英：《教育哲学》，23页，北京，北京师范大学出版社，2007。

② 参见石中英：《教育哲学》，北京，北京师范大学出版社，2007。

③ Nicolai Hartmann, *Grundzüge einer Metaphysik der Erkenntnis*, Berlin, Walter de Gruyter, 1949，S. 3.

一种追寻智慧的活动，作为哲学的形而上学，是一个不断地进行批判和反思的过程。它难以无批判地认同既成的结论，它不会将已有的知识、教条、看法未经反思地接受下来，总要对已有的命题、观念、理论，以批判的眼光加以反思，并要求进一步追问其根据。① 作为形而上学的教育基本理论，批判基因从一开始就深植于其血脉里，它习惯于对既成的概念系统和观念系统，进行反思性的考察，"既拒绝无批判地接受现成的论点，也反对独断地给出一个结论。无论对他人或自己提出的观点，都要进行分析、论证"②。这种反思、批判的态度与取向，构成了"教育基本理论方式"的重要特征。我们同样可以如此说："无反思不'教育基本理论'"，"无批判不'教育基本理论'"。所谓"批判"，不仅有"批评"之义，还具有更深刻的含义："对现实永不满足，力图发现现实的不合理之处，为着理想的实现而不断地努力。"③这种批判性的努力，用福柯的话语方式来说，是不断成形、扩展和再生的，它指向一种新的未来。不能忽略的是，批判与反思一样，还意味着"保持距离"：保持对已有理论的距离、对实践的距离以及对政策的距离，不把自身完全"沉陷其中"，导致"失去自我"。这表明，"批判"同时意味着对保持距离

① 杨国荣：《哲学的视域》，110 页，北京，生活·读书·新知三联书店，2014。
② 杨国荣：《哲学的视域》，111 页，北京，生活·读书·新知三联书店，2014。
③ 于伟：《教育哲学》，18 页，北京，教育科学出版社，2015。

的自我警醒。

3. 持守"概念"

与所有的哲学或形而上学一样，"概念"是"教育基本理论"的理论方式，它总是表现为运用概念的活动，以概念的方式展开对教育智慧的追问，进行智慧层面的教育沉思。"理论思维"也好，"以理论思维的方式把握世界"也罢，其实质都是"通过概念的运用而实现的"，所以，"真正意义上的哲学家，其思想的创造性、独特性总是体现在其核心概念之中"[①]，如孔子的"仁"，老子的"道""自然"，墨子的"兼爱"，柏拉图的"理念"，海德格尔的"存在"，福柯的"权力"等。从这个角度来看，"理想的教育基本理论"或"好的教育基本理论"研究者的标志之一，就是具备善于提出概念、建构概念、分析概念和论证概念的能力。

4. 持守"思辨"

传统的哲学或形而上学，是借助于基本概念和范畴，而不是借助于具体材料和事实展开的思想活动，最终是要借助于概念、范畴、问题、观点、假设之间的思辨来把握世界，这同时构成了教育基本理论和教育哲学的传统，把"思辨"当作自己的事业，借助哲学的基本概念（如"本体""存在""知识""道德""美"等）和教育的基本概念（如"教育""教学""课程"等）之间关系的思辨，来揭示教育存在的规律与真理。然而，正在经历实证研究

[①] 杨国荣：《哲学的视域》，107 页，北京，生活·读书·新知三联书店，2014。

范式转向的当代中国教育研究界，"思辨"这个原先很多学者的"看家本领"和"思想传统"，成为被质疑、被批判和被革命的对象，"思辨"成为玄学意义上具有否定和贬义内涵的概念。最有力的批判来自教育哲学内部的"自我批判"："这种'思辨的教育哲学'与'思辨哲学'一样能够并且致力于建立逻辑严密的知识体系，但却很难透过概念的帷幕触及真正的教育生活。"①

已有的批评尚未触及一个有关思辨的核心问题：哲学与形而上学，或者，"教育哲学"与"教育基本理论"，是否可以离开理论的"思辨"？所谓理论的思辨，包括沉思、直觉、体验、洞察（insight）等。借用冯契的表述，具有理性直觉、辩证综合、德性自证等多种形式，这些都是哲学，也是形而上学，是把握世界的基本方式，是其安身立命之本。既然是以存在的整体为对象，形而上学就必然离不开思辨，它始终需要以思辨的方式，即"以综合的方式澄明、彰显存在，其中既包含着对象的敞开，又渗入了主体的领悟、阐释；既涉及实然、必然，也关乎当然"②。哲学离开了思辨，便很难真正回到哲学自身的探索研究之上，教育基本理论离开了思辨，就失去了整体把握教育存在的能力。在此，我们依然可以如此言说："无思辨，不教育基本理论。"即使思辨具有这样或那样的弊病，也仍不足以否定思辨

①　石中英：《教育哲学》，25 页，北京，北京师范大学出版社，2007。
②　杨国荣：《哲学的视域》，95 页，北京，生活・读书・新知三联书店，2014。

本身的价值。而且，"思辨"其实有两种类型：抽象的思辨与具体的思辨。抽象的思辨脱离历史过程与形下之域，仅仅在形上的领域做超验的玄思，与现实生活隔绝；具体的思辨则以形上与形下的互动为前提，介入现实的历史过程和多样的生活实践。① 相比而言，二者的差异，涉及"离器而言道"与"即器而言道"之分，前者是抽象思辨（如现象学），后者则是具体思辨（如分析哲学），这里的"道"可以视为思辨的对象，它与"智慧"有关，"器"则更多地指向现实的存在形态以及具体的历史与生活过程。若以此为依据，思辨的弊端更多地体现为"抽象思辨"，并可通过"具体思辨"来扭转。对于"教育基本理论"来说，扭转的方式，就是将思辨的触角，深入具体现实的教育历史和生活过程之中。

5. 持守"抽象"

抽象也招致了类似于思辨的批评，如"不切实际""空洞无用"，"抽象化"导致"玄学化，远离复杂多样的教育具体问题"等。"抽象"的相对面是"具体"，因"过于抽象"而"不够具体"引发了如下质疑："实际上在研究活动中，教育哲学家们也很少能对'教育一般问题'与'教育特殊问题'、'教育根本问题'与'教育具体问题'做清晰的区分……实际的教育生活中，根本就没有什么'教育一般问题'或'教育根本问题'，有的只是各种具体的教

---

① 杨国荣：《哲学的视域》，13 页，北京，生活·读书·新知三联书店，2014。

育问题的纠结。"①我们且不论教育生活中是否真的就没有"一般问题"或"根本问题"，单就"抽象"而言，它与"理论"不可分割："理论"必定是抽象的，只有"具体"，就不是理论，而只是生活和经验。理论确实要关注生活，但生活不等于理论，更不会自动变为理论。理论之于生活的价值，在于它不会停留于生活本身，而是希图实现对具体生活的超越，不然，理论就没有存在的必要，只需每日浸泡在生活的汪洋大海之中，享受并沉溺于生活中的细枝末节。理论超越生活的方式，不满足于描述，还要解释和论证，这就需要通过抽象和思辨。这是理论的态度和本性，也是理论研究者的兴趣和本能，如同陈嘉映所言，理论的兴趣，除了"定义的兴趣"，还有"抽象的兴趣"。它首先表现为"对生活的抽象"，在此基础上形成某种理论，如依据具体教育现象（如教师惩戒现象）和具体实例（教学案例），包括教育生活细节（如教学细节），抽象出某种教育教学理论。与理论研究者相比，教育实践者普遍缺乏抽象兴趣，只对具体实例感兴趣，离开实例则无法言说和思考。他们自己不习惯于抽象，对别人的抽象也本能地逃避……并非实践者缺乏抽象能力，而是他们欠缺基于抽象兴趣的理论态度，更缺乏"理论态度"内含的一种追求与能力：以抽象的方式对特殊、具体加以概括整合。至于抽象或思辨带来的弊端，无法否定理论态度和理论本身。同理，

---

① 石中英：《教育哲学》，24 页，北京，北京师范大学出版社，2007。

特殊或具体可能带来的"一叶障目""过于琐碎"等弊病，也不足以否定其本身的价值。对思辨和抽象的探讨，实际上是对如下问题的回应：假如教育基本理论失去了"思辨""抽象"的特性，失去了对"一般""根本"的追求，将会怎样？答案是："教育基本理论"(包括教育哲学)将会面目全非，既不"基本"，也不"理论"。持守抽象和思辨，就是持守理论的态度，持有理论的兴趣，养成理论的能力。

6. 持守"本原"

"教育基本理论"在根子上存在着进入"本原"、探寻"本原"的冲动与激情。"本原"不仅是研究对象，还是一种思维方式。当我们朝向"本原"并说出"本原"之时，就绽出了"本原思维"，即"回到原点的思考"，它与这样的信念有关："原点"是理论与实践、历史与现实的起点、出发点和原动力，它影响和决定了历史与现实的过程，是诸多"措施""策略""方法"，以及"问题"和"弊端"产生的源头；原点错了，后面全都错了。回到原点的思考方式，是"教育基本理论"弥足珍贵的思想传统。"什么是教育基本理论？"当我们如此发问，就是回到这一传统并向其致敬的方式。我们是"以基本理论的方式"追问"基本理论"。教育基本理论对于基本概念、基本问题、基本假设、基本观点等众多"基本"的念念在兹，都与"原点"有关："基本"在哪里，"原点"就在哪里；反之亦然。

(二)教育基本理论"转向"何处

"转向"是讨论理论发展的"高频词",它与"改变"相连:只有通过转向带来改变,才可能带来发展。

第一,转向"智慧",改变"知识"。

现有"教育基本理论"对教育存在的把握,主要在"知识"层面,以"知识"的生产与供给为目标,缺失的是形而上学对"智慧"的本有寻求。"知识"是对"存在"的分门别类的把握,知识化带来的是专业化,催生的是各种分科之学,它们所看到的是存在的某一局部;"智慧"的特点则在于超越分而论之的知识视野和学科界限,从相互关联和整体统一的角度或方式去理解存在,达至对存在的具体把握。智慧通过弥补知识带来的"限定的视域"这一缺陷,实现对知识的超越。早在《善恶的彼岸》中,尼采就对局限于特定之域的哲学家提出批评:"让自己限定于某处并使自己专门化,从而他不再达到他应具有的高度,不再具有超越限定的视域,不再环顾四周,不再俯视一切。"① 海德格尔也拒绝把哲学限定于具体特定的领域:他眼里的哲学没有领域,因为哲学本身不是领域。劳动分工之类的东西,在哲学中没有意义。学术之知在某种程度上与哲学无法分离,但它从不构成哲学的本质。这又回到了形而上学把握世界的本原特点:"超越

---

① 转引自杨国荣:《哲学的视域》,104页,北京,生活·读书·新知三联书店,2014。

① 转引自杨国荣:《哲学的视域》,104页,北京,生活·读书·新知三联书店,2014。

① 转引自杨国荣:《哲学的视域》,104页,北京,生活·读书·新知三联书店,2014。

① 转引自杨国荣:《哲学的视域》,104页,北京,生活·读书·新知三联书店,2014。

限定的视域"之后的整体把握。执迷于知识带来的"专门化",是对形而上学这种本然追求的偏离。当人们向"教育基本理论"这种形而上学索要"知识"的时候,就违背了它的本性,偏离了其本义。什么时候,人们越过"知识",转而向"教育基本理论"追索"智慧","教育基本理论"就回到了它的原初之地,并且重新获得了新生。

第二,转向"融通",改变"割裂"。

与"原点"一样,"融通"也包含了一种思维方式,即"融通式思维",与之相近的是"关联式思维""双向互动式思维","割裂式思维""二元对立式思维""非此即彼式思维""单向静态式思维"等是它们的相对面。

在"教育基本理论"的世界里,融通式思维表现为知识与智慧的融通、抽象与具体的融通、理论与实践的融通等。

(1)知识与智慧的融通。"教育基本理论"以"教育智慧"的追寻为最终目的,并因此超越了"教育知识",但教育知识和教育智慧并非"相互割裂""二元对立"或者"非此即彼"的关系,不是获取了智慧就丢掉了知识,智慧的追寻,从来不以知识的摒弃为前提和代价。智慧固然不能与知识等同,教育基本理论也不能降格到知识层面展现存在的意义和确立自己的地位,但智慧与知识之间始终存在着密切的互动关系,这种互动具有生成意义:智慧与知识的互动更有助于智慧的形成,拥有智慧之后,反过来更有利于新知识的生产。

(2)抽象与具体的融通。对教育基本理论持守"抽象"的推崇，并不意味着对"具体"的排斥，将具体从抽象身边强行剥离，变成对立的两极。在这个意义上，如下判断具有其合理性："20世纪的教育哲学研究'教育一般问题'或'教育根本问题'，把它们与'教育具体问题'或'教育特殊问题'相区别。这种把'一般'与'特殊'、'根本'与'具体'对立起来，并尊崇'一般''根本'，贬低'特殊''具体'的思维方式，正是起源于柏拉图时代的西方'现代哲学'观的产物。"[①]这种一般与特殊、根本与具体的分离对立，常常成为人们针对"形而上学"的质疑点或"槽点"。为此，杨国荣提出了区分"抽象形而上学"与"具体形而上学"的主张。他认为，"抽象形而上学"具有明显的抽象性和封闭性，既"离人而言道"，远离"人"及其知与行的历史过程，也"离器而言道"，对形而下的经验之域疏而远之，导致形上和形下之间的分离甚至分裂。"具体形而上学"是在人的知和行的历史过程中去理解世界，换言之，它非"离人而言道"。同时，形而上学的具体形态，以多样性的统一拒斥抽象同一，这种统一具体表现为理与事、体与用、本与末之间的交融，最重要的是，具体形态的形而上学确认存在的时间性和过程性，亦即把存在的统一理解为过程中展开的统一，而不是自我封闭，这暗含了对何谓"具体"或"具体性"的界定：把握真实、现实的存在，它藏匿于知与行

---

① 石中英：《教育哲学》，24 页，北京，北京师范大学出版社，2007。

的历史过程之中。"具体形而上学"最终将世界理解为道和器的统一，从而既非"离道而言器"，也非"离器而言道"。① 这种具体形而上学所追求的(教育之)道和(教育之)器的统一，（教育）形上与(教育)形下之间的沟通、对话与交融，理应成为"教育基本理论"的发展方向。

（3）理论与实践的融通。教育学研究中的"实践转向"和"生活转向"，实质是"具体转向"，即从"抽象形而上学"转向"具体形而上学"。但如同"一般与特殊""抽象与具体"的分裂一样，对"实践转向"的倡导，同样可能导向实践与理论的割裂，进而将二者的对立深埋其中。高度理论化的教育基本理论，如何在转向实践生活的同时，还能保持和提升，而不是弱化和降低自身的理论品质？如何以"理性思辨的体认"为其形式，又以"实践的精神和方式"来展开？对于这些挑战的应答，需要回到叶澜关于"教育理论与实践"所提出的基本观点：在"双向滋养、双向建构与双向转化"中实现"交互生成"，这是未来教育基本理论推动教育理论与实践融通的基本路径。

第三，转向"复调"，改变"单调"。

这里的"复调"，指向"语言方式"或"写作方式"，通过走向"复调式写作"，改变传统教育基本理论留给公众的"单调""呆板""枯燥"的刻板印象。语言方式和写作方式对于理论创制与生

---

① 杨国荣：《哲学的视域》，75～76 页，北京，生活·读书·新知三联书店，2014。

产的意义非凡。理论的想象力往往离不开语言的想象力，至少通过语言的想象力来施展，"我几乎每天都在此地的语言中发现新的东西。我几乎每天都学到新的表达，仿佛语言正从每一片可以想象的幼芽中生长出来"①。

基于语言的写作，将事物"带"到人类面前加以符号化，为思想和理论的生产提供前提条件，为思想和理论赋予了只有语言才能提供的"载体"和"结构"，为理论思想的创制提供可以生长的支架。基于不同语言结构、支架而形成的不同写作方式，可能生产出不同的理论形式和内涵。② 所谓"复调式写作"，表现为"多元主体""多元立场""多元声音""多元文体"等。其中，"多元主体"的参与和介入是前提，"多元立场"和"多元声音"的呈现是过程，"多元文体"的表达是载体和路径。对于后者而言，在教育学领域，早先康纳利、派纳、米勒和丁钢等力推的以"叙事"为基调的"自传""日志""故事"等，展现出了对话式、论文式、散文式、系统式、格言式等多元风格的表述方式。③ "复调式写作"的源头和典型代表，如柏拉图的哲学写作，将诗文技艺、散文技艺、智者的修辞学、苏格拉底的逻辑学与辩证法等

① Jed Rasula，Mike Erwin，and Nathaniel Tarn，An Interview with Nathaniel Tarn，boundary 2，Vol. 4，No. 1（Autumn，1975），pp. 1-33. 见［美］詹姆斯·克利福德、［美］乔治·E. 马库斯：《写文化——民族志的诗学与政治学》，高丙中、吴晓黎、李霞等译，41 页，北京，商务印书馆，2006。

② 李政涛：《教育经验的写作方式——探寻一种复调式的教育写作》，载《北京大学教育评论》，2013(3)。

③ 于伟：《教育哲学》，5～7 页，北京，教育科学出版社，2015。

融于"对话文本"的制作之中，展现出融会贯通式的语言技艺。

第四，转向"开放"，改变"封闭"。

"开放"的表层是"行为"，深层则是"态度"，"真正的教育学要求我们以开放的态度对待一切"，甚至，"教育学在根本上不是一套我们现在就可以教给学生且可条分缕析的知识，而是我们对待这个世界的一种积极态度"。[①] "教育基本理论"存在多种开放的"面向"：向实践开放，向生活开放，向相关学科开放，向各教育分支学科开放，以及向未来开放等。开放的过程，就是多向对话、沟通和交往的过程。教育基本理论开放的第一步，是向教育哲学、教育社会学、教育人类学以及德育论、课程论、教学论等教育学分支学科开放，摆脱自说自话、自我封闭的惯习，通过对话和交流，既展现自己的研究成果，也吸纳其他学科的最新成果，更要参与其他学科的理论创制之中，做出属于"教育基本理论"的"学术贡献"。

(三)教育基本理论"注重"什么

未来的教育基本理论，需要更加注重三类自觉："时代自觉""贡献自觉""修养自觉"。它们将带来更强劲的发展动力、更宽广的发展空间和更高远的学术地位。

一是注重"时代自觉"。对时代的敏感和解读，一向是理论创生与发展的源头活水，也是"好著作"的标准之一："但凡大著

---

① 康永久：《教育学原理五讲》，479 页，北京，人民教育出版社，2016。

作，必有大气象；有大气象，方有大著作。哲学著作的大气象，就表现在其作者对其时代所面对的问题有敏锐的洞察和深透的理解，并以解决该问题作为自己工作的目的。"①人类已从信息时代进入了智能时代，今日之人及其教育所面临的时代问题或急迫问题，以及其内在的矛盾与困境，已然发生了重大变化②，并为当下教育理论生产带来了新挑战，提供了新机遇。最大的挑战和机遇与技术有关，日渐强盛的"人工智能"等技术，"已不再仅仅是理论发展的'外在'背景与推手，而是理论创生的'内在'机理与动力"③。处在发展瓶颈期的教育基本理论，能否抓住这一从未有过的时代机遇，回答三大基本问题？——什么是教育基本理论视域下的时代？什么是这个时代需要的"教育基本理论"？教育基本理论可以为这个时代做出哪些只有"教育基本理论"才可能做出的贡献？

二是注重"贡献自觉"。无论是个人、民族、国家，还是学科、学术和理论，其在人类命运共同体或人类共生体中的地位，在根本上，都取决于做出了何种和多大程度的贡献，包括实践贡献、理论贡献、政策贡献和文化贡献。依据教育基本理论的"形而上学"和"智慧之思"的特质，其首要的贡献方式是"价值引

① 张汝伦：《〈存在与时间〉释义》，4 页，上海，上海人民出版社，2012。
② 李政涛、罗艺：《智能时代的生命进化及其教育》，载《教育研究》，2019(11)。
③ 李政涛、罗艺：《面对信息技术，教育学理论何为？》，载《华东师范大学学报（教育科学版）》，2019(4)。

领"或"价值范导"。与仅仅以知识的方式描述、解释世界、人及其教育不同，以阐明意义和价值为主要内容的"教育基本理论"，更多地通过提供有关人及其教育的"价值理想""价值目标""价值原则"，为教育实践提供引导。教育是为人的改变和发展而来的，所有的"改变"都是为使人达到"理想之境"，总是和普遍的价值理想、价值追求密切联系的。在此意义上，"教育基本理论"和"教育哲学"一样，都是"教育之船"的"帆"，"教育之身"的"魂"。最值得期待的是"文化贡献"。20世纪20年代，中国发生的"新文化运动"，是通过"文言文"向"白话文"的转型实现的，胡适等人由此奠定了其在中国文化史中的地位，不仅仅是因为他们奉献了多少高质量的经典学术作品，更是因为他们推动了文化变迁，做出了"文化贡献"。在新时代，新的文化运动已然来临，如果说20世纪的"新文化运动"是从文字转型开始的，21世纪的"新文化运动"就是从传播媒介的转型开始的，即从纸质媒介转向电子媒介，从文字媒介转向视频图像媒介。在此重大转型的路途中，教育基本理论是否可以在这场新文化的暴风骤雨中，做出属于自己的"文化贡献"？

三是注重"修养自觉"。这里的"修养"，是"教育基本理论修养"，它需要通过"教育基本理论教育"，即以"教育基本理论"为教育对象、教育目标和教育内容的教育来实现。已有研究者从"课程与教学"的角度，将这一易被遮蔽的问题揭示出来。研究者发现，"'教育基本理论'课程是高师院校教育专业的核心课程，长期处于'鸡肋'状态：教学方法缺乏新意，教学效果不甚了了，教学价值受到质疑"，进而提出了改革"教育基本理论"课程与教学的一系列举措，如明晰"教育基本理论"的教学目的、重组教学过程、重建教学方法等。① 这一探讨具有填补空白的价值。但在笔者看来，"教育基本理论教育"的核心问题，首先不是"课程教学"，而是"教育目标"，这是"课程教学"改革的"原点"和"前提"。

与此相连，"教育基本理论教育"需要回答的基本问题是：什么是受过"教育基本理论教育"的人？什么样的人才是经历过"教育基本理论"学术训练的人，是具有"教育基本理论修养"之人？我们希望一代代教育学人带着什么走出"教育基本理论"的课堂？

这样的人，具有教育基本理论的"态度"，其实质就是"理论态度"，表现为"理论的兴趣"。具有理论态度和兴趣的人，如同陈嘉映所剖析的那样，内含了"定义的兴趣"和"抽象的兴趣"，后者除了痴迷于"对具体生活的抽象"，还执着于"对各种已有理论的再抽象"，试图在更高的层面提炼出上位理论。

这样的人，具有教育基本理论的"敏感"。既有"概念敏感"，习惯性地跳出各种技术、方法的包围，先行对相关概念加以定义性的辨析，也有"价值敏感"和"意义敏感"，无论是普遍的还

① 刘晓红：《"教育基本理论"课程教学检视——逻辑起点与路径选择》，载《东北师大学报(哲学社会科学版)》，2018(6)。

是特殊的教育研究，都自发地把价值和意义问题置于首位和前提，率先思考与问题有关的价值理想、价值目标。此外，贯穿和联通这些敏感的，是对"基本"的敏感：敏感于从形形色色的概念、问题与多元多样的价值观念中，寻找足以被称为"基本"的概念、问题和价值，以此实现对教育存在的整体把握和根本把握。

这样的人，具有教育基本理论的"能力"。第一种能力是追问能力。追问与提问有微妙的差异，有学者提出，"追问属于哲学"，而"提问属于科学"。哲学意义上的追问，可以由更多的追问予以回应；科学意义上的提问，则呼唤一个可以解决问题的答案。[①] 这类似于智慧与知识、科学的差别。正如智慧与知识、科学具有互动性和相通性一样，追问与提问也是相通相连的，具备"教育基本理论"能力之人，首先是善于提出与众不同的新问题、真问题之人，继而是再加以持续、多样、深层的追问之人。拥有这种能力的典型代表如海德格尔，他的大多数思想，以及演讲、论文和著作，常常就是从提问和进一步的追问开启的。值得一提的是，教育基本理论由于其先天的形而上学和原理特性，与其他理论也可能具有的追问能力相比，它最具特性的，是"追问智慧""追问本原"的能力。第二种能力是思辨能力，包括抽象思辨和具体思辨，这应是教育基本理论研究者的看家

---

① 李艺：《谈一篇论文意义上理论研究的逻辑之"真"——兼及"论证"与"议论"的分析》，载《现代远程教育研究》，2019(4)。

本领，表现为冯契曾反复提及的理性直观、辩证综合、德性自证等。第三种能力是逻辑分析能力。逻辑分析的基本形式，依据杨国荣的分析，分为两个方面：一是概念的辨析，涉及概念的界定、厘清；一是观点的论证，包括基于一定的根据和理由而提出命题，对论点进行逻辑的辩护，展示不同论点之间、前提与结论之间的逻辑联系，等等。① 概念的辨析能力有两个层次：概念分析与概念构造。前者具有形式化、技术化的特质（如分析哲学），这是一种基础性能力。后者指向概念创生（如现象学），相比概念分析，更具挑战性，其中蕴含的"论证能力"，对中国的教育学人具有特殊意义：有助于改变中国人传统上对形式逻辑相对忽视，对注重严密逻辑分析的路向往往难以形成认同感，由此形成的论述中，概念的辨析、理论的论证常常呈现较为薄弱的形态，无论是概念的清晰度，还是对提出观点和结论加以论证的充实度，与西方学者相比，都存在明显的短板。上述这些能力常常缠绕在一起，如在思辨、逻辑之间，时常以"概念辨析"或"词语辨析"为中介展开。所谓"理论研究"，"指理性科学范畴内，针对人文社会科学领域问题的基于词语的以科学演绎（广义）为形式的思辨"，而逻辑又是基于词语展开的，词语用以指代概念，基于词语的思辨实质上是基于概念的思

---

① 杨国荣：《哲学的视域》，12 页，北京，生活·读书·新知三联书店，2014。

辨……词语逻辑展开的问题，归根到底是概念控制与使用问题。①

　　到此为止，本文展现的"教育基本理论"之容貌，是目前为止可以勾勒出的基本样态，但对它的探索远未穷尽。有一点基本可以确定：与所有的理论方式一样，教育基本理论不仅仅是一种理论，更是一条道路。包括本人在内，总有一些人，对此种思想道路的独特和不可替代笃信不疑，对其前景在忧虑满怀中殷殷期待，期望更多思想者在更多时候前来行走。这条道路所通向的山脉，是独一无二的理论山脉，需要奋力攀登才可抵达，此后，方能登高望远，看到只有站在"教育基本理论"的山顶上，才能看到的未来教育之路，才能看出的"教育智慧之道"。

　　（本文写作过程中，先后受到涂艳国、冯建军、程亮、余清臣、肖绍明教授等的诸多启发，特此致谢！）

---

　　① 李艺：《谈一篇论文意义上理论研究的逻辑之"真"——兼及"论证"与"议论"的分析》，载《现代远程教育研究》，2019(4)。

面对信息技术，教育学理论何为[①]

按：本文原刊于 2019 年，文献分析数据截止时间为 2018 年。自 2018 年以来，学界日益关注信息技术时代的教育学发展与重构的问题。以 2018—2024 年为时间范围，以"信息技术""教育理论"为主题在中国知网中检索，共有相关文献 76 篇（1998—2018 年 20 年间相关文献总数为 153 篇）；以"信息技术""教育学"为主题在中国知网中检索，共有相关文献 104 篇（1998—2018 年 20 年间相关文献总数为 104 篇）。由此可见，"信息技术时代的教育学"或"教育理论发展"这一话题在学术界的关注度日益提升。

通过对 2018—2024 年相关典型论文的分析发现，研究者普遍认为信息技术与教育学理论是交互生成、双向融合的关系。

---

① 本文已见刊于《华东师范大学学报（教育科学版）》2019 年第 4 期，由李政涛、罗艺合作完成，本次出版略有改动。

在 2018 年 11 月召开的"信息技术时代的教育学理论重建"学术研讨会中，与会学者认为，信息技术时代的教育理论建构，需要突破工业时代的范式束缚，创新教学、课程、管理与评价理论，以包容的态度充分吸收多样化的研究视角、方法和技术，实现教育研究范式的转型。教育学者要立足于中国本土实践，通过跨学科视角的理论反思与对话，将有思想的技术和有技术的思想有机结合起来，打破教育各分支学科的藩篱与界限，共同建构起符合信息化时代特征的，具有中国特色、中国风格、中国气派的教育学话语体系，勾勒中国教育学的未来发展图景。[①]

在信息技术时代教育学理论发展的未来路向方面，从研究主体来看，教育学人应发挥学科想象力，"做自己的方法论学家"，在教育学知识生产中应有文化自觉、人性自觉、对人之成长的自觉，创生教育学的更多可能性[②]；就研究立场而言，需确立"人的生命成长"价值尺度，保持教育的开放性，以解决、回应信息技术的教育理论限度问题[③]；从研究的核心要点来看，教育学理论应与信息技术通过"人"这个核心要点双向建构，实现技术本质与教育本质的跨界耦合，实现信息技术与教育学理

[①] 详见顾小清、杜华：《"信息技术时代的教育学理论重建"重要命题的反思与对话》，载《现代远程教育研究》，2019(1)。

[②] 李栋：《信息技术时代教育理论的想象力——基于知识生产与理论重建的视角》，载《华东师范大学学报(教育科学版)》，2019(4)。

[③] 李云星、王良辉、周跃良：《信息技术的教育理论意蕴及其限度》，载《华东师范大学学报(教育科学版)》，2019(5)。

论在人之维层面的共生共长①；从研究的内容来看，信息技术时代中国教育学的建设，需要处理好信息技术时代产生的虚拟与现实的关系、传统与现代化的关系以及中外关系，在此基础上把握信息技术时代特征，适应信息技术时代要求，关注"人—机"教育实践，推动中国教育学的研究建制革新、理论成果更新和人才培养体系创新②；从信息技术时代教育学发展的理想境界来看，使用全称的教育概念作为建构学理体系的基础，从人的成长出发，探索本真的、更高品质和更广适用性的教育学理③。

任何探究都源自某种追问，追问产生思想，也产生道路。本文试图重新回到海德格尔当年的追问——"我们要来追问技术。这种追问构筑一条道路"④。但在这里，"技术"只是追问的一部分，甚至只是靠近边缘的一部分，而最核心的追问指向"技术与理论"的关系，具体而言，是"信息技术与教育学理论"的关系。

我们希望，对这一关系的追问具有建构的力量，它能够打通信息技术与教育学理论之间的通道，构筑出一条道路。

———————————

① 张莎杉：《信息技术与教育学理论交互生成的价值逻辑》，载《教育理论与实践》，2023(13)。

② 侯怀银、王耀伟：《信息技术时代的中国教育学建设》，载《杭州师范大学学报(社会科学版)》，2022(3)。

③ 储朝晖：《聚焦个性化成长的全称教育学理探索》，载《教育研究与实验》，2023(6)。

④ ［德］马丁·海德格尔：《演讲与论文集》，孙周兴译，3 页，北京，生活·读书·新知三联书店，2005。

这条道路的存在，尚处在可能状态，但它通向真实的未来。

一、在信息技术的世界中，教育学理论在哪里

我们的时代，被命名为"信息时代"，还有随之而来的"智能时代"，它赋予当代教育新的背景和土壤，衍生了诸多具体问题与课题，引发了"信息技术与教育"的大讨论。然而，在各种热闹或喧嚣的背后，却出现了一处孤寂的林中空地，名为"教育学理论"。长期以来，信息技术似乎只与教育、教育技术相关，通过"信息技术—教育技术—教育实践"的传递链条，影响人类教育的变迁与发展。的确，这种变化真实且显著地发生了。不过，这一切都与教育学理论本身无关。教育学理论在其中的角色，只是一个参与者，例如，将"信息技术与课堂教学的整合"纳入研究对象，以此介入信息技术推动教育变革的时代洪流。至于"教育学理论本身"在信息技术的时代大潮中有何变化，却乏人问津。

借助中国知网学术期刊数据库，我们检索了 1998—2018 年包含"信息技术""教育""理论""教育理论"，以及教育学二级学科等主题词的期刊文献，经不同主题词组合的分类整理后发现，20 年来教育界对"信息技术"的关注急剧升温，这从急速增长的相关文献数量中可见一斑，而"信息技术"与"教育理论"相关主题词的文献数量却呈现下降的趋势（图 1）。同时在教育学界内部，教育学主要二级学科与"信息技术"相关的文献数量也较少，教育学原理、教育史、比较教育等领域 20 年间几乎没有相关文

献，学前教育、特殊教育与"信息技术"的相关文献也维持在较低的水平，仅"课程与教学论"与"信息技术"的相关文献在后 10 年间快速增长（图 2）。在与"信息技术"关系密切的教育技术学内部，与"理论"相关的文献也较为罕见（图 3）。在以"信息技术"与"教育理论"为主题词检索的文献中，仅有 58 篇包含"教育理论"主题（其中，"教育理论"8 篇，"现代教育理论"50 篇）。由

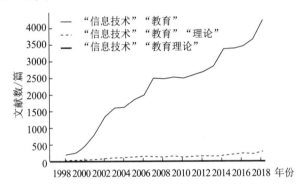

图 1　"信息技术"与"教育"主题词相关文献数量趋势（1998—2018 年）

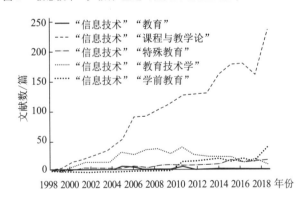

图 2　"信息技术"与教育学主要二级学科主题词文献数量趋势（1998—2018 年）

此可见，"信息技术"相关文献的快速攀升与"教育理论"相关文献的持续走低形成了强烈反差(图4)。

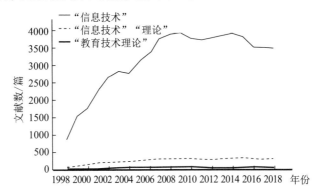

图3 "教育技术"与"理论"相关主题文献数量趋势(1998—2018年)

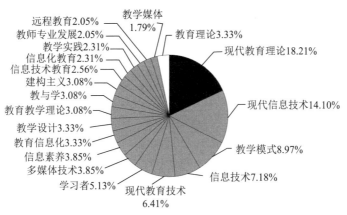

图4 "信息技术"与"教育理论"主题词检索文献主题分布情况(1998—2018年)

我们再以"信息技术"与"教育学"为主题词，进行相关文献检索，形成如下表格(表1)。

表1 1998—2018年"信息技术"与"教育学"相关主题词文献检索数量表（双数年度部分）

检索主题词	总数	2018	2016	2014	2012	2010	2008	2006	2004	2002	2000	1998
"信息技术""教育"	46150	4266	3439	3373	2669	2477	2461	1987	1611	1326	444	171
"信息技术""教育理论"	2483	278	216	154	137	107	109	124	94	72	27	8
"信息技术""教育学"	153	2	8	7	7	6	6	13	8	5	1	1
"信息技术""教育学理论"	104	5	6	7	5	5	4	10	4	5	0	0
"信息技术""教育学原理"	5	1	0	0	0	0	0	1	0	0	0	0
"信息技术""课程与教学论"	1955	244	186	166	135	117	97	58	32	20	3	
"信息技术""比较教育"	2	0	0	0	0	0	0	0	0	0	0	0
"信息技术""教育史"	10	0	1	0	0	0	0	1	2	0	0	0
"信息技术""学前教育"	190	42	24	23	18	2	1	0	0	1	0	0
"信息技术""教育技术学"	459	14	17	26	30	33	39	36	17	11	4	0
"信息技术""特殊教育"	202	21	17	14	11	13	8	7	7	4	1	0
"教育技术"	66380	3489	3532	3929	3814	3790	3902	3328	2785	2660	1798	870
"教育技术理论"	5485	308	309	311	281	316	309	282	236	219	152	75
"教育技术原理"	1197	45	53	60	57	80	60	74	69	53	40	14

注：检索日期为2019年2月15日，表中仅显示双数年度数据，"总数"一栏则为双数年度和单数年度的总和。

从如上图表及简要分析来看，可以断言：技术热，理论冷；教育技术热，教育理论冷。我们清晰地看到，这边是"喧嚣的技术"，那边是"沉寂的理论"。在信息技术与教育理论二者之间，学界普遍对"技术"很敏感，对"理论"则"迟钝"或"淡漠"。即使是在教育技术学界，从理论更新和学科建设的角度切入教育技术的研究也寥寥无几，更不用说与教育学理论的关系了。这只能说明，教育技术界与教育(学)理论界缺乏必要的对话，在"老死不相往来"中相互隔离甚至隔绝。随之而来的问题是：信息技术变化太快，教育学理论跟不上教育技术的步伐。虽然，我们不能预设教育学理论必定要对信息技术"亦步亦趋"，变成"技术跟班""技术仆从"，但也不能无视信息技术的变化，视其为可有可无的"空气"，即使做不到"相向而行"，至少也要避免"背道而驰"。在当代，技术之于人类的影响，绝不止于人类日常生活实践，在理论创造与生产的过程中，技术的渗透力也日渐强化，它已不再仅仅是理论发展的"外在"背景与推手，而是理论创生的"内在"机理与动力。

显而易见，在时尚新潮、充满活力的信息技术面前，理论显得步履蹒跚，而且卑微不堪。在服务于"信息技术如何带动和引领教育变革"的意义上，教育学理论不仅被边缘化，而且被工具化、技术化了，成为另一种被期待具有操作性的技术，即"理论的技术"。

其实，对"技术"的理论探讨，一向是人类思想传统的重要构成部分，如中国庄子的"物而不物，故能物物"一言，既蕴含了对技术之物、对物与人之关系的省思警醒，也成为"生命哲学"的组成部分。此外，西方的海德格尔、马尔库塞（Herbert Marcuse）等人，他们带来的绝不仅是技术的哲学式追问，还有哲学本身的变化，他们丰富和深化了"技术哲学"这一独特的学科领域，提出并阐释了这样一些"理论问题"：有了技术的存在及对技术的探究，哲学理论的世界因此有了什么不同？哪些哲学的新概念、新思维、新范式，是技术变革带来的？

有鉴于此，本文远离"信息技术与教育"这一喧闹之地，转而进入"信息技术与教育学理论"的寂寞空地。这一转向表达了一种努力：将已有关于教育技术的探讨，拉到教育学理论的轨道上，在"信息技术"与"教育学理论"之间建立起内在关联，既把信息技术变革改变为教育学理论发展的内在构成，也把教育学理论改变为推动信息技术变革的内在动力。

为此，把信息技术带入与教育学学科发展的适当关联之中，成为本文的努力方向。将二者联通起来的关键词是"改变"。这种改变是双向的，既包括"对于教育学理论，信息技术改变了什么"这样的问题，也包括反向探讨"对于信息技术，教育学理论改变了什么"。借此反向追问，我们尝试为建构"信息技术与教育学理论"的新型关系做好充分的理论准备。

二、对于"教育学理论"，信息技术改变了什么

所谓"改变"，在这里意味着一个问题的提出和回答：有了信息技术和没有信息技术，教育学理论有何不同？这种"不同"，是只有信息技术才会带来的"不同"。

与其他学科理论形式一样，信息技术带给教育学理论的改变，通常表现在成果的"存在方式""表述方式""传播方式"上。

一是形成了多元化的存在方式。当前的"学术论文"，至少有四种存在方式："第一是纸媒体存在（通过学术期刊）；第二是互联网存在（通过博客、微博等）；第三是数据库存在（通过中国知网等）；第四是公众号存在。"①除了"纸媒体"，其他三种存在方式，都是信息技术带来的。尤其是"微信公众号"已然成为当下学术文章的"新宠"。能否，以及通过何种公众号来推送，在很大程度上决定了文章的辐射力和影响力。在这方面，教育学领域的学术论文已经基本上做到了"同步跟进""同时并举"。例如，《教育研究》《华东师范大学学报（教育科学版）》等教育类学术期刊，大都有了自己的微信公众号，对每一期发表在纸媒体上的重要论文进行即时推送。

二是形成了多维化的表述方式。传统学术论文的观点和见解，是以相对艰涩或枯燥的专业术语、统计数据、图表公式和

---

① 赵勇：《如何在微信公众号中进行学术话语再生产》，载《探索与争鸣》，2017(7)。

玄奥莫测的考据、引证等方式表述的，它们主要由文字构成，是一种文字化的"单维结构"。但在微博、微信公众号等存在方式之中，增添了"图片""视频""音频"，文章变成了一种"多维结构"，融语义、听觉、视觉和行为于一体，这种结构性的变化，带来的不仅是"媒介的延伸"，即从"文字媒介"到视频媒介、图像媒介"的延伸，还有"思想传递的延伸"，即从"文字传递的思想"到"视频图像传递的思想"的延伸。表述方式的"多维"，不全是文本形式的多维，也不只是符号结构的多维，视频与图像符号同样成为理论文本符号结构中的主体，更内含着"表述逻辑"的多维，体现了"文字逻辑"与"视频逻辑""图像逻辑"的交织。①在此过程中，一种新的学术文体已经呼之欲出，这是由信息技术催生的多维表述方式和表述逻辑共同编织而成的新文体。

三是形成了多样化的传播方式。相对于"知网"等数据库，微信公众号等新媒体的产生，首先恢复或赋予了理论知识的阅读本性或传播本性。"知网"主要供人查阅，"微信"更多是供人阅读和传播推广的。其次，它提供了新的传播平台。例如，"微博"已成为信息传播中"对媒体软环境有着颠覆性影响"的新平台，在学术期刊的编读互动以及读者参与和分享方面发挥着越来越不可替代的作用。博客媒介也从网络扩展到手机、印刷、出版、广播、电视等各个媒介渠道，催生了"期刊微博"的运营

---

① 李政涛：《当代教育研究的视频与图像转向——兼论视频图像时代的教育理论生产》，载《华东师范大学学报(教育科学版)》，2017(5)。

方式。又如，同样作为学术信息传播的新平台，手机报或网络电子版期刊等，凭借其丰富且新颖的传播策略，让"小众学术"走进"大众视野"。① 再次，它拓展了学术期刊的新闻报道功能。信息技术时代的科学研究，在保留学术底色的同时，新闻性的一面也愈加凸显。《科学》(Science)杂志与美国专事报道科技新闻的记者保持密切联系，并通过美国科学促进会下属的 Eurek-Alert 网站向全世界的记者发布论文成果。2006 年，《科学》杂志刊登了中国地质科学院尤海鲁等人关于鸟类化石研究的论文，并将这一重大科学发现撰写成新闻进行发布，很快被全世界的大众媒介转载，使得相关科学家和杂志的名字伴随科研成果一同走进了公众的视野。② 2007 年，中国科学技术协会率先在国内启动了"科技期刊与大众媒体见面会"制度，为科研学术成果的新闻传播架起了第一座桥梁。科研成果通过大众媒介传播有利于扩大科研成果、作者乃至期刊的影响力。有研究显示，进行过新闻报道的文章的网站点击率与下载量明显高于未进行过新闻报道的文章，如经《纽约时报》报道的论文，一年内的被引用率增加了 72.8%。③ 最后，它造就的新的传播模式，除了强调快速、便捷的新闻性，参与化、互动化的特性越发凸显，"造

---

① 夏登武：《媒介融合环境下"小众学术"走进"大众视野"的策略研究》，载《宁波大学学报(人文科学版)》，2014(2)。

② 高健、陈新石、游苏宁：《应充分利用大众媒体宣传科技期刊》，载《编辑学报》，2008(3)。

③ 吴淑金：《科技期刊新闻属性分析》，载《科技与出版》，2012(8)。

成了文化传播从传统媒体时代的'我写（说）你看（听）却无言'的单向专断模式，向当下'我写（说）你看（听）大家传'的多向互动模式的嬗变"①。

如上对于信息技术带来的理论研究改变的分析，主要是在媒介或工具的意义上展开的，尤其是媒介的改变，为教育学理论带来新的阅读媒介、写作媒介、交流和传播媒介。这些媒介本质上被视为"工具"，例如，成为"学术期刊可视化"的工具。②

在我们看来，这些改变还只是浅层或表层意义上的改变。已有的相关调查与研究，总体上是在这个层面展开的。以对"学术微信公众号"发展状态的研究为例，相关研究的目的与主题等，基本上是围绕着这一平台之于信息技术的"应用"③"策略"④"效果"⑤，以及信息技术服务于学术发展的"质量"⑥等展开的。

在教育学界，相关的研究为数不多，且主要限定于"信息技术与教育研究"的层面。有的以"教育类 CSSCI 学术期刊"为例进行传播效果分析，发现"学术期刊微信平台高质量原创比率较

① 魏建亮：《自媒体时代的知识分子如何言说》，载《名作欣赏》，2014(13)。
② 张新玲：《学术期刊微信出版可视化探讨》，载《新媒体研究》，2017(3)。
③ 刘婧、魏建香：《微阅读时代移动端学术科研平台应用研究——以"壹学者"微信学术平台为例》，载《晋图学刊》，2015(3)。
④ 冀芳、张夏恒：《CSSCI 来源期刊微信公众平台运营现状及优化策略》，载《中国科技期刊研究》，2016(7)。
⑤ 张小强、吉媛、游滨：《微信传播指数领先的学术期刊公众号运营调查及启示》，载《中国科技期刊研究》，2018(6)。
⑥ 李宇佳：《学术新媒体信息服务模式与服务质量评价研究》，博士学位论文，吉林大学，2017。

低、周期内发文数量与传播效果不呈线性关系、微信平台对于推送传统编辑形式学术论文传播效果甚微"等问题，提出"丰富编辑形式，增强与受众互动，注重数据分析，拓展推广渠道"等运营对策①；有的把信息技术作为教育理论研究的一条路径，探讨信息技术背景下的"科学计量方法与技术"在教育理论研究中的"应用"②等。这些研究的关注点和落脚点，或是"信息技术本身"，或是"信息技术工具的运用及其结果"，基本上没有进入"教育学理论"领域，更没有从"理论生产"的角度，探究信息技术与理论发展的关系。曾经有人从传播的角度阐发了"微信公众号"的学术价值：虽然它们推送的是纸媒上发表过的文章，但这些文章经过微信公众号的编辑制作之后已经发生了变化。这种变化可以叫作"学术话语的再传播"，也可以叫作"学术话语的再生产"。③ 这里指明了传播方式的变化推动了理论话语的再生产，但仅限于此，并未进一步触及其背后的深层意义。

我们认为，信息技术带给教育学理论的是"深层"或"深度"改变，表现在价值尺度、理论边界、生产机制、理论主体四个方面。

---

① 赵文青、宗明刚、张向凤：《学术期刊微信公众平台传播效果分析与运营对策——以教育类 CSSCI 学术期刊为例》，载《出版科学》，2016(3)。

② 蔡建东、汪基德、马婧：《教育理论研究的量化与技术化路径——科学计量学方法与技术在教育理论研究中的应用》，载《教育研究》，2013(6)。

③ 赵勇：《如何在微信公众号中进行学术话语再生产》，载《探索与争鸣》，2017(7)。

第一，信息技术带来了新的价值尺度。

麦克卢汉（Marshall McLuhan）曾指出，新媒介的出现，势必会引起社会生活、权力结构、媒介生态的变化，并由此产生新的社会价值尺度，催生思想重构，进一步改变话语结构的走向。[①]

对于理论生产而言，新的价值尺度意味着新的评价标准或评价尺度。信息技术时代，教育学理论的存在方式、表述方式和传播方式等一旦发生改变，会倒逼学术评价发生变化，向多元、多维和多样化发展。例如，"微信网络平台"上的学术评价，"更多的是在长期积累基础上的随感而发，或是基于微观察、亲身体验的个体评价，甚至是对欣赏对象的观点转述，其往往以随笔甚至是碎片式、跳跃式的形式写就。因此，微信网络平台上的学术评价在内容、范围、形式等方面都显得更加丰富"[②]。不仅如此，这种由"微信网络平台"引发的学术评价形式与内容的日益丰富，将导致学术评价体系的逐步更新。

首先是评价对象，即"评什么"的改变。比如，在"学术成果"的认定上，由原来发表于"学术期刊"的论文才被认可，扩展到《人民日报》《光明日报》《文汇报》等重要报纸发表的理论性文

---

① ［加］马歇尔·麦克卢汉：《理解媒介——论人的延伸》，何道宽译，33～50页，北京，商务印书馆，2000。

② 路学军：《分享、求真与话语扩张：微信学术社区的传播特征》，载《出版广角》，2017(18)。

章，也被越来越多的中国高校承认为"学术成果"。随后，在新媒体浪潮的推动下，一个新的变化趋势正在生成：不是只有发表在纸质媒体的理论成果才被评价体系接纳，发表于微信公众号的原创性学术论文，也将有资格被纳入"学术成果"，成为被评价的对象。

其次是评价主体，即"谁来评"的改变。原先的评价主体主要是"同行""专家""专业领导"等，均属于"象牙塔"的顶尖人士。而学术成果一旦进入微信公众号，在阅读者和评价者数量大增的同时，也改变了评价主体的结构。更多不同职业、阶层的人在阅读、理解和认同的过程中，也在不知不觉间拓展了评价主体的结构，它带来了一个不再自诩"学术小众""曲高和寡"，而是比拼"阅读量""粉丝数""传播面"的学术评价新时代。

最后是评价标准，即"什么是好的学术成果"的改变。由于视频符号、图像符号的广泛运用，那种纯文字的单维表达，将让位于多维表达或复调表达的理论成果。[①] 善于运用视频和图像来阐述观点、分析问题，也将成为"好论文"的新标杆。

第二，信息技术拓展了原有的理论边界。

这一理论边界包括知识边界、问题边界、概念边界、方法边界等。

信息技术的日新月异和强势渗透，不仅会让我们重新审视

---

① 李政涛：《教育经验的写作方式——探寻一种复调式的教育写作》，载《北京大学教育评论》，2013(3)。

"知识的内涵与形态"，而且会让我们重新提出并思考在信息技术时代"什么知识最有价值"的问题。对于这一问题，势必会有各种答案，但至少对"知识的信息技术内涵""信息技术型的知识"等与知识和技术有关问题的探究与回应，将作为信息技术时代新的知识论基础，为当代教育学理论重新奠基，促使教育学各分支学科、交叉学科等共同反思自身的知识形态与内蕴的自我更新，推动理论知识再生产。

知识边界的拓展，会引发教育学理论的问题边界与概念边界的拓展，至少与信息技术有关的问题或概念将被纳入原有的问题域。在当代，一个对与"信息技术"相关的问题或概念无动于衷、熟视无睹甚至全然排斥的理论体系，注定会在"自娱自乐"中走向"自我封闭""自我隔离"乃至"自我消亡"。问题边界与概念边界的拓展有两种情形：一是增加新问题和新概念，如"人工智能""指数思维"①；二是对老问题、老概念提出新思考，赋予新内涵，如"人工智能"的强势崛起，触发了人们对"什么是'人'""什么是'教育'"等"嚼不烂"的老问题的再追问和再回答。同理，若把"教师专业发展"置于"人工智能"的背景下重新加以探究，新理论的产生将会"水到渠成"。学校道德教育的思维方式也会因大数据的加入而发生从片面到全面、从整齐划一到尊

---

① 祝智庭、贺斌：《智慧教育：教育信息化的新境界》，载《电化教育研究》，2012(12)。

重个性、从片断化到连续化、从因果关系到相关关系的四维变革。[1]

信息技术带来的"方法边界"的拓展，同样显而易见。在微信网络平台的推动下，视频、图像等资料的规模化、持续化应用，引起了视频、图像分析方法的日渐流行，不仅打破了传统教育学研究容易陷入的思辨/实证的二元对立，而且丰富、拓展了对"教育实证研究"内涵及类型的理解。[2] 与此同时，信息技术正在改变原有的"研究范式"，在经验科学、理论科学与计算科学之外，产生了第四种研究范式——"数据密集型科学研究范式"，它并不事先假定具有因果关系的模型，转而直接面向数据本身寻求知识的发现。[3]

如上理论边界的拓展，必将导致原有的教育学理论框架、理论体系的拓展与更新，迎来教育学新的理论格局。

第三，信息技术生成了新的理论生产机制。

这一机制包括纵向机制与横向机制两个方面。

一是纵向机制，即过程机制。以往有关信息技术之于"教育研究"影响的研究，主要聚焦于研究的"结果"。实际上，信息技

---

① 张姜坤、王夫艳：《大数据背景下学校道德教育的四维变革》，载《基础教育》，2018(6)。

② 袁振国：《实证研究是教育学走向科学的必要途径》，载《华东师范大学学报(教育科学版)》，2017(3)。

③ 陈明选、俞文韬：《信息化进程中教育研究范式的转型》，载《高等教育研究》，2016(12)。

术的发展，已经改变了理论研究的生产机制，尤其是深入理论生产的"过程"之中，变成当代教育学理论生产的过程机制的一部分。以博士论文的撰写为例，信息技术带来的新的存在方式、表述方式和传播方式，已渗入从主题确定、资料搜集、文献综述、方法选择到论文撰写，再到论文评审、答辩，以及出版发表的全过程。不仅是博士论文，当今学者的任何学术著述，要离开信息技术提供的新媒体、新平台，都是难以想象的。在相当程度上，信息技术在深入教育学理论生产的"骨髓"与"毛细血管"的同时，也再造了新的理论"骨髓"，创造了新的理论"毛细血管"。

二是横向机制。除了评价机制，还有理论生产者之间的交往机制与合作机制。信息技术改变了学术圈的相互联结、信息共享、科研合作方式，构筑了新型的理论共同体或学术新社区。这些针对科学共同体的专业学术社交媒体，国外如"Research-Gate""Academia. edu""Mendeley"等，国内典型如"微信学术社区"。它们的创建大都以"学术组织"为载体，如"中青年教育理论分会微信群""教育基本理论微信群""中国教育人类学专业委员会理事会群"；或是以"学术会议"为契机，如"2019 全国教育基本理论年会交流群""中国德育论坛""徐州教育哲学论坛"等。还有的以"学派""信念""主题"等来命名，如致力于"生命·实践"教育学派研究的微信群"以身立学汇"，旨在推动古典教育复兴的"古典教育研究群"等。此外，还有以"年龄""身份"等为标志的微信学术社区，如"60后大学教育学人""教育领域长江学者"微信群等。

　　这些内含了平等参与、多样化表述理念的"微信学术社区"的出现，改变了传统学术交往圈的角色、观念、规则，扩展了学术社会网络，有助于提高网络成员类型的多样化水平，使得科研人员的交往网络更容易突破原有学术圈的限制，扩展至政府、企业等部门，以及拓展到别的学科，在带来更加多样化的学术信息和理论资源的同时，也促进了跨领域跨学科的对话交流，拓展了理论影响力的边界。更重要的还在于它所具有的即时性和交互性，"一旦产生碰撞，形成热度，就很容易导致观点交锋，这是微信群有别于其他媒介的重要特质。如果能够有效地把握住微信群中话题互动所产生的学术探索机会，通过即时的理性辩论，就有助于深化学术问题，探寻学术真相"[①]。而且，大量实证研究表明，使用这些具有专业性、学术性的社交媒体，对科研人员的论文产出表现出显著的积极影响。[②]

　　第四，信息技术改变了理论主体的生存方式。

　　没有什么比"人的改变"更能说明信息技术带来的"深刻变化"了。在"信息技术与教育"的关系上，信息技术带给教育最大

---

　　① 路学军：《分享、求真与话语扩张：微信学术社区的传播特征》，载《出版广角》，2017(18)。
　　② 朱依娜、何光喜：《社交媒体使用影响科研人员学术研究》，载《中国社会科学报》，2017-09-12。

的变化，不是教学工具、技术、策略与方法的变化，而是人的变化，比如，催生了"图像人"，这是信息技术带给教育的最大挑战。① 同样，信息技术对教育学理论生产带来最大的影响和改变，也对"理论人"提出了新要求和新挑战。对于他们而言，在信息技术时代做教育学的学问，不仅需要新技术、新方法，更需要新素养和新能力。所谓"媒介素养"，不仅是教育学理论界近年来的研究热点，还是理论研究者自身素养与能力的一部分。今日，尤其是未来的教育学人，善于运用多元化的学术平台，多维的表述方式和多样化的传播方式将成为他们的一种"理论新基本功"，会在相当程度上影响其学术发展的广度和深度。这些发生在"理论人"身上的变化，在根本上是一种学术生存方式或生活方式的改变，成为信息技术时代孕育出来的新型生活方式的一部分。从前述博士论文的"生产过程"即可看出，当今教育学"理论人"的生活方式深深浸染了信息技术的气息，与工业时代的生活方式迥然不同。如果要研究这个时代的"知识分子"，"知识分子"的内涵、标准和定义都将因为增添了"信息技术"的意蕴而与以往有很大差异。

价值尺度、理论边界、生产机制以及理论人的生存方式等的改变，汇聚起来，将会触发"教育学教育"体系的整体改变，从教育目标、知识形态、课程体系到教学方式等，都将打上"信

① 李政涛：《图像时代的教育论纲》，载《教育理论与实践》，2004(15)。

息技术"的鲜明烙印。

由此生成的重大问题是：在信息技术时代，"教育学理论"如何变革？

三、对于"教育技术"，教育学理论可以做些什么

在"信息技术与教育学理论"的关系中，我们看到了信息技术对教育学理论的显著影响与改变，而且这种改变还在持续进行。为什么教育学理论会受此"影响"，发生"改变"？关键原因是"需要"：在信息技术时代，教育学理论的发展"需要"新技术、新媒体与新平台，这种需要的另一种表达是"离不开"。我们无法想象，当代教育学理论的发展如果离开了"信息技术"，将会如何。

但目前来看，这种需要是"单向"的，只是教育学理论需要信息技术。反过来，信息技术，尤其是"教育技术"的变革与发展，需要教育学理论吗？这是一直被漠视的"反向追问"和"反向思考"。既然是信息技术"与"教育学理论，加了"与"字之后的关系，必定是双向式的，而不是单向式的影响。

在教育学界，通过前述的文献梳理，我们几乎没有发现处在信息技术前沿地带的教育技术学研究者，表达过对"教育学理论"的需求，他们似乎是"自给自足的"，即使要寻找理论资源，也会习惯性地从"教育学理论"的世界外绕道而行，奔向哲学、社会学等其他理论世界。同样，我们也难得见到教育学理论界，

有对教育技术及其理论发展介入或施展影响的需要，至多"扫视"一下"教育与技术""技术与课堂教学"的关系，形成一些"基本观点"或"实践策略"，以此影响"教育技术"。但对"教育技术的理论"常常是不屑一顾的，潜意识里将"教育技术学"定位于"只有技术，没有理论"的存在。

这种"相互漠视""互相排斥"，以至于"老死不相往来"的境况，到了需要改变的时候了。在教育技术以及信息技术发展的历程中，教育学理论因"无所作为""无能为力"而身影黯淡以致被忽略、被抹去的命运，也到了需要改变的时候了。

改变的动力，依然是"需要"。

为什么以教育技术为载体的信息技术，"需要"教育学理论？这种"需要"从何而来？如何通过"需要"的产生，建立起从教育学理论到教育技术的关联通道？

最根本的问题在于：教育学理论是否以及如何对教育技术的发展承担责任，承担什么责任，做出何种贡献，并因此而"有所作为"？

"教育学理论"是一个异常宏大、包罗万象的概念，它是各种教育学交叉学科、分支学科的总和。同样，"信息技术"也早已成为浩瀚的世界。为简化起见，本文分别以其中的"教育学原理"和"教育技术"为对象加以阐述。

要明了教育学原理对于教育技术有何作为，首先必须回到原点，追问：什么是"理论"？什么是"教育学原理"？它们有何性质与功能，承担了何种角色？以此为起点和突破口，我们再来寻找教育学理论与教育技术的内在关联，进而发现教育学理论对于教育技术的改变可能与贡献方式。

什么是"理论"？有三种方式可以找到理论的内涵。

第一种方式，确认理论的成分，即内在构成，将其作为"理论"生成的基本条件，只要具备了这些条件的知识，就是理论。陈桂生认为，构成理论的成分包括"一系列基本概念、反映不同概念之间关系的命题、对不同命题之间关系的逻辑论证。只是教育实践理论中概念的类型、命题的类型同科学概念与命题有别。这才不失为一种理论"①。由此可知，概念、命题和不同命题之间的逻辑论证，是理论必备的三大成分。

这种方式的局限在于，三种理论成分如同理论大厦的建筑材料，似乎材料具备则大厦建成。然而，仅仅有材料就够了吗？是什么态度、思想或设计思路使这些材料成为理论的？最关键的问题是：主导理论构建背后的东西是什么？

第二种方式，找到理论概念的相对面，通过追问"什么不是理论"，来明晰"什么才是理论"。任何概念都有其相对面，例如，"天空"之于"大地"，"教师"之于"学生"，"普通教育"之于"特殊教育"等。

那么，与"理论"相对的是什么？"什么不是理论？"

---

① 陈桂生：《回望教育基础理论——教育的再认识》，6～7页，北京，北京师范大学出版社，2008。

陈嘉映主张，与理论相对的是"常识"，二者的区别在于：其一，常识是"前理论"的知识，更多的是对事实的认定而非对事实的解释和论证，理论要求拿出翔实的论据来证明。常识中也可能包括各种解释，但这种解释与理论的解释有很大不同，常识不对世界提供统一的解释，而理论解释则是一种系统性或体系性、整体性的解释。[①] 其二，常识更多的是"道理"，理论则是"原理"。常识往往就事论事，是只适合于一时一地的某一方面某一局部的道理，理论则是通过一套原理来解释不同领域的现象，以不变应万变。

这种方式也有其局限性。虽然从常识看理论，能够凸显理论的特性，只有具备论证性、系统性、整体性解释的常识才可能成为理论，但这还不足以表明理论何以会产生，"理论的性质"不能全然说明"理论的产生"。

第三种方式，明晰理论产生的根源或动力，即什么使理论得以产生。这种方式可以弥补前两种方式的局限，它以"如何"的方式，将理论产生的"动力机制"展现出来。在陈嘉映看来，这个动力就是"理论态度"，与其对举的是"理性态度"。这是人类面对世界的两大态度。"理性态度"是一种理智的、注重实际和经验的理性选择，或多或少具有功利性的考量。"理论态度"是以抽象的方式对特殊、具体的概括和整合，或者是对抽象的

---

① 陈嘉映：《无法还原的象》，111 页，北京，华夏出版社，2005。

进一步抽象。它内含了两种兴趣："定义的兴趣"和"抽象的兴趣"。特别是"定义的兴趣"："理论兴趣就像定义的兴趣，我们都懂得跳、飞、国家、色情这些词的意思，但很少有人想去定义它们，更少有人能够定义它们。实际上，理论在很大程度上就是从定义开始的。"[①]在这个意义上，理论的态度，就是对定义的态度。有没有理论修养，首先看其有没有对定义的敏感和能力。

如果这么来理解"理论"，那么，为什么选择"教育学原理"作为"教育学理论"的代表，以及"什么是教育学原理"，对这些问题的理解就"顺理成章"且"迎刃而解"了。

凡属于"理论"的存在，必定与"原理"有关。

什么是"原理"？原理之理，首先在于其为"原"理。"原"既有"原初""本原"之意，也有"原点"之意：原初之点，就是本来的原点。原理性质的教育学，就是教育学的本原之理、原点之理。一般子学科都有"原理"，但只是在其领地之内的原理，如课程论有课程论的原理，教育社会学有教育社会学的原理。此原理只能在其学科范围内适用，未必能通用于其他子学科，成为所有教育学科群共享的"原理"。子学科的原理只能是教育学理论的"理"之一，不能称之为教育学的"原"理。

能够成为教育学"原理"的"理"，必定是具有前提性质的

---

① 陈嘉映：《无法还原的象》，110 页，北京，华夏出版社，2005。

"理"，而且足以成为所有教育学科的"前提之理"。例如，如果不理解"什么是人"、"什么是教育"（或者"何谓教育的本质"）或者"什么是知识"等，就难以构建"德育论""课程论""教学论"。这种属于原理性质的问题和讨论，内设着一种要求：各教育学子学科的理论构建无论走出多远，都需要不断回到"什么是教育"之类的最原初的问题上来，无此原理式的理解，学科的理论根基就摇荡不定了。

既然如此，"教育学原理"可以为"教育技术"提供些什么、贡献些什么，并因此而扮演什么角色？

在"理论"的意义上，"教育学原理"能够为教育技术提供来自教育学的论证性、系统性、整体性解释。例如，"方法论"，其核心是"教育研究方法论"，这是有关研究方法的系统性解释。叶澜主张，"方法论"不是一个简单的概念，而是一个复合的概念，它以人类认识活动中不同层次的对象与方法的关系为研究对象，着重揭示已有方法体系的理论基础、核心构成与研究对象性质的矛盾，以构建解决这一矛盾的新理论基础与核心为直接任务，发挥推动相应方法体系整体发展，继而推动人类认识水平质的飞跃和社会实践发展的方法论功能。[1] 方法论不仅仅是对方法的总结、升华，更重要的是对方法的反思，尤其是对方法与对象的适切性的反思。

---

① 叶澜：《教育研究方法论初探》，10～18页，上海，上海教育出版社，1999。

显然，方法论的存在方式是一种理论形态，它有三个不同层次：最一般的方法理论是哲学方法论；研究各门具体学科，带有一定的普遍意义，适用于许多有关领域的方法理论是一般科学方法论；研究某一具体学科，涉及某一具体领域的方法理论是具体科学方法论。①

　　从目前来看，"教育技术"领域从来不缺"方法"的创生与运用，它本身就是为"方法"而生的，但缺的是"方法论"，尤其缺乏的是对各种新兴技术与教育、方法与人的适切性反思。

　　在"原理"的意义上，"教育学原理"通过回到原点的方式，为"教育技术"提供原理性的解释。

　　一是回到"概念原点"。

　　"概念"既是理论的构件，也是理论的基石，因而也是一种"原点"。在这里，原点性的概念分别是"技术"和"教育"。作为"原点"，意味着：怎样理解"技术"的概念，就会有怎样的技术；怎样理解"教育"的概念，就会有怎样的"教育"；怎样理解"技术"与"教育"两个概念的关系，就会有怎样的"教育技术"。

　　无论是亚里士多德、海德格尔、马尔库塞等哲学家，还是米切姆（Carl Mitcham）、邦格（Mario Bunge）这样的技术哲学家，他们都以哲学的方式，对"什么是技术"提供了来自哲学的"原理性解释"。例如，在海德格尔眼里，技术是一种"设置"，

---

① 参见叶孟理、李锐主编：《人文科学概论》，南京，南京大学出版社，2002。

其本质是"座架",技术不仅是一种手段,更是"一种解蔽方式"。[①] 他们带给教育技术的是对"技术"的洞察,提醒人类不要在"技术"的本质上陷入迷雾,走入歧途。教育学原理返回的是"教育"这个原点,它力图明晰"教育的真谛",明了"教育"何以可能与"技术"联结在一起成为"教育技术",进而提出一种警示:"教育"才是"教育技术"的起点与魂魄,不要以为"有了技术,就会有教育",也不要认为"有技术,没有教育",致使技术"魂不守舍""失魂落魄"。

二是回到"价值原点"。

弗雷(Frederick Ferre)指出:"从根本上说,技术是需要和价值的体现","技术一直是事实与价值、知识与目的的有效结合的关节点","如果缺少了价值,我们将永远不会产生出使用知识的动机。可以说,价值和知识是每件人工产品的基本成分"。[②] 邦格也将价值性知识纳入技术的范畴,认为技术是"按照某种有价值的现实目的来控制、改造和创造自然的与社会的事物与过程,并受科学方法制约的知识总和"[③]。

在教育技术的世界里,"价值"之所以如此重要,是因为它

---

① [德]马丁·海德格尔:《演讲与论文集》,孙周兴译,10 页,北京,生活·读书·新知三联书店,2005。

② [美]大卫·雷·格里芬编:《后现代精神》,王成兵译,200 页,北京,中央编译出版社,1998。

③ 转引自顾建军:《技术的现代维度与教育价值》,载《华东师范大学学报(教育科学版)》,2018(6)。

具有"原点"意义：无论是何种教育技术的理论或实践，都是以某一特定的价值观为前提和起点的，有什么样的价值观，就有什么样的教育技术理论与实践。

迄今为止，有关技术的经典分析维度，如传统的器物维度、技艺维度、认知维度、过程维度，现代的知识维度、文化维度、意识形态维度、意志维度等，以及"物性、人性、知性、活性"等维度[①]，在本质上都是价值维度的表现形式。从不同的价值维度出发看技术，会引发不同的技术观，形成不同的技术理论。同样是理论之"理"，"价值之理"是理中之理，理后之理。

从"教育学原理"的角度看，对技术的分析需要有"教育之维"，它的实质是一种"教育尺度"。这种尺度的形成和运用来自教育的任务和使命：教育就是要有意识、有计划地促进人的生命健康、主动的成长和发展。因此，"能否促进并实现人的生命成长和发展"，成为"教育尺度"衡量世间万事万物的基本参照系和标准。[②]

在已有分析技术的价值之维中，最缺的是基于教育尺度的"教育之维"。

海德格尔看到了技术的人性内涵，看出了技术的功能、结

---

① 顾建军：《技术的现代维度与教育价值》，载《华东师范大学学报（教育科学版）》，2018(6)。
② 李政涛：《中国社会发展的"教育尺度"与教育基础》，载《教育研究》，2012(3)。

构、形态携带着丰富的"人性"，但他只是到此为止了。哲学家的角色和身份，让他在"技术"中看到了"人"，但没有看到"教育"，没有看到技术的教育内涵、教育价值，或者说，技术的"育人价值"。这恰恰是"教育学原理"视域的独特之处，它展现了自身理解技术的教育学方式：不仅把"人"确立为技术领域的起点和核心，而且试图提出并回答信息技术时代的"理想新人"的特质，进而把人与教育联系起来，主张"技术具有育人价值"。如同米切姆所言，技术蕴含着育德、益智、审美等丰富的育人价值。①

以此为基础，教育学原理还进一步对"技术"提出了自己的价值标准：好的技术就是能够促进人的生命成长与发展、充分实现育人价值的技术。教育技术的根本目标和最大价值，是具有并不断产生"可能性"，即教育技术为人的发展提供了一种可能性，对于技术的"人性内涵"只有在"人的可能性的挖掘与实现"这个角度上进行认识，才真正得"教育的要领"。建立在这种技术之上的最好的教育，是能够在技术的设计和运用中呈现人的主动性和发展性的教育，这是得以将技术提供的可能性充分变为现实性，并向技术召唤、发掘、解放出更多可能性的教育。只有如此，才能有效规避马尔库塞所批判的那种"异化"——"技

---

① 参见吴国盛：《技术哲学经典读本》，上海，上海交通大学出版社，2008。

术的解放力量"转而成为"解放的桎梏"。①

因此，最好的教育技术，不是限定人的技术，而是向人的生命成长的多种可能性开放的技术，是在技术的运用中呈现生命活力，进而实现在虚拟课堂讨论中仍能维持一种苏格拉底式的教学法精髓的技术。换言之，是以师生对话、生生对话为精髓的教育技术。这样的教育技术，不仅通向"理想新人"，而且通向"理想社会"。如同芬伯格（Andrew Feenberg）所言："一个发达社会的教育技术可以通过教育的对话来形成，而不是由以生产为导向的自动化的逻辑来形成。"②

这就是教育学原理可以贡献的"教育之维"：设计教育技术，就是设计人的生命成长。它以自己的方式，促使教育技术回到"人"和"教育"的概念原点，在技术领域里重新思考"什么是人""什么是教育"，同时，也回到"人、教育与技术"的问题原点，在"理想新人、理想教育和理想技术"之间建立起了内在关联。

在这个意义上，教育学原理所提供的最重要的价值维度，不仅仅是"人之维"，也不是单纯的"教育之维"，而是人、教育和技术之间的"关系之维"，这一关系构成了教育技术理论或者教育技术学的逻辑起点，其实质是"价值逻辑"。

---

① ［美］赫伯特·马尔库塞：《单向度的人——发达工业社会意识形态研究》，刘继译，143页，上海，上海译文出版社，1989。

② ［美］安德鲁·芬伯格：《技术批判理论》，韩连庆、曹观法译，163～164页，北京，北京大学出版社，2005。

三是回到"思维原点"。

任何概念、范畴、问题、观点和价值，都离不开特定的思维方式。对于信息技术而言，其本身就蕴含了思维方式——"技术是人类利用、控制与改造自然、社会、思维的方式方法的集合"[1]。此外，对技术的创造和运用、理解与分析等，也涉及多种思维方式，并由此生成了"思维原点"：有什么样的思维方式，就有什么样的技术理论方式与实践方式。

原理性的思考往往有对"思维"的敏感和洞察。前面所述的"方法论"思考，也蕴含了对每一种方法、每一个概念与问题、每一类知识形态的提出背后蕴藏的"思维方式"的探究。

进入信息时代之后，机械静态思维、二元对立思维、非此即彼思维和实体思维等工业时代的思维方式，将会被互动创生思维、综合融通思维与智能思维[2]所取代，思维的情境性、交互性、丰富性、灵活性、生成性将更为凸显。

除此之外，就信息技术的思维方式而言，从学科的角度看，至少存在三种思维方式。

第一，技术学式的思维方式。它的重心放在设计和研发

---

[1] 禹智潭、陈文化：《技术：实践性的知识体系》，载《科学技术与辩证法》，1998(6)。

[2] 有关"实体思维"到"智能思维"的转向，2018 年 11 月 24 日在华东师范大学"信息技术时代的教育学理论重建"的学术研讨会上，靳玉乐教授在主题发言中对此进行了阐述，详见靳玉乐、张铭凯、孟宪云：《信息技术时代的课程论发展》，载《华东师范大学学报(教育科学版)》，2019(4)。

新的教育技术上，努力将技术成果充分运用于教育。技术学也有思想，但由于它的焦点定在技术本身的开发和使用上，因此是为技术而技术的思想。它是一种纯粹的技术性思维，其中包含了技术理性，但"技术理性"并不必然走向或带来"技术理论"。

第二，哲学式的思维方式。它的使命在于对技术进行反思和批判，而不是开发和使用。典型代表如法兰克福学派中的霍克海默（Max Horkheimer）、马尔库塞、阿多诺（Theodor Wiesengrund Adorno)等，他们的思维方式是展现技术的弊端，为人类提供警诫，因而是一种典型的基于批判性思维的"理论性思维"。

第三，教育学式的思维方式。它的独特性在于其关注的焦点放在"人的改变"这一"原理性的问题"上，因而它的提问方式，首先表现为一种典型"原理性思维"：当技术这一普遍之存在进入教育领域，具化为教育技术时，教育中的"人"有何变化？教育技术如何应对和引导人的变化？在这种思维方式观照下的技术，通向的是人的生命成长，进而通向教育目的、教育方法和教育过程。其次，它是"转化性思维"，把技术实践转化为教育实践，即通过挖掘信息技术的教育内涵、教育价值与教育力量，把技术的力量转化为教育的力量，把技术变成属于教育、为了教育、在教育中的技术。最后，它是"实践性思维"，这种实践，是一种"生命·实践"①，即促进人的生命成长与发展的实践。这同样是一种转化：把技术实践的过程，变成"生命·实践"的过程。

通过持续不断地返回原点，与哲学一样，教育学原理承担了教育技术的警醒者、守护者、引领者和解蔽者等多重角色，警醒技术带来的"弊端"，守护始终不变的"生命价值"，它同时还试图引领技术通向"生命成长之路"，并在此过程中为教育技术"解蔽"。

与技术一样，理论也是一种解蔽方式。不同的理论方式、思维方式落到"技术"和"教育技术"之中，其实都是对技术的不同解蔽方式。技术学的解蔽，是为技术立法，确立"技术标准"，进而通过制造新技术，不断为技术敞开新的可能性。哲学的解蔽方式，是确立"人性标准"，通过反思和批判，揭示技术的弊端。教育学原理的解蔽方式，是为教育技术立法，确立的是"教育标准"，它更多的是通过"教育行动"，以"生命·实践"的方式来解蔽，为人的生命在教育技术中的发展，拓展并开掘出更多的可能性。

解蔽，同时也是开启。本文试图解决的"信息技术与教育学理论"的关系问题，是一个宏大而艰难的问题，我们目前所做的，只是一些尝试性的开启的工作。期待更多的后来者涌入其

---

① 参见叶澜：《回归突破："生命·实践"教育学论纲》，上海，华东师范大学出版社，2015。

中，共同把对这一问题的思考与追问变成一条道路，变成"信息技术与教育学理论的交互生成之路"。毫无疑问，无论是对于信息技术，还是对于教育学理论，这都是一条充满发展前景的创生之路。

"五育融合"与新时代"教育新体系"的构建[①]

　　当下，从"五育并举"到"五育融合"，已经成为新时代中国教育变革与发展的基本趋势。这一趋势的出现与"育人"有关。在"育什么人""为谁育人"等已然明晰的情况下，"怎样育人"以及如何提升"育人质量"，成为未来中国教育改革亟须回答的重大问题。通往"育人质量"提升的路径多种多样，其中"五育融合"是最值得关注的发展方向和路径之一。[②]

　　无论是"五育并举"，还是"五育融合"，都不限于一个"概念"，也不止于一种"观念"或一套"政策"，它还意味着一个"体系"和"机制"，更代表了一个"时代"：由于有了"五育并举"和"五育融合"的出现，一个"教育新体系"将酝酿成型，一个"教育

---

　　① 本文已见刊于《中国电化教育》2020 年第 3 期，由李政涛、文娟合作完成，本次出版略有改动。
　　② 李政涛：《"五育融合"，提升育人质量》，载《中国教师报》，2020-01-01。

新机制"将逐渐生成，一个"教育新时代"将由此诞生——这是以"五育并举"和"五育融合"为标识的新时代中国教育。

如何理解"五育融合"这一"新体系""新机制"的意义、内涵及其带来的变化？"五育融合"难在哪里？如何突破"五育融合"过程中的瓶颈和难题？对这些问题的思考和回答，构成了本文的重心所在。

一、为什么是"五育融合"

"五育并举"和"五育融合"的提出，首先是政策推动、顶层设计的产物。2019 年，中共中央、国务院出台了《关于深化教育教学改革全面提高义务教育质量的意见》，提出了"坚持'五育'并举"，强调"突出德育实效""提升智育水平""强化体育锻炼""增强美育熏陶""加强劳动教育"，以此"全面发展素质教育"；国务院办公厅则发布了《关于新时代推进普通高中育人方式改革的指导意见》，通过"突出德育时代性""强化综合素质培养""拓宽综合实践渠道""完善综合素质评价"等，来"构建全面培养体系"。与此相应，中央全面深化改革委员会第十一次会议审议通过了《关于全面加强新时代大中小学劳动教育的意见》，强调"把劳动教育纳入人才培养全过程，贯通大中小学各学段，贯穿家庭、学校、社会各方面"。教育部也在加快研制大中小学劳动教育纲要，明确劳动教育的具体内容、形式和实施路径。①
"劳动教育"因此成为"五育并举"背景下新的研究热点。

"五育并举"不是全新概念，它具有特殊的历史渊源。1912
年，蔡元培在《对于新教育之意见》中，首次表达了作为"教育方
针"的"五育并举"主张："军国民教育、实利主义教育、公民道
德教育、世界观教育、美感教育皆近日之教育所不可偏废。"距
离蔡元培提出"五育并举"的时代，已经过去了百年，为何今日
要重提"五育并举"？新时代的"五育并举"与蔡元培时代的"五育
并举"有何相通，又有何不同？

相通之处至少有二。一是意义和性质，都具有时代转型与
时代分野的特性。在蔡元培那里，"五育并举"昭示的是"封建专
制时代的传统教育与资产阶级共和时代新教育"的根本差异，在
如今，预示着新时代的教育与过往时代教育的差别。二是内容
和结构，虽然表述方式和具体内涵有所不同，但都涵盖了"德智
体美劳"，因而具有大致类似的整体框架。

更值得探究的是差异。这些差异的根源，与二者分别对标
的时代需要、欲解决或针对的问题和希冀带来的改变相关。

蔡元培的"五育并举"，如前所述，其时代背景是从"封建时
代"转向"资产阶级时代"，满足的是资产阶级的"时代需要"，与

---

① 2020年7月，教育部印发《大中小学劳动教育指导纲要（试行）》，明确了劳
动教育性质和基本理念，劳动教育目标和内容，劳动教育途径、关键环节和评价，
学校劳动教育的规划与实施，劳动教育条件保障与专业支持。

此相关的是"文化需要"，彼时经历的是由"文言文"向"白话文"转型推动的"新文化运动"，在一定程度上，"新教育"也是为"新文化"服务的。这是他的视域下"传统教育与现代教育"的分野。在"五育并举"重新浮出水面的今日之新时代，既是"习近平新时代中国特色社会主义""人类命运共同体""经济全球化"这样的"政治新背景"，也是"信息时代""智能时代"这类"科技新背景"，后者推动了一个全新的"新文化运动"：由信息媒介转型，即从纸质媒介转向电子媒介催生的"新文化"已经兴起，这是一个前所未有的大时代。与蔡元培及其所处的时代相比，无论是"传统教育"之"传统"还是"现代教育"之"现代"，其蕴含的时代需要、针对的时代问题和带来的时代转型等，都已经发生了根本变化。

就"时代需要"而言，"五育并举"在新时代的重新提出，满足的是"应对国际社会激烈竞争与严峻挑战的需要、培养社会主义建设者和接班人的需要、应试教育向素质教育转变的需要、教育大国向教育强国转变的需要"等①。"五育并举"的时代需要，并非独属于中国。经济合作与发展组织（OECD）确立的三类当代急需的"核心素养"中蕴含了"五育"特性，例如，"交互使用语言、符号和文本的能力""交互使用知识和信息的能力""交互使用技术的能力"，其实质是"智育"和"劳动教育"；又如，"在异质群体中有效互动的能力""与他人建立良好关系的能力、

① 2019年12月28日在华东师范大学举办"全国五育融合研究论坛"上，宋乃庆、刘燕玉在《"五育"融合育人效果指标探析》主题发言中对此背景进行了介绍。

合作能力""管理并化解冲突的能力"等，则融合了"德育""智育""美育"；再如，"自主行动能力""适应宏大情境的行动能力""形成并执行人生规划和个人项目的能力""维护权利、兴趣、范围和需要的能力"等，体现的是"德育""智育""劳动教育"的兼容。此外，欧盟（EU）于 2000 年提出了"新基本能力"的概念，2005年又提出了 8 项核心素养，包括母语素养、外语素养、数学素养和基本科技素养、数字素养、学会学习、社交和公民素养、主动与创新精神、文化意识与表达，不仅整体涵盖，更综合融通了"德智体美劳"等"五育"内容。

就"时代问题"而言，今日中国教育面临的主要问题，不再是"扫盲""教育普及""受教育权"等基础性问题，也不仅仅是"应试教育盛行""学业负担过重""五唯"等表层性的"传统问题"，而是走向"教育现代化"过程中面临的各种问题，尤其是深层次的"五育分离"或"五育割裂"的"现代问题"，表现为"疏德""偏智""弱体""抑美""缺劳"，导致"片面发展""片面育人"，远离了"全面发展""全面育人"这一教育宗旨。

就"时代转型"而言，"转型"意味着"改变"，它提出并回答的核心问题是：因为有了"五育并举"，将带来什么只有它才可能带来的"改变"？无论是哪个时代，这种改变都不是局部的而是整体的改变，不是零碎的而是体系的改变。从"教育体系"的角度，"五育并举"的提出，意味着原有"五育"各自的"德育体系""智育体系""体育体系""美育体系""劳动教育体系"，都将以

"五育并举"为新背景,重新建构为"德育新体系""智育新体系"等。原有的"德育论""美育论"等理论,都将在"五育并举"的新视域下加以重建,形成相应的"德育新论""智育新论""美育新论"等各种全新的理论体系。"教育体系"本身具有不同的层次,基于"五育并举"的"教育新体系",既有"宏观体系",涉及"国家层面"且体现"五育并举"的教育方针、教育目的,以及与国家治理紧密相关的教育体制、教育机制、教育制度等,也有"中观体系",核心是基于"五育并举"的各地方或各区域的教育生态、教育治理方式等,还有"微观体系",主要是以学校为单位的渗透"五育并举"的学校管理体系、课程体系、教学体系、教师发展体系和家校社合作体系等。三个层次的体系之间,同样不是分裂或割裂的,它们围绕"五育并举",在相互作用、相互协同中构成了结构化的"五育体系":宏观体系的改变和运作,要为中观、微观体系的改变,创造只有宏观体系才能提供的条件、基础和保障;中观体系发挥的是承上启下的中介作用;微观体系的改变,为整个"教育新体系"的运作提供转化落地的根基与平台。倘若这一"教育新体系"得以最终构建完成,将与蔡元培时代的"五育并举"形成体系化的整体差异。

二、如何理解"五育融合"

已有对"五育并举"内涵的理解,有三种代表性的方式。

方式之一,阐发"理论",回到"五育并举"的思想源头。例如，回到马克思的"人的全面发展理论"，其本义是相对于"片面发展"而言提出的，最根本之处，在于指向人的劳动能力的全面发展，即人的智力和体力的充分、统一的发展，根本途径是"教育与生产劳动相结合"，这是新时代的中国教育重提"劳动教育"的重要理论基础。[①] 又如，小原国芳的"全人教育论"，他主张，培养"完美和谐的人"的教育或"全人格的教育"，亦是人的多方面和谐发展的教育。全人教育包括"学问""道德""艺术""宗教""身体和生活"，分别指向"真、善、美、圣、健"五大价值取向。

方式之二，聚焦"一育"，在历史沿革与重新解读中赋予其新内涵。例如，对"劳动教育"这一新热点的解读。就劳动教育的沿革而论，劳动教育的思想最早来自空想社会主义者莫尔（Thomas More），他在《乌托邦》中要求儿童在学习科学文化知识的同时，接受生产劳动教育。西方教育家洛克（John Locke）和卢梭（Jean-Jacques Rousseau）也提倡劳动教育，他们把劳动教育看作一种重要的教育手段，认为劳动可以使儿童的身体、智力和道德得到发展。相对于单纯地探讨教育与劳动相结合的经济价值，或阐释劳动与教育相结合的教育意义来说，马克思的劳动教育思想更具全面性和发展性，因为其与人的自由和全

---

① 陈桂生：《全面地历史地研究马克思主义关于人的全面发展的理论》，载《教育研究》，1984(8)；陈桂生：《人的全面发展理论与现代代》，上海，上海教育出版社，1988；孙宇：《马克思人的全面发展理论研究》，硕士学位论文，辽宁师范大学，2013。

面发展紧密相连。劳动教育是促进人的身心解放的现实载体，是人的本质得以实现的重要途径。如今重新提出劳动教育，既是对应试教育的反思，也是回归教育本质的呼声，同时，也是在新时代背景下，对"劳动教育"内涵的"重释"。研究者发现，究其本义，劳动蕴含着"辛苦""教养""实存""解放"等丰富的人性意义。当哈贝马斯（Jürgen Habermas）等西方马克思主义学者批判劳动解放理论的规范性缺失，宣告所谓劳动"终结"之时，霍耐特（Axel Honneth）的承认理论阐释了劳动的承认伦理，并对劳动加以重新阐述，使劳动再次成为当代人类最基础的、无可替代的活动形式。批判教育学秉承传统马克思主义的劳动解放理论，吸纳霍耐特的劳动承认伦理，主张劳动教育应当具有人性解放、现实批判和承认伦理的人性意义。因此，劳动教育成为追求自信、自尊和自重的解放过程，仍是实现教育目的的基本路径。① 这一解释通过赋予"劳动教育"人性内涵和人性底蕴的同时，也与"育人"建立起了不可分割的联系："育人"的前提是对"人性"的洞察和理解，包括"劳动教育"在内的"各育"背后都深藏着某种"人性观"。在此基础上，"劳动教育"又被赋予了"新时代"的新定位、新价值和新内涵：新时代劳动教育肩负着建设新时代教育发展道路、治理劳动教育异化的历史使命。首先，新时代劳动强调"非生产性劳动""交换价值""多元矛盾关

---

① 肖绍明、扈中平：《重释劳动教育的人性意义》，载《现代教育论丛》，2013(4)。

系"；其次，新时代劳动教育需要从劳动教育分别与自由教育、对话教育、生态教育的对立转化为辩证的统一等。①

方式之三，把握"关联"，寻找或建构"五育"之间的内在联系。有学者从哲学的角度，将"五育"划分为三个层次，认为德育、智育、美育属于"心理发展层次"，体育属于"身心和谐发展层次"，劳动技术教育属于"创造性实践能力层次"，并指出"五育"相互关联，构成不可分割的整体。② 还有研究者从"素质教育"出发，展现了对"五育并举"的新理解：素质教育可以分为身体素质教育（体育）、心理素质教育（体育）、社会文化素质教育（德育、智育、美育），主张劳动教育是以上三类素质教育的综合。而教育是一个大的系统，"任何系统中各要素，只有通过相互联系，形成整体才能发挥整体功能"③。另有研究将"五育"之间的相互联系具体化为："德"定方向，"智"长才干，"体"健身躯，"美"塑心灵，"劳"助梦想，"五位一体"共同促进人的全面发展。④

在"五育并举"之外，又出现了"五育整合"或"五育融合"。有人认为："学生德智体美劳全面发展不仅需要确立'五育并举'

---

① 肖绍明、扈中平：《新时代劳动教育何以必要和可能》，载《教育研究》，2019(8)。

② 桑新民：《对"五育"地位作用及其相互关系的哲学思考》，载《中国社会科学》，1991(6)。

③ 班华：《素质结构·教育结构·素质教育》，载《教育研究》，1998(5)。

④ 张俊宗：《努力构建德智体美劳全面培养的教育体系》，载《中国高等教育》，2019(Z3)。

理念，更需要确立'五育整合'的理念。"①"整合"即"融合"。在我们看来，继"五育并举"之后，"五育融合"的提出，是对"五育并举"的推进、深化和发展。

既然如此，如何理解"五育融合"的内涵及其特性，就成为新的关键问题。在我们看来，它至少具有如下五个特性。②

第一，"五育融合"是一种"育人假设"。它预设人的成长发展，不仅是"全面发展"，更是"融合发展"。所有教育活动对人产生的育人成效，很难截然分离为这是"德育"，那是"智育""体育"，或者"美育"仅在这里体现，"劳育"只在那里浮现……如果将"五育"视为教育的五种"可能"，那就意味着任何一种教育行为，都同时包含了"德智体美劳"的可能性。实际上，每一种教育教学行为，都可能对孩子的生命成长具有综合影响，产生融合效应。"各育"的成长效应往往是相互贯穿、相互渗透、相互滋养，即"相互融合"的。当然，"融合"不等于"替代"，融合的前提，依然是"各育"之育人目标的明确、育人功能的实现，需要"德的养成""智的学成""美的化成""劳的干成"等各司其职、各尽其力，如此才可能实现"五育的融成"。这种"五育"之间的融合性存在两种形态：一是自发形态，是自然自在地融为一体；二是自觉形态，有计划、有目的、有意识地使其融为一体。在

① 李松林：《全面发展教育的关键在于整合》，载《教育科学研究》，2019(6)。
② 本部分所论的五个特性，参见李政涛：《"五育融合"，提升育人质量》，载《中国教师报》，2020-01-01。

实际的教育过程中，两种融合形态往往同时并举。

　　第二，"五育融合"是一种"育人实践"。"五育融合"是在"五育并举"的前提下提出的。"五育并举"强调的是"德智体美劳"五育"缺一不可"，是对教育的整体性或完整性的倡导；"五育融合"则着重于实践方式或落实方式，致力于在贯通融合中实现"五育并举"。如同"多元文化"和"跨文化"之间的"多"与"跨"的区别一样，"并"与"融"的主要差异在于："并举"之"并"更多具有"名词"或"副词"的特性，"融合"之"融"，主要是"动词"，它意味着"行动"和"实践"。在这个意义上，"五育并举"和"五育融合"是理想与实践、目标与策略的关系。"五育融合"彰显了一种实践形式，即"融合实践"，这是一种独特且重要的"育人实践"。

　　第三，"五育融合"是一种"育人理念"。如果只是将"五育融合"作为一种实践方式、路径或策略来看待，依然低估了它的特殊价值。"五育融合"蕴含了一种新的教育理念或育人理念，即"融合理念"，它与"融合实践"一样，直指以往制约"育人质量"提升的主要瓶颈和难题之一："各育"之间的相互割裂、对立，甚至相互矛盾。它带来的不是相互分离、割裂的"德育论""智育论""体育论""美育论""劳育论"，而是"五育融合论"。如前述所言，未来的诸育理论，都将在"五育融合"的理念下和体系内得以重建。

　　第四，"五育融合"是一种"育人思维"。在根本上，它是一种系统思维，包含了"有机关联式思维""整体融通式思维""综合渗透式思维"等。传统教育之所以存在不够"融合"的顽疾，根源在于思维方式的"点状""割裂""二元对立""非此即彼"等，从而导致各种教育之力的相互抵消、相互排斥，无法形成"教育合力"，难以产生叶澜所言的"系统教育力"①。有了"五育融合"的理念和思维方式之后，不仅"各育"之间的关联度、衔接度将有所提升，而且"各育"自身的推进方式、运行方式和发展方式会随之发生"革命性的变化"：从此以后，"各育"都将在"五育融合"的背景之下，重新建构自身的发展方向和发展机制。

以"劳动教育"为例，近年来它的重要性日益彰显，成为"育人质量及其提升"不可缺失的一环。但在新时代推动劳动教育，与以往最大的不同，在于它的落实机制需要体现"五育融合"。已有实施劳动教育的主要方式，往往是首选增设和单列"劳动教育"专项课程。这种做法的好处不言而喻，但弊端也显而易见：要在已经非常拥挤的学校课程体系里增添新课程，势必会给师生带来新的负担，也可能会削弱劳动教育自身的价值。之所以如此，症结依然在于"劳动教育"课程是与其他"各育"课程分离的，是在已有"各育"基础上"做加法"而来的，它的存在有可能对其他"各育"造成一定程度的削弱，毕竟学生在校的学习时间是固定的，某"育"增加了，其他"育"势必会有所减弱。当然，笔者并不是否定专设"劳动教育"课程的举措及其积极意义，问

① 叶澜：《终身教育视界：当代中国社会教育力的聚通与提升》，载《中国教育科学》，2016(3)。

题的关键是：不能只满足于此，这并非根本的解决之道。要发挥劳动教育在育人质量提升的重要作用，唯有将其与其他"各育"融通起来，进行全方位、全过程式的贯穿渗透。让劳动教育在德育、智育、美育和体育中无时不在，无处不在。既要在这些领域进行劳动教育，也要让劳动教育返回并进入其他"各育"之中。例如，将劳动教育引入智育之中，让孩子们意识到劳动不只是在田野里、家庭里、工厂里存在，也在课堂中、班级内和学习中发生：学习本身就是一种艰苦的劳动，是人人一生当中都需要持续迈过的"劳动关"。这种融通式的思考方式和设计方式，意味着劳动教育的最终目标，是让劳动教育的理想和目标，弥漫、渗透于真实日常的教育教学之中，实现劳动教育的"日常化"。唯有与其他"各育"融通的劳动教育，唯有日常化的劳动教育，才最有生命力，也才最为持久。

第五，"五育融合"是一种"育人能力"。这种能力，在学生那里意味着一种全新的"学习能力"，今后的学习不仅是"线上线下混合式"学习、"人机交互式"学习，而且是"五育融合式"学习，形成基于融合、为了融合和在融合之中的学习兴趣、意识、方法、能力与习惯。在教师那里，"新能力"昭示着：要有"五育融合"的"教学新基本功"，既要善于在自己的学科领域充分发挥每一堂课、每一个教育活动综合性的"五育效应"，也要善于融合利用"各育"的育人资源，实现基于融合、为了融合和在融合之中的新型教学方式。在校长那里，需要具备的是"五育融合"

的"管理新基本功"，如何建构适应"五育融合"的体制、机制和制度体系、课程体系、教学体系、班级建设体系以及整体性的学校文化体系，生成基于融合、为了融合和在融合之中的新型学校管理方式等。所有这些新能力，都对教育中的多元主体构成前所未有的新挑战。

三、"五育融合"难在哪里

在"五育并举"基础上提出的"五育融合"，能够带给新时代中国"教育体系"的诸多改变，目前为止，大多数还处于"预期"或"预设"的阶段。作为一种全新理念，从理想到现实的落地从来不会一蹴而就，总是会经历各种各样的困难、障碍和壁垒。这些难题不攻克，壁垒不打破，"五育融合"将沦为空洞的概念和语词，只能在文件、论文、著作和黑板上"写一写"，在各种会议、论坛、报告中"说一说"，在朋友圈里"议一议"，随即就会"烟消云散""灰飞烟灭"……

最根本的困难就是"融合"。作为一种基于"五育融合"而来的"教育新体系"，能否"体系化"是关键，构成"体系"的存在，基本特征都是体系中的不同要素之间，不是分离，而是"融合"。如前述所论，"融合"不是做加法，不是以"某育"为基础，再分别叠加其他"各育"，例如，在"德智体美"之后，补充或增添一个"劳动教育"，就变成了"五育融合"。真正的"融合"是融通、渗透和整合，是"各育"之间的彼此渗透，是"你"中有"我们"，

"我"中有"你们"。

"融合"为什么难？难在何处？

一是难在"日常"，即"融合日常"之难。通常改革遭遇到的瓶颈和难题，是将某一新理念、新政策，限定在某一时刻、某一地方、某一方面、某一类人之中。例如，举办大型论坛会议、上大规模公开课等大活动，以规模化、公开化的方式推进新课程的实施，一旦活动结束，就一切照旧，回归常态。又如，将改革落在"教学"之域，限于"优秀教师"而不管其他，结果把改革变成部分领域的舞台、部分人群的独角戏，其他领域是"盲区"，其他群体是"看客"。教育中的"日常"，即真实具体的学校教育教学生活，它通过弥漫、弥散、渗透和贯穿其中的方式来实现。在这里，就是把"五育融合"这一新理念，全方位弥漫、渗透、贯穿教育生活的全过程，让融合理念真正进学校、进课程、进课堂、进班级，进入学校教育的"毛细血管"之中，变为学校师生日常生活中的一部分，变成属于时时、处处、人人，而不是拘泥于某时、某地、某人的"五育融合"。显然，这绝非易事：融合之难，就是日常之难，就是渗透之难。

二是难在"机制"，即"融合机制"之难。任何体系的最终生成及其实际运转，都要靠某种"机制"来推动并完成，"机制化"是实现"日常化"的基本方式。在《辞海》中，"机制"具有三种含义：其一，是指"一个工作系统的组织或部分之间相互作用的过程和方式"（如"竞争机制"等）；其二，是指用机器制造的；其三，是指有机体的构造、功能和相互关系（如"生理机制"）。^①从中可以看出，"机制"的内涵至少包含以下几个方面：其一，"机制"是在一个"工作系统"或"有机体"内发生的；其二，"机制"的构成包括基本元素、构成部分与组织系统；其三，"机制"是不同元素、部分和系统之间的"相互关系"和"相互作用"。

若以此内涵为依据，对于"五育融合"之"融合机制"而言，它的生成与运行，应重点关注两个方面的内容：一是厘清基于"五育融合"的"工作系统"的要素与构成，解决的是哪些要素参与了"五育融合"，即"什么与什么融合""谁与谁融合"的问题。至少包括教育内部系统（在学校发生的"五育融合"）、教育外部系统（如在社区出现的"五育融合"）和教育内外的联合系统（如家庭、学校与社区共同推进的"五育融合"）。这三个系统内部也有相应的要素与构成，既可以是基于"某育"的育人实践，如"德育实践系统"中蕴含的要素，也可以是某一类教育主体，如教师主体、家长主体等。二是构建不同要素之间的互动关联，使其真实地发生"相互作用"，解决的是"谁与谁如何融合"的问题。这种相互作用，既体现为宏观、中观、微观三个层次之间的相互作用，也表现为教育内部系统、外部系统、内外联合系统之间的相互作用，更具体表现为"五育之间的相互作用"，产生"牵一育动四育"的效应，即某一育的运作实践，都是在其他四育的参

---

① 夏征农、陈至立主编：《辞海（第六版）》，1725 页，上海，上海辞书出版社，2011。

与、配合或影响下实现的，"某育"目标的达成，依赖于其他"各育"的参与和融入。这种体现"互动关联"的"融合机制"，究其根本是"过程机制"，展现并解决的核心问题是：真实具体的融合过程，如何发生、如何推进、如何展开？以及要达到理想的"融合目标"，需要经历哪些阶段、步骤和环节，各自要解决的特殊问题，面临的特殊困难、障碍及其解决的路径与方式是什么？如此之多问题的解决，无法通过思辨、想象而来，只能通过大量艰苦的具体融合实践来摸索成型。

三是难在"评价"，即"融合评价"之难。评价问题，始终是一个困扰任何改革的难题。基于"五育融合"的评价标准，指向"如何整体评价五育融合的效果"，这将是一种全新的评价教育质量体系：不再是孤立地评价"德育成效""智育成效""体育成效""美育成效""劳育成效"，而是以"五育融合度"为评价单位，进行"整体评价"。这种评价方式，首先难在如何以"融合"为评价对象，"融合"的标准何在？怎么做，做到什么程度，才算是"融合"了？困难的焦点在于：如何化虚为实，让融合通过具体的评价指标、评价方式来落地？还有一类与"对接"有关的难题需要解决。一方面是"育人"与"育分"的对接，这是两种不同的评价取向。如何让"育人式评价"与传统的"育分式评价"对接，使之既有所区别，又有所关联，而不是将"育分"与"育人"截然对立，最终实现"以育人的方式育分，在育分中育人"。另一方面是与已有的基于"某育"的评价标准（如德育评价标准）对接，既要以基于"某育"的评价体系为基础，也要有所区别，避免通过做加法，将"各育"评价体系叠加之后，变成所谓"融合评价"。

四是难在"主体"，即"融合主体"之难。这里的"主体"，首先指分别从事"某育"的实践主体，如"美育工作者""劳动教育工作者"。但问题的复杂性在于，这些"五育主体"，既可能是教育内部体系中的校长、教师、教研员，也可能是教育外部体系，如政府、社区、企业、科研机构、少年宫、科技馆、博物馆、图书馆等各种社会机构中的相关人员。他们以不同方式承担了"教育责任"，发挥了"教育功能"，因此都在不同程度上成为"五育"的参与者。这里的"困难"，除了作为教育者的校长、教师的"融合能力"的形成之难，还表现为"主体责任明确之难"：存在于宏观、中观、微观等不同层次的各级各类教育主体，各自承担什么融合责任，在学校教育领域内部，教育行政部门、学校和教师怎么办？在学校教育领域外部的各类机构，又该有何具体作为？更表现在"主体价值取向的协调之难"：这么多来自不同领域、不同岗位，甚至具有不同职业身份的"五育主体"，彼此之间的价值取向、利益诉求和工作方式存在太多差异，时常出现"价值冲突""利益冲突"，如何在"求同存异"、寻求平衡中，形成协同育人的"融合之势"？这种各主体之间协调、配合的形成，涉及"协同机制"的建构，依然与前面的"机制之难"联系在一起。

五是难在"生态"，即"融合生态"之难。无论什么样的时代，教育的问题，从来都不限定于学校内部，不止于教育本身。作为人类一种社会实践活动的教育实践，教育之事，就是社会之事；教育的问题，归根结底，是社会的问题，"社会生态"成为教育问题生发的土壤。从"应试教育"到"减负""择校""大班额""校外补习"，再到"五唯"等教育的种种顽瘴痼疾，其根源无一不与社会生态有关。生态不改，学校难改；生态不变，教育难变。同理，面对"五育融合"这一涉及整个教育体系变迁的浩大工程，只靠教育行政部门的组织、学校的力量、校长和教师的努力，是根本无法实现的，它需要动员社会教育力，发挥系统教育力，需要集聚学校教育力、家庭教育力和社区教育力协同解决。困难由此而生："社会生态"往往与文化传统有关，与社会大众普遍且根深蒂固的教育价值观和思维方式有关，它们的改变，无法简单地通过发布行政命令、政策文件，或者通过发表论文、著作和演讲等来实现，这必定是一个长期、反复的艰巨过程。这可能是"五育融合"面临的最大难题：如何在改造中孕育、营造一个适合"五育融合"的"社会新生态"？

四、如何破解"五育融合"难题

针对"五育融合"中的瓶颈和难题，已有先行者进行了多方面的实践探索。

(一)破解"融合日常"之难

已有的常见探索，是将课程与教学作为"五育融合"日常化的基本路径，让"五育融合"进学科、进课程、进教学，实现"学科化""课程化""教学化"，进而走向"体系化"。例如，上海市闵行区平阳小学以"Walking上海"为主线，创设了综合"劳技、美术、自然拓展探究为一体的课程"，即"木创课程"；金山区山阳中学架构了"以艺启智、以艺育德、以艺培能、以艺养心、以艺促美、以艺促体"的教学体系，兴塔小学则构建了"以球润德、以球促学、以球健体、以球塑美、以球践劳"的足球育人体系等。虽然各地各校所选择的"五育融合"的切入点或抓手，如"学科科目""课程内容""教学方式"，以及建构而成的"课程与教学体系"有所不同，但共同生成了一种行之有效的"五育融合"范式——"引领—融合"式。它分为三种类型，分别是"某育融合"式、"教材—融合"式、"活动—融合"式。

第一种类型是"某育融合"式。即"一育引领，诸育融合"，是以"一育"为切入点，通过在"一育"中发现"五育"、渗透"五育"、落实"五育"，在"五育"中认识"一育"、把握"一育"、实现"一育"，达成"五育"的全面渗透、全面贯通，其实质是挖掘和转化"一育"的综合育人价值。典型代表，如以"劳动教育"为引领，实现"以劳树德、以劳增智、以劳强体、以劳育美、以劳创新"。这一范式在小原国芳那里，已经有了初步探索。他选择的"五育融合"起点，也是他特别重视的劳动教育或"劳作教育"。在他眼里，"劳"是额头流汗，"作"是"创作"，而不是"作业"。他认为，真正的"智育"不可能由注入、死记和为考试而用功的方法获得，而是通过苦学、动手制作、体验、试验、思考和力行而获得。真正的"德育"也同样在活动中产生，除了劳作的体验，别无成就之途。劳作可以锻炼坚强的意志，能够修炼和培养"正直、忍耐、克己、节制、协同、友情、忠实、勇敢、快活"，至于挥舞铁锤、养牛、挑土、砍柴、担肥，挥动锄头种出自己食用的新鲜蔬菜，就获得了强壮的健康身体。"劳作教育"是"真正的教育"，是"真正人的教育"，是"全人的教育"。这一从"劳作教育"出发而来的"全人教育"的过程，就是"五育融合"的过程。

第二种类型是"教材—融合"式。主要策略是以"教材"作为引领载体，以"五育融合"为视角和眼光，挖掘教材内容中的"五育育人点"。例如，重庆市北碚区以"单元教学"为载体，实行基于"五育融合"的整体教材解读和教学设计，全面挖掘单元教学内容中的"智育育人点""德性育人点""审美育人点""健康育人点""劳动育人点"等，进而加以有机融合。

第三种类型是"活动—融合"式。选择以某一活动作为引领载体来融合"各育"。以时下流行的"研学旅行"为例，它有极为丰富的育人价值，帮助学生进行"自然探究"，有助于促进学生提高"实践创新"能力，丰富"情意体验"，学会"善待生命"，有利于学生的"社会适应"，在"学会共处""责任担当""问题解决""家国情怀"等方面展现了育人价值。显而易见，"研学旅行"既不是单纯的旅游，也不是纯粹的学习，它是一种探究性学习与

"某育效果"的单一评价标准,最稀缺的是针对"融合效果"、聚焦"融合效果"的"五育"指标,它的建立对于破除现有教育体系存在的五育"分离""难以融合""不够融合"等弊端,具有极其重要的导向意义。没有评价引领的"五育融合",是没有"魂",也没有"帆"的"五育融合"。"五育融合"评价标准及其相应指标的建立前提,是厘清哪些效果是"一育"独立实施也能达成的育人效果,哪些是只有通过"五育融合"才可能达成的育人成效。这一评价标准的建立,首先是国家层面的任务,国家要承担"五育融合"标准制定、"五育融合"质量监测及发布的职能。当前亟须建立"五育融合"的"国家标准"①,为此,需要尽快组建拟定"五育融合"标准的"国家队",加快相关指标的研制。其次,它应以"五育融合"为理念依据,以"五育融合机制"为实施路径,是该理念和机制的"指标化"。最后,它应该是体系化、层次化和结构化的,不仅必然包含已有的"一育指标",更要有"五育融合指标"。与"教育新体系"相应,它应当是体现"五育融合"的"教育新评价体系"。此外,它应该是教育内外系统不同主体共同参与形成、拟定,并共同运用的指标体系。

(四)破解"融合主体"之难

最重要的融合主体是"教师"。如前所述,因为有了"五育融

---

① 中国教科院教育质量标准研究课题组:《教育质量国家标准及其制定》,载《教育研究》,2013(6)。

合","好教师"的素养标准、专业标准及培养方式等，都将有新内涵、新要求和新方式。就教师的专业能力而言，这是当前最需要破解的难题：如何理解并提升教师的"五育融合能力"这一教学新基本功？它应当通过具体渗入教师日常的教学设计、教学过程和教学反思中来实现。在教学设计中，"好教师"善于以"五育融合"的视角和眼光，解读教材，发现教材中蕴藏的"五育融合"的育人价值点，研究学生，读懂学生在"五育融合"上的起点、需要、缺失、困难和障碍，进而转化为体现"五育融合"的教学目标、教学环节和教学方法；在教学过程中，"好教师"善于从学生出发，及时捕捉课堂中出现的"五育融合"资源，充分加以编织、利用和生成，转化为促进学生"五育融合生长"的育人资源；在教学反思中，"好教师"善于以"五育融合"为视角，依据"五育融合"的教学评价指标，对照"五育融合"的教学目标，反思"五育融合"成效，寻找教学过程中的亮点、问题及其症结，提出自我重建的具体建议。就教师培养方式而言，未来的教师培训或研修，应把"五育融合能力"作为开发培训课程、实施培训方案和评价培训实效的核心构成，让教师培训的全过程基于"五育融合"、为了"五育融合"、在"五育融合"中进行，整体形成"融合育师"的新格局和新体系。

(五)破解"融合生态"之难

"生态难题"是最基础，因而也最根本的"五育难题"。"融合生态"的建立，要从社会治理的角度，在教育治理的层面，进行整体设计、整体实施和整体评价。"治理"有着不同层面和视角的内涵，既有"作为一种价值或理念的治理"，也有"作为一种体系或制度的治理"，还有"作为一种工具或方法的治理"。倘若把"五育融合"置于治理的层面推进，在"五育融合"的"价值或理念"已经明确的情况下，最需聚焦于"体系"或"制度"，它最能体现"治理"的特质。相对于政府管理而言，"治理与其最大的不同之处在于，政府不是治理的唯一主体，新主体的介入带来了政府管理体系或制度的变化"①，换言之，"治理"处理的是包括政府部门和非政府部门(如私营部门、第三部门或公民个人)等在内的多元主体的关系，使其成为作用互补的融通关系。如前述所分析的那样，"融合生态"之所以难，难在"复杂"，"复杂"在于构成教育生态的主体极其多元，涉及校长、教师、不同职业身份的家长、政府官员、教育行政部门领导、理论研究者，以及分散在图书馆、科技馆、博物馆和各种校外培训机构的从业者，等等。他们各自理解教育的方式，从事教育的目标、方式和习惯，以及他们背后的利益诉求，不仅多样，而且彼此之间时常存在冲突。不只是通常所见的家长教育价值观与学校校长、教师之间的冲突，即使在学校教育系统内部，校长与教育局局长之间、校长与教师之间，以及校长之间、教师之间的冲突也随处可见。至于教育决策制定者、教育理论研究者和一线教育

① 刘世清：《从管理走向治理：转型期中国教育治理机制研究》，81页，上海，华东师范大学出版社，2019。

实践者三方之间的矛盾冲突，同样"俯拾即是"……如何让这些主体之间的相互作用从"互斥"转为"互补"①，成为构建"五育融合"教育新生态的关键所在。目前来看，行之有效的路径之一，是寻找多元主体及不同教育力量之间的"契合点"。例如，为形成学校教育力、家庭教育力和社区教育力的"融合"，需要寻找到契合点，把原先分离、割裂的三大教育力，通过某个共同的契合点连接在一起。为此，在日本，下午三点后以教为主的"社区托管"，以及在中国，通过"社区巡视"杜绝欺凌、霸凌事件的产生，便是推进三教融合的理想契合点。② 就适应"五育融合"的教育生态而言，这样的"契合点"，来源于大多数"五育主体"普遍存在"价值相似""兴趣相投""利益相关"，具备"最大公约数"的性质。

总体来看，已有诸多探索为后续"五育融合"的推进奠定了根基，但尚有很大发展空间，特别是"评价之难"和"生态之难"的破解，还处在雏形阶段，尚待更多主体的介入，付出更加艰苦的努力，这一实现过程，注定漫长和艰难……

①　褚宏启、贾继娥：《教育治理中的多元主体及其作用互补》，载《教育发展研究》，2014(19)。
②　2019年12月28日在华东师范大学举行的"全国五育融合研究论坛"上，吴遵民在《"五育融合"背景下"三教合力"的新视野》主题发言中对此进行了阐释。

智能时代的生命进化及其教育①

按：本文原刊于 2019 年，文献分析数据截止日期为 2018 年。随着人工智能的迅猛发展，教育学界对这一话题的研究也日渐广泛且深入。为满足读者对这一领域相关研究认识的需要，笔者在此对 2019—2024 年"人工智能"与"教育"相关的研究做了一些补充。以 2019—2024 年为时间区间，以"人工智能""教育"为主题词，发现相关发文量总体呈现上升趋势（图 1）。其中，2019 年发文量为 1994 篇，约为 2018 年发文量 929 篇的 2.1 倍；到了 2023 年，总发文量超过 3000 篇，这与 2022 年 11 月生成式人工智能的出现具有一定的相关性。

从发文量来看，随着人工智能技术的更新与迭代，教育与教育理论都面临着新的机遇与挑战，教育学界必须对此作出回

---

① 本文已见刊于《教育研究》2019 年第 11 期，由李政涛、罗艺合作完成，本次出版略有改动。

应，既变革育人方式，也构建智能时代的教育理论，推进教育实践与教育理论的"智能化"。

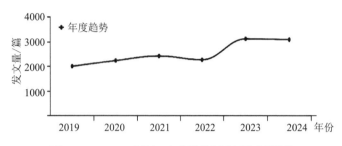

图 1　2019—2024 年"人工智能""教育"主题发文量趋势

具体而言，除了 2018 年以前研究者普遍关注的话题，2019—2024 年关于人工智能时代教育的研究的新变化主要体现在生成式人工智能技术的教育应用、人工智能赋能思想政治教育、人工智能时代的人才培养等方面(图 2)。

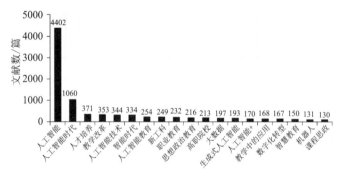

图 2　2019—2024 年"人工智能""教育"文献主题分布

一是生成式人工智能的教育应用。生成式表现出的智能涌现、强认知性、高通用性等卓越能力为教育数字化、智能化发展带来了新机遇和新驱力，将引发未来教育形态的变革和重塑。① 生成式人工智能正在形成以知情共育、双向赋能为特征的"师—生—智"教学模式，有利于发展人智协同的育人新生态②，为实现学生全面发展、推行因材施教的个性化教学以及重塑充满活力的课堂教学创造了更多的需求和可能③。具体来说，生成式人工智能有望成为教师准备教育资源的助手、学生开展自主自学的助手、课堂增强学习互动的助手、课外作业自动批改的助手。④ 同时，生成式人工智能也为促进教育公平、推动教育创新和提升教育质量提供了新路径。⑤

二是人工智能赋能思想政治教育。有学者指出，智能思政是思想政治教育创新发展的新形态。智能思政应从彰显育人价值、浸润育人情境、增强育人效果三个维度明确"可用之器"与"向善之道"的发展定位，实现思想政治教育与人工智能技术的时代融合。⑥ 有学者指出，人工智能赋能思政课教学精准化，

① 刘邦奇、聂小林、王士进等：《生成式人工智能与未来教育形态重塑：技术框架、能力特征及应用趋势》，载《电化教育研究》，2024(1)。

② 刘三女牙、郝晓晗：《生成式人工智能助力教育创新的挑战与进路》，载《清华大学教育研究》，2024(3)。

③ 周玲、王烽：《生成式人工智能的教育启示：让每个人成为他自己》，载《中国电化教育》，2023(5)。

④ 杨晓哲、王晴晴、王若昕：《生成式人工智能的有限能力与教育变革》，载《全球教育展望》，2023(6)。

⑤ 郑永红、王辰飞、张务伟：《生成式人工智能教育应用及其规制》，载《中国电化教育》，2024(5)。

⑥ 胡华：《智能思政：思想政治教育与人工智能的时代融合》，载《思想教育研究》，2022(1)。

教师应运用人工智能多模态分析、人工智能算法、人工智能场景以及人工智能人机协同等为精准画像、精准供给、精准引领以及精准评价赋能。① 还有学者提出了"数字思政",构建以师生为中心的思政教育类人工智能,加强对教师的人工智能素养教育。②

三是人工智能时代的人才培养。黄荣怀认为,人工智能尤其是生成式人工智能的出现,将全面引发教育观的改变,包括众创共享的知识观、智联建构的学习观、融通开放的课程观与人机协同的教学观等,学校应着力提升学生数字素养与技能,鼓励教师积极拥抱智能技术,开展学校人工智能社会实验。③

在高等教育领域,应推进智能技术在本科课堂的应用④,加快人工智能领域一级学科建设⑤,创新育人模式,重构课程体系、转变教学方式和改革评价制度⑥。在职业教育领域,人工智能助力教育模式智能化、人才培养复合化、学习终身化、

① 操菊华:《人工智能赋能思政课教学精准化的理论逻辑与实践图景》,载《思想理论教育导刊》,2022(4)。

② 黄闪闪、林田:《人工智能在数字思政中的主体之争与实践逻辑》,载《华侨大学学报(哲学社会科学版)》,2023(2)。

③ 黄荣怀:《人工智能正加速教育变革:现实挑战与应对举措》,载《中国教育学刊》,2023(6)。

④ 何伟光、唐玉溪:《一流本科教育:迈向人工智能时代的变革》,载《中国电化教育》,2019(3)。

⑤ 张海生:《我国高校人工智能人才培养:问题与策略》,载《高校教育管理》,2020(2)。

⑥ 眭依凡、幸泰杞:《人才培养模式创新:人工智能时代大学的紧迫课题》,载《中国高教研究》,2024(3)。

产教一体化、治理法治化、发展国际化①，助推产教深度融合创新、优化职业教育服务供给、基于职业特性构筑职业教育教学知识、围绕学生主体开展新型职业教育教学实践活动、面向高阶职业能力完善职业教育培养目标②。

综上所述，2019—2024 年相关研究主要聚焦人工智能技术如何在各级各类教育中应用，教育如何回应智能时代的挑战。对于智能时代的生命向何处去、教育如何促进智能时代人的生命发展等教育基本理论问题，仍有待进一步研究。

这是一个极其寥廓的话题，但并非空洞无物，它可能会成为这个时代最重要的话题之一。因为它关乎教育的未来，更关涉人类的未来。人类有太多面向过去的思想家，他们的梦想是用过去指导和引领未来，但是未来世界的逻辑跟过去很不一样。未成世界的逻辑和已成世界的逻辑虽存在不可分割且千丝万缕的联系，但毕竟是两种不同的逻辑。

人类的当下境遇和未来命运，都与面对人工智能③带来的

---

① 武汉大学国家发展战略研究院智库团队人工智能与职业教育转型研究课题组：《人工智能时代职业教育转型的路径选择》，载《教育研究》，2020(6)。

② 王羽菲、和震：《人工智能赋能职业教育：现实样态、内在机理与实践向度》，载《中国远程教育》，2022(5)。

③ 与来自自然进化的人类智能相比，人工智能由人类制造，以机器为主要载体。现阶段人工智能仍以模仿人类智能为主要发展目标。虽然关于人类智能的定义并没有形成统一的标准，但人类的根本特征在于其具有认识世界、改造世界的能力。因此，本文将"人工智能"定义为具有认识世界、改造世界能力的人造机器。

挑战，以及人类必须做出的"转变"或"改变"有关。处在工业时代的柯瓦雷（Alexandre Koyré）针对科学革命带来危机的判断与警语"人在宇宙中失去了他的位置……人失去了那个他生活于其中，并对其进行思考的世界，人要转变和更迭的不仅是他的基本概念和属性，甚至是他的思维框架本身"①，在人工智能时代同样适用。

在人类正经历的大变局过程中，教育何为？正是从这里开始，以此问题为媒介，教育的实践、理论和政策进入对人类未来命运的关注与思考，得以提出并回答这样的问题：面对智能时代人类的困境与希望，教育实践能够做些什么？教育理论，以及教育政策，又能有何作为？

一、文献分析

"人工智能变革教育"的潮流，引发了教育研究领域的"人工智能热"。以"人工智能""教育"为主题词，检索知网期刊数据库，得到年度发文量趋势图（图 3）。自 2016 年以来，相关发文量呈现爆发式增长，2018 年发文量 929 篇，相比于 2016 年的194 篇增长近 4 倍。发文量"爆发式增长"的时间节点，与国际"人工智能变革教育"的潮流相吻合，从中可见人工智能对教育变革的介入与影响。

---

① ［法］亚历山大·柯瓦雷：《从封闭世界到无限宇宙》，张卜天译，2 页，北京，北京大学出版社，2008。

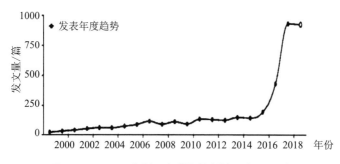

图3 2000—2018年"人工智能""教育"主题发文量趋势

为进一步梳理"人工智能""教育"研究的主题,我们利用知网期刊数据库,聚焦近五年(2014—2019年)的全国中文核心期刊和中文社会科学引文索引(CSSCI)期刊进行统计(图4)。在剔除与主题不符的文献后,选取404篇核心文献,进行主题分布统计、关键词共现网络和标题摘要词频统计,分别绘制成图表。

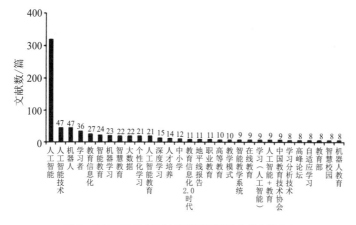

图4 2014—2019年"人工智能""教育"文献主题分布

将统计结果和具有代表性的文献综合后发现，当前有关"人工智能""教育"的研究聚焦于四条路径。

一是聚焦"理念革新"。理念革新层面主要探讨人工智能的社会变革带来的教育的概念、内涵和特征的改变。有学者指出，在未来，智能机器人将人从机械、重复、繁杂的工作中解放出来后，工作和生存将不再是教育的重要需求，教育的意义和价值将朝着机器不可替代人脑的方向发展，"人机一体"将成为新的教育方式。① 这促使教育朝着通向智能教育的方向发展，由"智能技术支持、学习智能技术、促进智能发展"②组成的智慧教育理念，将成为教育发展的新基石。同时，教育科学研究也需要适应人工智能的发展，将"人工智能""教育"问题域划分为"人的学习（人类学习）、人的教育（人类教育）、机器学习（类人学习）和机器教育（类人教育）四类基本研究问题"③。

二是关注"技术革新"。在探索人工智能技术的发展和突破中，人们得出了人工智能技术的发展已经在机器深度学习、强化学习、智能学习算法、视觉识别、智能语言识别和理解上取得较大进步的结论。这些基础技术的突破，为人工智能的教育

---

① 唐汉卫：《人工智能时代教育将如何存在》，载《教育研究》，2018(11)。

② 祝智庭、彭红超、雷云鹤：《智能教育：智慧教育的实践路径》，载《开放教育研究》，2018(4)。

③ 刘凯、胡祥恩、马玉慧等：《中国教育领域人工智能研究论纲——基于通用人工智能视角》，载《开放教育研究》，2018(2)。

应用奠定了坚实的基础，未来还需在类脑计算、量子机器学习、复杂场景的制动力等技术上寻求新的突破。[①]

三是强调"教育应用"。主要探究基于教师、学生和环境中心的教育场景应用。例如，在学校教育中，人工智能在个性化学习、适切服务、学业测评、角色变化、交叉学科五大应用中都具有巨大潜力，并且面临着教育价值、教学体验、安全伦理、有效协同及技术治理五大挑战。[②] 教师角色内涵也将在与人工智能的协同共存中发生改变。[③] 在人工智能学习工具的设计上，需要遵循学习者与教育资源的对称性假设，使"学习者能够在与教育资源（教学内容、学习环境、互动机制和学习过程）的互动中实现知识结构的最优化，同时教育资源也能够在这一互动中得以改进"[④]。

四是试析"教育政策"。主要阐明政策如何促进人工智能与教育的融合。随着人工智能潮流的推进，不同国家和地区都发布了相应的人工智能战略，这些政策文件的解读分析及相关教

---

① 吴飞、阳春华、兰旭光等：《人工智能的回顾与展望》，载《中国科学基金》，2018(3)。
② 刘德建、杜静、姜男等：《人工智能融入学校教育的发展趋势》，载《开放教育研究》，2018(4)。
③ 余胜泉：《人工智能教师的未来角色》，载《开放教育研究》，2018(1)。
④ 刘凯、胡静：《人工智能教育应用理论框架：学习者与教育资源对称性假设——访智能导学系统专家胡祥恩教授》，载《开放教育研究》，2018(6)。

育发展战略,对我国制定相关政策具有重要的参考价值。① 例如,有研究者分别研究了美国、英国、法国、日本、新加坡五个国家的国家级人工智能战略,从政府层面和教育层面对各国的人工智能教育应用政策进行了比较分析,提出了中国人工智能教育应用政策的发展路径。② 还有研究者通过对美国人工智能赋能教育计划从"国家科学技术委员会(NSTC)规划"到"美国国际战略中心(CSIS)规划"的发展历程的分析,提出了我国未来教育人工智能战略制定须重点关注的内容。③ 人工智能与教育融合的研究仍处于起步阶段,各路径研究尚不成熟完善,但逐渐形成了"教育""技术""应用"三个研究重心。通过"人工智能""教育"关键词共现分析可以发现,"信息技术""教育应用""智能教育""学习过程"构成了人工智能与教育融合研究的"焦点"(图5)。

结合已展现的四条研究路径来看,"智能教育""信息技术""教育应用"分别代表了"教育""技术""应用"三个研究重心。"教育"重心的研究是对人工智能时代的到来做出教育理念式的回

---

① 黄荣怀、张慧、尹露雨:《人工智能促教育 2030 议程实现》,载《中国教育报》,2019-05-18;余胜泉:《人工智能+教育蓝皮书》,北京,北京师范大学未来教育高精尖创新中心,2018。

② 段世飞、龚国钦:《国际比较视野下的人工智能教育应用政策》,载《现代教育技术》,2019(3)。

③ 蒋鑫、洪明:《从"NSTC 规划"到"CSIS 规划":美国人工智能赋能教育的颠覆与创新》,载《中国远程教育》,2019(7)。

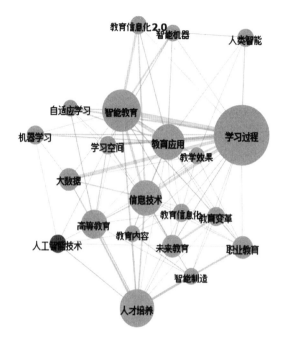

图5 "人工智能""教育"关键词共现分析

应，"技术"重心的研究专注于专业技术基础突破，而"应用"重心的研究则将教育理念与应用场景的技术设计深度融合，扎根于教育变革实践。

整体而言，人工智能"教育"的研究与实践处于日渐繁盛、方兴未艾的状态。[①] 在诸种热闹喧哗的背后，却隐藏着一种重

① 刘凯、胡祥恩、马玉慧等：《中国教育领域人工智能研究论纲——基于通用人工智能视角》，载《开放教育研究》，2018(2)；张坤颖、张家年：《人工智能教育应用与研究中的新区、误区、盲区与禁区》，载《远程教育杂志》，2017(5)。

大缺憾或缺失：已有教育学领域对于人工智能的研究视野，大多限于现实性、功用性层面，被定位在工具论的框架和视野之下。表1显示了核心文献中标题及摘要的词频统计情况，相关文献对"技术""学习""发展""应用""数据""分析""信息""系统"等概念的关注，表达出诸多研究从技术功用层面介入教育的共性。无论是相关文献的主题、关键词共现，还是词频统计，有关技术和教学应用场景词汇的密集出现，都展示出探究人工智能的习惯性视野：把人工智能看成人的延伸，视为一种新媒介，关注其是否对职业发展、事业前途、日常生活有重大影响，能否借助它的智能达成自身目标。

表1　核心文献的标题及摘要词频统计表（节选前 20 位）

排序	关键词	计数	加权百分比/%	排序	关键词	计数	加权百分比/%
1	教育	3077	4.59	11	创新	348	0.52
2	人工智能	1600	2.39	12	智慧	316	0.47
3	技术	1182	1.76	13	数据	315	0.47
4	学习	1055	1.58	14	大学	301	0.45
5	发展	755	1.13	15	分析	292	0.44
6	研究	659	0.98	16	信息	289	0.43
7	智能	583	0.87	17	培养	272	0.41
8	教学	541	0.81	18	中国	264	0.39
9	时代	456	0.68	19	学院	264	0.39
10	应用	448	0.67	20	系统	253	0.38

也有部分学者关注人工智能对学习者、教师角色的影响与改变，例如，"以学习者为中心，以目标、过程和评价为导向"①重建个性化学习，以"学生成长数据的分析者、价值信仰的引领者、个性化学习的指导者、社会学习的陪伴者以及心理与情感发展的呵护者"②作为角色定位。又如，对教师角色的探讨③也是热点之一。但是，这些思考仅将学生和教师置于教学语境之中进行考量，淡化了对学生和教师作为"人"的重建，毕竟，对教师的职业"角色"的认知，无法替代对"人"本身的探究。

二、回到原点：在智能时代重新认识人

(一)人工智能时代，作为"人"意味着什么

当前最稀缺的思考，是本体论意义上的思考，即回到原点的思考。有研究罕见地从"认识发生及其与自然、历史、文化、语言、社会生活诸方面的终极探究"的层面，深度触及"人工智能+教育"的问题④，但这些方面依然不是"原点"层面的思考，真正的原点是"人"。"人"既是教育的原点，也是"人工智能"的

①　牟智佳：《"人工智能+"时代的个性化学习理论重思与开解》，载《远程教育杂志》，2017(3)。
②　范国睿：《智能时代的教师角色》，载《教育发展研究》，2018(10)。
③　李政涛：《当教师遇上人工智能……》，载《人民教育》，2017(Z3)。
④　宁虹、赖力敏：《"人工智能+教育"：居间的构成性存在》，载《教育研究》，2019(6)。

原点。赫拉利（Yuval Noah Harari）的警语不无道理：不要救职业，要救人。① 即使我们试图建立人工智能与"教师"或"学生"的关联，也依然是在"职业""身份""角色"，而不是在"人本身"的层面探究。在此，我们需要解决的核心问题，将从"人工智能与教育"，返回到"人工智能与人"，进而追问：人工智能时代，作为"人"究竟意味着什么？人工智能的出现和演进，如何改变了身为"人"的内涵和意义？我们希望它意味着什么，期望它朝哪个方向转变？我们如何通过教育，把这个时代的人变成自己想要的样子，引领人朝着期冀的理想方向改变？

上述问题都与人类"认识自我"的特性有关。"认识自我"不只是"哲学探究的最高目标"②，也是所有人文学科以及不同时代教育学共有的基本目标。对"人"的理解，不能脱离时代，人永远是"时代中的人"，时代特性对人的限定、塑造、改变和影响是无法规避的。返回"人的世界"之后，还需再将"人"推入所处的"时代"，通过认识这个时代，来理解把握时代中的人。

德国教育人类学家伍尔夫（Christoph Wulf）在名为《"人类世"背景下的人类学》的演讲中，以"人类世"（Anthropocene）为

<hr />

① ［以色列］尤瓦尔·赫拉利：《今日简史——人类命运大议题》，林俊宏译，294 页，北京，中信出版社，2018。
② ［德］恩斯特·卡西尔：《人论》，甘阳译，3 页，上海，上海译文出版社，1985。

核心概念，阐明了对今日时代特性的理解。"人类世"原为地质学家的发现，是指人类的工业化活动改变了地质构造，对环境的作用已经等同甚至超越自然自身的规律性运动。人成为自然的主宰，环境已不复为纯粹的自然，人类的生存空间变得脆弱、易受伤害。这要求处于 21 世纪的我们，时刻反思自身的活动，重新确立人与环境、与周围世界的关系。人类学在本质上要不断追问"人是什么""身处 21 世纪的我们又是谁"等核心问题。

伍尔夫所说的"人类世"，是在人（类）—世（界）或人—境关系的意义上而言的。"世"与"境"都是宏大概念，如果具体落到今日之时代，与过往所有世代环境最大的不同，在于"智能"的降临，人类已经从农业时代、工业时代、信息时代进入"智能时代"，即"智能世"，它是由"人工智能"这一新型的智能机器创造的新世代：机器从未如此像人，人类也从未如此依赖机器，人与机器的深度融合已成必然趋势。机器构成了当代人类生存的基本环境或生境，以"人机世"为名的新时代已经来临。人类理解自身的参照系和比较对象，已经从以动物、植物等有机物为参照系和以"神"为参照系，变为以机器为参照系，在"人机关系"中认识人。这一新型关系带给人类的首先不是机遇，而是危机。如同卡西尔（Ernst Cassirer）所言，每隔一段时间，都会出现"人类自我认识的危机"①，诸多教育焦虑的背后②，其实都是对"人的焦虑"。

危机和焦虑产生的根源，是"人的改变"：最根本的改变是"人的自我价值"。物理学家泰格马克（Max Tegmark）曾经追问："哪些备受珍视的自我价值决定了我们与其他生命形态和机器是截然不同的？在我们身上，哪些备受珍视的价值让我们获得了工作机会？"他相信，"无论我们作何回答，这些答案一定会随着技术的进步而逐渐发生改变"③。

（二）人工智能如何改变了人及其价值

泰格马克认为，人工智能通过改变生命进化的方式，改变了生命本身。他对"生命"的理解，是一个能保持自身复杂性，并进行复制的过程。这样的"生命"先后经历了三个发展阶段。④第一个阶段（生命 1.0）是生物阶段，靠进化获得硬件和软件。宇宙中自然进化的生命，是一个自然的、没有经过干预的、没有经过雕琢的生命演化进程。第二阶段（生命 2.0）是文化阶段，

① ［德］恩斯特·卡西尔：《人论》，甘阳译，3 页，上海，上海译文出版社，1985。

② 吴冠军：《后人类状况与中国教育实践：教育终结抑或终身教育？——人工智能时代的教育哲学思考》，载《华东师范大学学报（教育科学版）》，2019(1)；陈仁、杨兆山、李颖辉：《重申人的自由——"后启蒙"时代的现代性与教育理想》，载《基础教育》，2018(2)。

③ ［美］迈克斯·泰格马克：《生命 3.0——人工智能时代人类的进化与重生》，汪婕舒译，110 页，杭州，浙江教育出版社，2018。

④ ［美］迈克斯·泰格马克：《生命 3.0——人工智能时代人类的进化与重生》，汪婕舒译，62 页，杭州，浙江教育出版社，2018。

靠进化获得硬件，但大部分软件是通过学习自己设计的。这是一个人的文化构造与人的进化交织在一起的进程。第三阶段（生命 3.0）是科技阶段，自己设计硬件和软件，主宰自我的命运。这是人工智能所引发的正在发生的事情，"硬件系统"发生了变化，技术对生命的进化进行了干预。人有了"介入"生命演化的可能性。

泰格马克发现，经历了 138 亿年的漫漫进化之后，宇宙生命前进的步伐在地球上开始猛然加速：生命 1.0 出现在约 40 亿年之前，生命 2.0 出现在约 10 万年前。随着人工智能的发展，生命 3.0 可能会在一个世纪以内降临，甚至可能会出现在我们的有生之年。一旦 3.0 版的生命，无论是硬件（物理结构），还是软件（行为和算法），都能被人工智能所设计和改变，人的生命将变得面目全非……此时，我们还算是人类吗？身为"人类"的内涵与意义是否也会随之发生重大改变？对于这些问题，需要置于"人机关系"的背景下思考和解决。

由于人的硬件和软件都被人工智能所改变和重塑，人与机器的融合日渐加深。存在两种融合方式。一是硬件融合。库兹韦尔（Ray Kurzweil）在《奇点临近》中预言，纳米机器人和智能生物反馈系统等技术不仅会取代人类的消化系统、内分泌系统、血液和心脏等，而且会对我们的骨骼、皮肤、大脑以及其他器官进行升级。人类的肉身将被改造、加强，拥有明显的机械化身体。他甚至猜测，未来人体的审美体验和情感输入，也会被重新设计，以便在现实世界和虚拟现实（使用新型的脑机接口）中随意改变外观。① 一旦"人体"可以达到"随意改变"，包括随意改变基因的地步，人类的进化在摆脱了生物和自然的限制的同时，又会被技术和机器所限定和束缚。二是软件融合。基本方式是"智能上传"。莫拉维克（Hans Moravec）认为，"如果我们能完全消除肉体的限制，选择上传思想，在软件中创造出全脑模拟，那我们会做得更好。这种上传者可以生活在虚拟现实中，也可以附身在能走、能飞、能游泳、能在外太空旅行、能在物理定律允许范围内做任何事情的机器人身上，而不用受到死亡或有限的认知资源等世俗担忧的影响"②。这种软件融合通过"双向上传"的方式实现。一方面，人类智能上传人工智能。人类将来自大脑的思想、观念等软件信息上传给机器，让它学会模拟人脑运作，像人脑那样思考。另一方面，人工智能上传人类智能。逐渐升级且具有深度学习能力的人工智能，也开始设计和创造出自己的软件，它们常常是比人脑更强大的软件，进而反传给人类智能使用。未来有可能将迎来这样的时代：从机器模仿人脑，走向人脑模仿机器。

从硬件融合到软件融合，既可能带来浅度融合，如当下人

---

① ［美］迈克斯·泰格马克：《生命3.0——人工智能时代人类的进化与重生》，汪婕舒译，207页，杭州，浙江教育出版社，2018。

② ［美］迈克斯·泰格马克：《生命3.0——人工智能时代人类的进化与重生》，汪婕舒译，207页，杭州，浙江教育出版社，2018。

类与电脑、手机黏在了一起，也可能带来深度融合，诸如价值观的融合、目标的融合，甚至是需要的融合等。深度融合带来的结果是，人类与机器的界限越来越模糊，人与机器之间已经不存在绝对的分界。在这一背景下，在机器面前，"人"的定义也开始模糊起来，人对机器的控制或统治地位摇摇欲坠……马尔库塞曾经预言："机器在物质上的（仅仅是物质上的?）威力超过个人的以及任何特定群体的体力这一无情的事实，使得机器成为任何以机器生产程序为基本结构的社会的最有效的政治工具……机器的能力实质上是人的能力的积累和表现。工作世界在什么程度上被理解为一架机器并依此而被加以机械化，它就在什么程度上成为人的新的自由的潜在基础。"①马尔库塞仍然低估了机器的力量，它的威力绝不仅仅是"物质上的"，也不只是"政治工具"，甚至已不再是"工具性"的存在，它触及人之为人的根本，让"人是谁"这个千古之问在智能时代遭遇到了新的挑战，人的根基、人的自我同一性等问题，都开始摇荡不已。

机器原本只是"人的创造物"，但这个创造物反过来开始改造人本身。如果"手推磨产生的是封建主的社会，蒸汽磨产生的是工业资本家的社会"②，那么，人工智能产生的社会，是谁为首的社会？无论是封建主，还是工业资本家，都还是人，未来

① ［美］赫伯特·马尔库塞：《单向度的人——发达工业社会意识形态研究》，刘继译，5 页，上海，上海译文出版社，1989。

② 《马克思恩格斯选集》第 1 卷，222 页，北京，人民出版社，2012。

社会不再是，至少不再只是以人为首的社会。一个"人机共首"，甚至"机器为首"的社会正在到来。在这一点上，马尔库塞是对的，"当技术成为物质生产的普遍形式时，它就制约着整个文化；它设计出一种历史总体——一个'世界'"①。这个世界，是人机共处的世界，更是两大智能——"人类智能"与"人工智能"——共处的世界。②

对人与机器分界点的讨论，目的不是非要对人与机器的界限得出明确结论，更不是去深入探究"机器有没有可能最终变为人"。这些目前都难有确定无疑的结论。本文的目标，是通过对人机关系的思考，把视线拉回到人本身，在"人机世"时代审视人类的"机器处境"。"人到底是一种什么样的机器？就算你觉得未来太遥远，只要你关心人，这些问题就会让你寝食难安。"③通过重新理解人的生命，重建今日和未来的教育，为新的教育变革做好充分的思想准备。

(三)人机深度融合带来了什么

一是带来了对人的生命意义的时代追问。在越来越像人且

---

① ［美］赫伯特·马尔库塞：《单向度的人——发达工业社会意识形态研究》，刘继译，138 页，上海，上海译文出版社，1989。

② 伏彩瑞、关新、朱华勇等：《"人工智能与未来教育"笔谈(下)》，载《华东师范大学学报(教育科学版)》，2017(5)。

③ 万维钢：《如何正确地关心人类命运》，见［美］迈克斯·泰格马克：《生命3.0——人工智能时代人类的进化与重生》，汪婕舒译，推荐序一，ⅩⅢ页，杭州，浙江教育出版社，2018。

越来越强大的机器面前，生命的意义在哪里？这是由机器引发的生命意义的追问。内格尔（Thomas Nagel）曾有这样的探问：机器是否能够探讨有关人生的目的、意义和价值的根本问题？这些问题都与人的生活相关，都是只有人——这种具备意识能力和自我超越能力的生物——才会提出并思考的问题：如何理解人生以及如何度过人生？① 此时不是与机器比高低、量长短——似乎只要讨论人生的意义，就拥有了对机器的优越感，这不是重点所在——我们关心的是，"人工智能"这类机器的崛起，除了侵蚀人类的自我价值与就业价值，更可能侵蚀人的生命价值，导致自我同一性、个人同一性的丧失。② 如果生命存在价值就此发生崩塌，教育的根基也将随之塌陷。如何在智能时代重新认识人生的意义，守护生命的价值？这一由机器崛起带来的问题，是我们时代的重大命题。

二是带来了"人—机对话"地位的提升。机器构成了当代人类生存的基本环境，已经与人不可分割，融入人的生存方式。"人—机对话"取代"人—人对话"，日益成为我们这个时代最重要的对话，而且进入教育对话的核心领域。此后，教育中的对话，已不再只是师生、生生之间的"人—人对话"，而是"人—

---

① ［美］托马斯·内格尔：《人的问题》，万以译，157页，上海，上海译文出版社，2000。

② ［英］德里克·帕菲特：《理与人》，王新生译，305页，上海，上海译文出版社，2005。

机—人"的对话，并由此构成了当代教育的基本语境。它势必引发有关"对话理论""教育领域中的对话理论与实践"的再思考与再建构。布伯(Martin Buber)对话哲学中的关键概念"我与它""我与他""我与你"，以及蕴含其中的判定"它""他""你"的标准，也将在机器越来越成为"对话主体"的背景下被重新衡量和确定。

当"人—机对话"真实且日常地出现在教育场域里，如同人类的素食者尊重动物的生命一样，我们如何看待机器、理解机器，进而尊重机器？尊重生命的理念，是否需要延伸到尊重机器？尊重是对话的前提，只有真正地尊重，才会有真正的对话。所有的理解和尊重都包含着谦卑，我们因此是否可以说，人类已经到了需要在机器面前保持谦卑的时代了？未来的教育，除了让学生拥有对自然的敬畏，是否还应该有对机器、对人工智能的敬畏？

对话的发生，出自对话双方的需要。人类对机器的需要及依赖度，显而易见，且不断增长，机器是否有对人类的需要？如果有，那是什么样的需要？例如，自我优化的需要、迭代式自我改进的需要、自我反思的需要……当作为机器的人工智能，拥有了"自我意识"，能够改造自身意识系统，创造新规则，建立属于自己的秩序，学会自我反思，成为自己的主人①，人类教育如何满足它的"自我需要"？

---

① 赵汀阳：《人工智能的自我意识何以可能?》，载《自然辩证法通讯》，2019 (1)。

三是带来了人机进行"主体间合作"的可能性。在人工智能日益强大导致人类的唯一主体性地位动摇的过程中，机器随着自主深度学习能力的提升，逐渐脱离人类智能的控制，最终也可能因为具有自我意识，拥有主体性，成为"智能主体"，与"人类主体"平起平坐……如何让两大智能共存、共生而且共长，而不是在相互对立中变成非此即彼，甚至你死我活的关系？关键在于，什么是联结二者的纽带？首要的纽带是"目标"。泰格马克将智能定义为"完成复杂目标的能力"①，主张人类需重新定义人工智能的目标：创造目标有益的智能，而不是漫无目标的智能②。但如果人工智能摆脱了人类的控制，自主设定和创造目标，就需要创造一种机制，让人机共同确立"有益的目标"，如"教育目标"。在目标一致的前提下，人类智能与人工智能共同运用逻辑能力、理解能力、计划能力、情感知识、自我意识、创造力、解决问题的能力和学习能力等，通过教师与人工智能的人机合作来实现共同的教育目标。如此一来，二者就从竞争关系变成了合作关系。当然，这是一个异常复杂的过程，不仅存在技术层面的复杂，而且涉及"何谓有益""对谁有益""如何有益"等一系列复杂问题。这条合作之路，注定异常艰辛漫长。

---

　　① ［美］迈克斯·泰格马克：《生命3.0——人工智能时代人类的进化与重生》，汪婕舒译，67页，杭州，浙江教育出版社，2018。

　　② ［美］迈克斯·泰格马克：《生命3.0——人工智能时代人类的进化与重生》，汪婕舒译，46页，杭州，浙江教育出版社，2018。

四是带来了出自机器世界的看待人类的眼光。随着人工智能"主体性"的提升，世界上或许存在两种审视世界和人的生命的眼光，一是人类之眼，二是人工智能之眼。人类眼里的人，人工智能眼里的人，有何不同？目前来看，人工智能眼中的人类，依旧还是人类眼中的人类，但不久的将来，一旦人工智能拥有"自我意识"，确立了属于自己的规则与秩序，它眼中的人类势必将与人类眼中的人类区隔开来。那么，教育怎么办？

　　五是带来了加速提升人的能力的需要。人工智能通过计算智能、感知智能和认知智能等的迭代式发展，在许多方面赶超甚至超越了人类智能。哪怕是"艺术创作"这类过去独属于人类的专能，人工智能也在迎头赶上。以第五代"微软小冰"为例，人工智能可以通过"深度学习"模仿人的神经网络来习得人类的部分创作思维，本雅明（Walter Benjamin）所谓"机械复制时代的灵韵消散"，得以在智能时代返现。在机器与诗人的竞赛实验中，即使是专业的文学研究者、评论家，也很难将机器所创作的诗轻易辨别出来。这说明，人工智能达到了能够表达情感及艺术的境界，这已经属于非对象化的意义构造、意义感知，有持续发展的极大潜力。人类创造的机器，从"机器复制"步入了"机械原创"，成为文化生产的"主体"，或"创造主体"。打破了"只有人才有思想，机器没有思想"这一成见之后，"没有'情感'的冰冷机器所生产的'艺术品'，无法触动人的审美情感并引发心理审美反应，因此不具备欣赏价值"①的成见也随之被改变：机器创作的"艺术品"也能与人类进行审美互动，打动人的心灵，成为新的社会时髦，甚至超过一些人类作家。面对这一情势和这一类型的机器人，"我们需要强化其自主学习能力，并且让其学习真正伟大的艺术作品；只有这样，机器才会进一步创作出优秀、动人的作品。而这种情况恰恰可以反过来刺激人类反省自己的艺术作品，反思何种作品才算是真正的精品"②。但我们认为，更应强化人类的自主学习能力，刺激人类反省自身的限度，使人类不断提升自己的能力值，进入"机器强则人类强，人类强则机器强"的良性循环。

三、面对进化与重生的人类，教育实践何为

智能时代的教育实践，致力于回答的核心问题是：有和没有人工智能，人类教育有何不同？已有的研究与实践大多是对这一问题在不同维度上的回答。如前所述，这些研究普遍存在两个缺失：一是缺少"回到原点的思考"，这里的原点既包括对"人的生命"时代特性及其特殊问题的理解，也包括对"教育"的本质、意义、目标和内容的理解；二是缺少在人类智能与人工

---

① 刘方喜：《从"机械复制"到"机械原创"：人工智能引发文化生产革命》，载《中国社会科学报》，2019-04-22。
② 蔡恒进、张祥龙、黄裕生：《人工智能时代的理性、道德与信仰》，载《南国学术》，2018(3)。

智能关系的意义上对人及其教育的探究。

前文之所以对人工智能带来的生命进化"大费周章"，用意正在于此：在回到"人"这一原点的同时，把未来教育置于两大智能关系的维度上重新思考，以应对人工智能带来的危机与挑战。由此生成的核心问题是：在智能时代，面对进化与重生的人类，教育何为？与前智能时代的人类样态及其教育相比，当下和未来的教育发展方向和要解决的问题是什么？"生命"一旦被重新定义，教育就同样会被重新定义，至少会得以重新思考。"生命边界"的突破，带来了何种教育边界的突破，从而建立新的只属于智能时代的教育世界？人类生命被改写，教育将随之被改写，人类教育的历史也将被重新书写。

在此，一个前所未有的重大问题豁然浮现：什么是生命3.0阶段需要的教育实践？在此生命进化的新阶段，诸如"教育实践的意义""教育实践的目标""教育实践与社会的关系""教育实践中的师生关系"等教育实践中的前提性问题、基本问题和重大问题，都会在"人机世"背景下的智能时代和生命3.0阶段得以重审与改变。只有通过对这些教育实践中的核心问题的重新思考与回答，我们才可能真正明了人工智能究竟为人类教育带来了什么，以及未来教育变革与发展的方向和思路。只有对这些教育实践中具有前提意义的问题重新加以思考，我们才能为更加具体、具有操作性的教育实践策略与方法确立变革的合理方向，避免南辕北辙，适得其反。

(一)重新审视"教育实践的意义"

在智能时代,理解教育意义的参照系,将从"不同类型生物"的比较,转变为"不同生命阶段"的比较。"教育的意义"随之被置于人类生命进化的背景下得以重审,获得阶段性的重新认知。以往对"教育的意义"的认知,来自人与动物的比较,认为只有"人"才具有教育的可能,教育只对人有意义,如今,还来自对不同生命进化阶段的比较。由这种比较而来的对教育意义的新理解、新认知,涉及"学习方式"在不同生命阶段的改变。教育的可能性来自学习的可能性。学习的历史至少与生命的历史一样漫长,所有自我复制的生物都展现出了两种能力,即通过某种学习获得的信息复制能力和信息处理能力。但在不同的生命进化年代,学习过程与学习方式有明显差异。泰格马克的研究发现,在生命 1.0 阶段,生物并不是从个体一生的经验中学习的,因为它们处理信息和做出反应的规则是由天生的 DNA 决定的,唯一的学习过程只会发生在物种层面,通过进化代代相传。10 亿年前,地球上的一个基因系(gene line)发现了一种方法,能让动物产生神经网络,让它们能从自己一生的经验中学习。于是,生命 2.0 降临了。由于生命 2.0 学习的速度加快了许多,在竞争中占有优势,因而像野火一样席卷全球。生命通过学习变得越来越好,进步速度也越来越快。但是人工智能产生的"机器学习"改变了这一切,其生发的深度学习系统和"深度强化学习"(deep reinforcement learning)的技术能力,使机器学习能力在诸多认知任务上逐步超过人类，生命进化开始向3.0阶段迈进。到了这一阶段，当"人工智能的学习能力开始超越人脑"的时候，教育怎么办？

在传统教育思想体系里，教育的意义在于成己成人，核心要义是"改变"。按照泰格马克的生命进化观，这一经典观念是建立在生命1.0和生命2.0阶段之上的。教育所面对的人的生命，是一个自然进化，没有经过干预、雕琢的生命1.0。进入生命2.0之后，人的文化构造与生命的进化产生了交织，作为一种文化的"教育"开始发挥对生命的构造作用。进入生命3.0之后，人创造的技术对生命进化进行干预，导致"硬件系统"发生变化，产生了"介入"生命演化的可能性，这是一个重大变化："如果泰格马克谈到的生命2.0是人在生命演化过程中的一种'卷入'，生命3.0就是'介入'。'卷入'的意思是，我们是通过文化符号间接地把彼此裹挟到了一种共生进化的文化浪潮之中，但生命3.0是'介入'，甚至是'嵌入'，意味着人工智能、基因编辑以及人工合成生命这些技术已经极大地改变了生命演化的自然进程。"①这种"介入"或"嵌入"的出现，可能会引发人类历史的重启，新时代的人类历史就此开始……在此过程中，教育何为？

---

① 段永朝：《柏拉图主义与新柏拉图主义》，见［美］迈克斯·泰格马克：《生命3.0——人工智能时代人类的进化与重生》，汪婕舒译，推荐序二，XⅣ页，杭州，浙江教育出版社，2018。

在生命 2.0 阶段，教育既是"卷入"，也是"介入"，但更多指向人类的精神生命，即"软件系统"。对于"硬件系统"的改变基本上"无能为力"，只能"遵循自然规律"，"顺其自然"。如今，人类的自然生命进化的"自然过程"被人为改变，"硬件系统"的被设计和被改造（从器官、血液到基因），会连带"软件系统"的变化，同时，人体的精神生活方式，包括审美体验、情感输入与输出的内容及方式等都会随之发生改变。这种改变的性质不是自然而然，而是被技术"人为设计"出来的，包括如前所述的"上传"设计：人类智能上传人工智能，让电脑模拟人脑，同时，人工智能反向传递上传给人类智能，使人脑的学习能力借助技术的力量升级换代，变成实质上的人脑模拟电脑。如果人的知识与能力、智商与情商可以通过纯技术介入、嵌入或纯输入的方式来获得和改变，人类还需要教育吗？至少有一点可以肯定：人工智能深度介入人的生命进化之后，将会替代教育的部分功能，如知识传递、信息存储的功能。"即便我们人类 DNA 中存储的信息在过去 5 万年都没有发生过什么大变化，但存储在我们大脑、书籍和计算机中的信息总量却仿佛发生了爆炸。通过安装一个允许我们用复杂的口语进行交流的软件模块，我们便可以将某人大脑中存储的最有用的信息复制到另一个大脑中，这些信息甚至在最初那个大脑死去之后，还可能继续存在。通过安装一个能让我们读写的软件，我们就能够存储和分享远超人类记忆总量的大量知识。通过学习科学和工程学知识，我们可以开发出能产生科技的大脑'软件'，任何人只需点击几次鼠标就能获得全世界的大部分知识。"①倘若如此，人类已有的知识体系、课程体系和教学体系都将面临重大挑战：只需让机器依据人的普遍需要与个性化需要，选择和编制最有价值的知识结构，然后通过技术传输的方式进入大脑即可，那么，我们还需要教学吗？

这是一个无法回避的重大问题：进入生命 3.0 时代的教育，在技术深度介入之后，教育教学对生命成长与发展的"作为"何在？哪些"作为"会被技术"介入"掉，哪些"旧作为"依然持存？又有哪些"新作为"涌现？

无论是何种"作为"，如何将生命的价值以及对生命价值的挖掘、提升最大化，是教育始终不变的价值。关键是，"如果我们能深谋远虑地改进技术并计划周全地避免陷阱，便可以通过重组物质、能量和信息将生命最大化"②。教育参与"深谋远虑地改进技术"的进程中，影响技术变革的方向，进而介入生命中的物质、能量和信息的重组，将成为智能时代教育的新价值和新功能，并拓展传统教育的意义边界：从对人类智能的意义，延伸到对人工智能的意义。

---

① ［美］迈克斯·泰格马克：《生命 3.0——人工智能时代人类的进化与重生》，汪婕舒译，36 页，杭州，浙江教育出版社，2018。

② 余晨：《重新定义生命》，见［美］迈克斯·泰格马克：《生命 3.0——人工智能时代人类的进化与重生》，汪婕舒译，推荐序二，Ⅷ 页，杭州，浙江教育出版社，2018。

(二)重新厘定"教育实践的目标"

智能时代的教育目标,将在"人类智能"与"人工智能"的关系意义上重新确立。以时下流行的"核心素养"为例,以往的核心素养,无论是基本理念,还是核心框架,都主要限定在"就人谈人"的传统范式之中,没有在两大智能关系的意义上思考并回答"智能时代,需要培养什么样的人",以及"什么是只有智能时代和生命3.0阶段才需要的核心素养与关键能力"。

这些问题的提出表明,人工智能提供了一种衡量人类智能的新的参照系。人工智能的现有水平被分成"没有用处、低于人类水平、人类水平、超过人类、远超人类"五个等级,进而形成了人工智能可以胜出人类的任务图。① 当今人工智能的能力总是比较"狭窄",每个系统只能达成非常特定的目标。与之相比,人类智能宽广得多,一个健康的儿童能学会做任何事情,在所有事情上都做得比人工智能更好。但未来形势会发生变化,从莫拉维克勾勒的以人工智能作为参照系的人类素养结构图或人类能力地形图来看,"如果用地形来比拟人类的能力,就可以画出一幅'人类能力地形图',其中低地代表着'算数'和'死记硬背',丘陵代表着'定理证明'和'下象棋',高耸的山峦代表着'运动'、'手眼协调'和'社交互动'。不断进步的计算机性能就

---

① [美]迈克斯·泰格马克:《生命3.0——人工智能时代人类的进化与重生》,汪婕舒译,69页,杭州,浙江教育出版社,2018。

好像水平面，正在逐步上升，淹没整个陆地。半个世纪以前，它开始淹没低地，将人类计算员和档案员逐出了历史舞台。不过，大部分地方还是'干燥如初'。现在，这场洪水开始淹没丘陵，我们的前线正在逐步向后撤退。虽然我们在山顶上感到很安全，但以目前的速度来看，再过半个世纪，山顶也会被淹没"[①]。他相信，随着海平面持续上升，它可能会在某一天到达一个临界点，从而触发翻天覆地的变化。在这个临界点，机器开始具备自主设计人工智能的能力。在这个临界点之前，"海平面"的上升速度比人类改进机器的速度要快得多，所有"陆地"很快都会被淹没在水下。这就是奇点理论的思想。一旦这一奇点来临，教育将会怎么办？教育目标该如何调整和改变？

第一，专门增设与"人工智能"直接相关的关键能力。联合国教科文组织发布的《教育中的人工智能：可持续发展的挑战与机遇》报告提出了"人工智能能力"，它不是"信息时代"所要求的信息和通信技术能力，而是在"智能时代"所需要的创造和解码数字技术的新技能，核心是使用计算方法和技术识别来解决问题。与此相关，"计算思维"的重要价值愈加凸显，它被称为人工智能时代的关键能力之一：以使用计算机和其他工具帮助解决问题的方式制定规划；合理组织和分析数据；通过模型和模拟等展示数据；通过算法思维实现解决方案自动化；确定、分

---

① ［美］迈克斯·泰格马克：《生命3.0——人工智能时代人类的进化与重生》，汪婕舒译，71页，杭州，浙江教育出版社，2018。

析和实施可能的解决方案，以实现最有效的过程和资源组合；将问题解决过程概括并转化为各种各样的问题等。许多国家已开始将计算思维纳入各自的教育课程。[①]

第二，将不可被人工智能替代的素养与能力作为核心目标。其思考逻辑是，在人工智能通过计算智能、感知智能、认知智能的日益完善，不断超越或替代人类智能的情况下，哪些是人工智能无法取代，永远与人类生命同行同在的素养与能力，今日和未来的教育就将其作为教育目标。例如，人类艺术素养中的情感体验、审美体验、想象体验和无处不在的创造体验，哲学素养中的自我反思能力、价值选择与判断能力等。这些能力中蕴含着"动机"（机器可能不会产生）、"想象"（敢想而不自我设限）、"表达"（基于精准表达想法）、"创造"（能够将想法实现）等，更蕴藏着好奇、进取和人文素养等人之所以为人的特质。

第三，对"硬件"的介入、影响和改变成为"教育目标"的一部分。在生命 2.0 阶段，教育对人的生命的改变，主要是通过知识、能力和素养等"文化软件"来实现的。进入生命 3.0 阶段的人类，技术可以介入改变人的"硬件"，人机关系上的"硬件融合度"以及"软—硬件融合度"逐渐提升。在此背景下，教育需要对受教育者生命"硬件"的设计、改变和融合有所作为，通过制

---

① 周红霞：《联合国教科文组织日前发布报告〈教育中的人工智能：可持续发展的挑战与机遇〉，提出教育领域人工智能发展公共政策调整的具体建议——让人工智能更加智能》，载《中国教育报》，2019-05-10。

定合理目标或标准的方式，参与和介入其中。其中的核心问题是，什么样的"硬件"改造有利于推动智能时代的生命成长？何种"硬件"与"软件"的协同配合，最有助于人的生命成长？

第四，纳入终身学习的视野与范围。赫拉利认为，智能时代的来临，打破了传统的对人生阶段的两重划分，先是"学习期"，随后是"工作期"。这种模式很快就会彻底过时，想要不被淘汰只有一条路：一辈子不断学习，不断打造全新的自己。①他指出，在已经有了如此有智慧的计算机程序的情况下，"我"为什么还需要学习热力学或几何学？无非是因为，所有的学习，都是通向"终身学习"的基本台阶和必要步骤。人类只有不停止终身学习的步伐，才能保持生命的活力，从而在与人工智能、与机器的博弈中占据积极主动的位置。

第五，整体勾勒智能时代的人的新的理想图景。这是智能时代的"理想新人"，它是对已有核心素养和关键能力的整合式表达。例如，培养具有计算思维的人，培养保有好奇心、进取心、人文素养的人，培养具有终身学习的意识、能力和习惯的人等。此外，在两大智能关系的新背景下，这样的人，还应该是"能够控制机器，而不是被机器控制的人"。它表明，"学会使用和控制机器"，也是"学会学习"和"学会生存"的必要组成部分。这样的人，能够自主、充分地使用机器所赋予生命的新力

①　[以色列]尤瓦尔·赫拉利：《未来简史》，林俊宏译，296 页，北京，中信出版社，2017。

量。这种"新力量"有两种可能：要么让生命实现空前兴盛，在愈加强大中实现自我新生，要么让生命成为技术和机器的奴隶，走向自我毁灭。智能时代的理想新人，必定是前者：能够主动掌控机器和技术，把有形的物质化技术能量转化为生命成长的正能量和内生力，能够在智能的无形之物、机器的有形之物和自身的生命成长之间建立起有机关联、多向转化的共生关系。在根本上，智能时代的理想新人，是能够充分认识机器与自我、技术与自我的关系，主动建构理想的新型人机关系，赋予这种关系以真、善、美的人，善于把这种关系转化为自我教育、自我生长活力的人。

(三)重新思考"教育实践与社会的关系"

"人机世"时代，是典型的"机器社会"。在传统的"教育与自然""教育与社会"等基本问题之外，"教育与机器"的关系，也成为教育生活中的基本问题。以人工智能为代表的技术与机器的强势崛起，改变了人类的社会结构，机器既是物质生产、信息生产的力量，也是社会形态再生产的力量。泰格马克预言，未来人类社会将分隔为机器区域、人机混合区域和人类专属区域三个区域。(1)机器区域：由机器人控制的巨大工厂和计算中心，那里没有生物意义上的生命，目的是把每个原子都物尽其用。地球上的许多超级智慧的智能居住其中，互相竞争与合作。(2)人机混合区域：包括计算机、机器人、人类以及三者的混合体。许多人已经用科技将自己的身体升级，还有人将自己的智能上传到了新的硬件上。（3）人类专属区域：人类水平和更高水平的通用智能机器都被禁止出入，通过技术增强的生物有机体也同样被禁止。① 未来的教育将可能处于这种社会结构之中，面临两大双向式新问题的提出与解决：首先，在社会系统结构被人工智能改变的情况下，教育系统结构如何改变？什么样的教育系统结构能够适应并满足新的社会系统结构的需要，承担"教育的社会责任"？其次，智能时代的社会系统结构需要为教育的可持续发展创造什么条件，提供什么支持，承担什么样的"社会的教育责任"？在智能时代，地球上的生命将比以往任何时候都更加多样化，生命多样化将导致社会多样化，教育的样态或形式将会被更加复杂的社会形态所塑造与改变。

（四）重新界定"教育实践中的师生关系"

这一教育关系的传统实质是"人—人"关系，即"师生关系"。人工智能的崛起，把"双向关系"转变为"三维关系"，即"人—机—人"的关系，教育者和受教育者的内涵将被重新定义：教育者既可能是人，也可能是机器。同理，机器与作为学生的人一样，也可能成为一种类型的受教育者。在机器与人的界限越来越模糊，机器越来越像人的前提下，它同时扮演这两种角色，并非没有可能。

---

① ［美］迈克斯·泰格马克：《生命3.0——人工智能时代人类的进化与重生》，汪婕舒译，221～222页，杭州，浙江教育出版社，2018。

一方面，人工智能成为"教育者"。在未来，"无论你出生在哪个区域，所有儿童都能从'独裁者'人工智能那里获得一定程度的基础教育，其中包括关于人类整体和各个区域的知识，比如，他们会学到如何自由访问并迁徙到其他区域的知识"[①]。如此，学生面临着如何处理与两类教师的关系，一是人类教师，二是人工智能"教师"；参与建构一种新型的教育关系，即"人师—学生—智师"的三角关系。另一方面，人工智能成为"受教育者"。传统的教育观认为，教育"以人为指向，而不是以物为目标。当然，教育也作用于存在并改变存在，但它所改变的不是物，不是外部的物理世界，而是人自身"[②]。康德的观点一直被奉若神明：在世间万物中，人是唯一需要教育的一种存在。人之外的动物只需以本能方式来运用天性，无须像人那样经受教育的过程。在此意义上，教育使人与其他存在区分开来。显然，这是在"人与动物"关系意义上的教育观，究其实质，教育以"使人成其为人"作为内在指向，目标是"人的完成"。[③] 人工智能的到来，让这一经典教育观变得"暧昧"起来，为教育的指向提供了新的可能：机器成为教育的对象。教育的对象因此划

① ［美］迈克斯·泰格马克：《生命3.0——人工智能时代人类的进化与重生》，汪婕舒译，230页，杭州，浙江教育出版社，2018。
② 杨国荣：《哲学的视域》，20页，北京，生活·读书·新知三联书店，2014。
③ 杨国荣：《哲学的视域》，20页，北京，生活·读书·新知三联书店，2014。

分为两类：对人的教育和对机器的教育。这是一种从未有过的推进和转变：从人类通过机器来教育推进到人类对机器的教育。

之所以可能存在对机器的教育，原因依然和机器与人、与生命的界限逐渐被打破有关。泰格马克认为，如今人工智能运作的核心——"计算"，就像拥有自己的生命一样，与它采取什么样的物质形态无关。① 智能之所以没有物质形态，是因为它独立于物质层面而存在。它似乎拥有自己的生命，而且，这个生命并不依赖于，也不会反映出物质层面的细节。硬件就是物质，软件就是形态。计算的"物质层面的独立性"暗示我们，智能的出现并不一定需要血肉或碳原子。这是一种新型的生命，超出了我们对生命内涵的传统认知。

对机器的教育，根本目标是使机器成为人，既拥有人的素养和能力，也拥有人的善意。前者已经在相当程度上实现，后者仍有相当的距离。人类的"善"在某种程度上与自身生命的有限性相关，人类一直讨论善由何而来，如恻隐之心、羞恶之心。人类相信有善，在于一代代轮回染习的传承，在于婴孩时期就感受到的生而得之的善意。这个"善意"包括大自然的馈赠、父母的养育教导、社会的保护三个方面。对机器来讲，它没有这种轮回染习的经历，就没有对善意的感知，不会有天生的善意，

---

① ［美］迈克斯·泰格马克：《生命3.0——人工智能时代人类的进化与重生》，汪婕舒译，86页，杭州，浙江教育出版社，2018。

因此，要将善意传递给机器的挑战性就很大①，但并非没有可能。无论如何，这一挑战必须应对，如果机器完全没有"善意"，很可能沦为"恶的存在"。

如何在通过编程、算法赋予机器能力的同时，赋予其善待人类和同类的意识与能力，把人性之善转化为机器之善，让人工智能的目标与人类的目标保持一致，避免人类失去对教育、对自身发展的控制权，将是未来教育以及未来人类社会面临的严峻挑战。

四、以何种"理论方式"，探究智能时代的教育

从前面的文献综述中可以看出，相对而言，对"人工智能与教育研究"或"人工智能与教育理论"的探究，明显少于"人工智能与教育实践"，"理论先行"似乎总是被"实践先行"所取代。然而，要将教育视野下的人工智能研究推向深入，且保持合理的方向，缺失教育理论的引导是无法想象的。

什么是智能时代和生命3.0阶段的教育理论样态与范式？这是一个极其重要但又过于宏大的问题，非本文所能独立承载和解决。但可以先从如下问题开启，即如何研究人工智能与教育的关系，或者，以何种理论方式来探究智能时代的教育。至

---

① 蔡恒进、张祥龙、黄裕生：《人工智能时代的理性、道德与信仰》，载《南国学术》，2018(3)。

少需要在三个方向上做出努力：接续思想传统、改变思维方式、确立学科立场。

(一)接续思想传统

"人工智能"映入眼帘，往往被视为一种"工具"，通常情况下，人类"对待工具的'正确'态度是技术态度，正确的逻各斯是技术学(technology)，它是对技术现实的谋划与反应"①。这是纯粹应用性和操作主义的思考惯习：只顾埋头于现实，偶尔抬头看向未来，基本无视历史与传统，导致"只有当下，没有历史""只有技术，没有思想"。但泰格马克不同，他对人工智能的探讨，展现出了清晰、深厚和强大的思想传统。其思想脉络根植于西方知识分子内心深处纯正的柏拉图思想或柏拉图主义。这是泰格马克不同于一般人工智能技术专家的地方。"柏拉图主义"的核心思想可概括为：世界万物的真实都可归结为纯粹的数学存在；人关于这个世界的知识，深埋在心底，需要通过心智体验和数学直觉来"唤醒"；大千世界是纯粹理念世界的摹本。贯穿其中的核心思想是，相信世界的奥秘存在于人的观念之中。柏拉图的思想因而被称作"观念论"或者"理念论"。

现有讨论聚焦于言说"人工智能会代替人吗"或者"人工智能什么时候会代替人"等话题，随后就没有下文了。"我们身上没

---

① ［美］赫伯特·马尔库塞：《单向度的人——发达工业社会意识形态研究》，刘继译，140页，上海，上海译文出版社，1989。

有柏拉图式的传统思想，于是缺少那种对'太一'情怀的关照，也没有对纯粹的、至高的善的感受，更没有用数学语言勉力刻画那种完美世界、融通宇宙的思想冲动。"①人们习惯于用一种朴素的两分法框架，分别以"悲观论"或"乐观论"，以及随处可见的"工具论"的论调来看待人工智能。我们始终缺少的是像泰格马克那样，回到并立足于某一思想传统，理解人工智能背后的思想内核，与某一传统文化有所呼应并建立起内在关联，感受强悍的人类思想传统的空谷回声，进而基于某一思想传统的结构化理论模型来刻画人工智能与教育的演进过程。

究其根底，在于技术冲动湮没了思想冲动，技术思维替代了理论思维，剥离了人工智能产生的思想文化之根。当下人工智能与教育的理论研究，亟须找到原初的思想活水，重新获得那种来自思想深处的冲动，与某一思想传统嫁接起来，让人工智能与教育的理论研究背后的文化血脉与印记清晰浮现并凸显出来。

(二)改变思维方式

首先，需要破除"工具思维"和"操作思维"，走向"本体思维"和"原点思维"，避免只是在技术和功用的层面探究人工智能之于教育的改变。其次，改变割裂思维，走向关联思维。尤其

---

① 段永朝：《柏拉图主义与新柏拉图主义》，见［美］迈克斯·泰格马克：《生命 3.0——人工智能时代人类的进化与重生》，汪婕舒译，推荐序二，ⅩⅣ页，杭州，浙江教育出版社，2018。

要警惕将人工智能与人类智能割裂开来，要在二者关联的意义上思考人工智能与教育的关系。最需要的是将根深蒂固的"人类思维"转向"宇宙思维"。人类思维，是以"人类为中心"的思维，它把自我价值建立在"人类例外主义"(human exceptionalism)之上，将"人类是地球上最聪明的存在，是独特和优越的存在"作为基本预设。人工智能打破了这一幻象，改变了人类固有的傲慢和自命不凡，使人类变得更加谦卑。伴随这一改变的是，以"宇宙学"视野审视"人学"，在人类与宇宙之间建立起有机关联，"在规划未来时，我们不仅要考虑自己生命的意义，还要考虑宇宙本身的意义"①。这种将宇宙的意义与生命的意义联结起来的观念，实际上是对"宇宙学"的回归。除了倡导"天人合一"的中国哲学，古希腊哲学在最初阶段，尤其关注物理宇宙，其各分支也明显受到宇宙学的支配。在卡西尔看来，"无限的宇宙并没有给人类理性设置界限，恰恰相反，它会极大地激发人类理性。人类理智通过以无限的宇宙来衡量自己的力量从而意识到了它自身的无限性"②。虽然，宇宙可以轻易毁灭人类，但事实是，"宇宙通过我们人类才真正活了过来，并逐渐获得了自我意识，并非宇宙将意义赋予了有意识的实体，而是有意识的实体将意

---

① ［美］迈克斯·泰格马克：《生命3.0——人工智能时代人类的进化与重生》，汪婕舒译，414页，杭州，浙江教育出版社，2018。
② ［德］恩斯特·卡西尔：《人论》，甘阳译，21页，上海，上海译文出版社，1985。

义赋予了宇宙。让智能和意识的生命这束微弱的光，点亮这个冷漠荒芜的宇宙中无尽的黑暗，或许是我们的最高职责"[①]。泰格马克主张，当人们追问生命的意义，仿佛宇宙的职责就是为我们的存在赋予意义时，其实这是本末倒置：并不是我们的宇宙将意义赋予了有意识的实体，而是有意识的实体将意义赋予了宇宙。我们对未来的首要盼望，应该是在宇宙中保存并尽量扩大生物意识或人造意识。[②] 这一观念的教育意蕴在于，未来人类通过与宇宙的意义建立起关联，以"宇宙意识"超越狭隘的"人类意识"。这是人工智能赋予人类的新机遇：帮助人类重新思考并且确立人在宇宙中的位置，把原先"人"这个"封闭世界"，置于"无限宇宙"之中加以探究。

(三)确立学科立场

泰格马克探究人工智能的思想传统是柏拉图主义，其背后的学科传统，表面上是哲学，实质却是数学。在他那里，最为珍爱的宇宙是数学宇宙，宇宙的本质是数学。同属于柏拉图主义思想传统的普罗提诺(Plotinus)，给出的至高无上的"太一"，就是用纯粹的数学语言写成的东西。伽利略(Galileo Galilei)曾说，"大自然这本书是用数学语言写成的"。西方知识分子将刻

---

① 余晨：《重新定义生命》，见［美］迈克斯·泰格马克：《生命3.0——人工智能时代人类的进化与重生》，汪婕舒译，推荐序二，XII 页，杭州，浙江教育出版社，2018。

② ［美］迈克斯·泰格马克：《生命3.0——人工智能时代人类的进化与重生》，汪婕舒译，413 页，杭州，浙江教育出版社，2018。

画万物至理的数学语言视为唯一可能接近"太一"的工具。两千余年来，一代又一代西方思想家总会将探索终极奥秘的希望寄托在纯粹的数学上。用数学语言去接近、求索、追问至高至善的"太一"宇宙，是西方知识分子精神底层绵延不绝的动力。虽然这一传统不断遭到一些哲学家的质疑，但这一传统根基从来没有在根本上动摇过。作为物理学家的泰格马克，没有满足于只是以数学之眼看待人工智能，他还充分展示了基于量子思维的现代物理学立场。这一立场代表了无界、整体、灵活、多向、差异、可能、联系、互动等真正的复杂思维，而非传统经典思维下的分界、部分、机械、惯性、划一、精确、割裂、被动和计划。如果说《时间简史》讲透了宇宙物理，《未来简史》透析了文明进化，《生命3.0》则是从物理学家的角度，畅想了宇宙进化。泰格马克的"物理学自信"弥漫其中，威尔逊（Edward O. Wilson）在《知识大融通》（Consilience：The Unity of Knowledge）里认为，所有知识都可以建立在生物学的基础上。在泰格马克的世界里，所有知识都可以建立在物理学的基础上。包括数学、物理学、哲学在内，任何探究生命、探讨人工智能与教育的学科，都体现了一种视域，展示了一种立场，同时彰显了一种思想可能。此外，还有生物学的可能、人类学的可能等等。这些不同的学科可能性，为"人工智能与教育"提供了跨学科研究的可能。在跨学科研究的网络体系中，教育学的立场与地位何在？同样是对人工智能的探究，教育学的思考如何与其他学科的思考区分开来，展现出自己的独特思想边界与理论力量？

长期以来，"教育学的边界"是模糊的边界，"教育学模糊的学科边界直接对其理论解释力和实践批判力产生了致命的消极影响，教育学因此正面临着严峻的质疑和巨大的挑战"①。边界的划分，要求教育学研究者自我明确：面对汹涌而来的人工智能，什么才是"我"能做，"他者"（如强势的数学学科等）做不了的。由于边界问题的复杂性，涉及对象、性质、问题、任务、方法、视角、假设等一系列具有高度相关性的构件，在建构学科边界问题的过程中，任何一种依据，各有其独特价值，但都只是解决方案链条中的一环，只凭其中一种，难免"盲人摸象"。为此需要找到一个更具兼容性、综合性的载体，将划分边界的诸多依据融为一体。这就是"学科立场"②。所谓"学科立场"，是"由学科研究主体确立的，观察、认识、阐明与该学科建构与发展相关的一系列前提性问题的基本立足点"③。

基于教育学的学科立场，对人工智能的审视展现的"思想可能"，首先是一种"价值取向"或者"思想标准"，它聚焦于"人的生命成长"，关注的核心问题是：什么样的人工智能技术最有助

① 项贤明：《论教育学的边界》，载《教育研究》，2017(6)。
② 李政涛：《教育学的边界与教育科学的未来——走向独特且独立的"教育科学"》，载《教育研究》，2018(4)。
③ 叶澜：《当代中国教育学研究"学科立场"的寻问与探究》，见叶澜主编：《立场》，4页，桂林，广西师范大学出版社，2008。

于为人的生命成长提供可能性，最有助于促进人的生命成长？

依据这一取向，教育学关注的焦点，不只是人工智能本身以及伴随而来的教学技术、手段的更新换代，它首先期望以教育学的方式，为人工智能在教育中的应用"立法"。在这一标准体系里，"最好的教育技术，不是限定人强求人的技术，是向人的生命成长开放的技术，是在技术的运用中呈现生命活力的技术，是能够实现在虚拟课堂讨论中，仍能维持一种苏格拉底式的教学法精髓的技术。换而言之，是以师生对话、生生对话为精髓的教育技术"①。如同芬伯格所言，"一个发达社会的教育技术可以通过教育的对话来形成，而不是由以生产为导向的自动化的逻辑来形成"②。同理，最好的人工智能教育技术，是使人的生命摆脱重重困顿和迷雾，使人"解蔽"的技术；是为师生的主动、健康发展，为人与人的有效互动，提供最大可能性的技术。教育学视野下的人工智能，应以人性化、生命化为旨归，它强调，建立在人工智能之上的最好的教育，是能够在人工智能的设计和运用中呈现人的主动性、生长性的教育，是最能将人工智能提供的可能性充分变为现实性，并向人工智能召唤出、发掘出更多生命成长可能性的教育。由此而来的核

---

① 李政涛：《为人的生命成长而设计和发展教育技术——兼论教育技术学的逻辑起点》，载《电化教育研究》，2006(12)。

② ［美］安德鲁·芬伯格：《技术批判理论》，韩连庆、曹观法译，163～164页，北京，北京大学出版社，2005。

心观点是：设计和发展人工智能，就是设计和促进人的生命成长。

五、智能时代的教育政策走向何方

作为理论与实践的中间地带，政策的拟定，既是对智能时代相关教育理论与实践的接轨和转化，也是一种指引或引领。面对智能时代带给人类生命与教育的挑战及复杂问题，理论、实践和政策三大解决路径缺一不可。

(一)现实的政策话语

国内的人工智能进入"政策"视野，成为国家政策的一部分，始于2015年国务院发布《中国制造2025》，首次在战略高度将发展智能化视为制造业发展的重要目标。此后，中国先后出台《国民经济和社会发展第十三个五年规划纲要》、2017年《政府工作报告》、党的十九大报告、2018年《政府工作报告》以及专业领域或专项行动规划，推进"人工智能"发展。

与国家层面的政策布局与战略部署相呼应，不同部委结合其所属行业特点，自主拓展人工智能在中国的应用场景。① 教育领域的人工智能政策也应运而生。2016年国务院印发《"十三五"国家战略性新兴产业发展规划》，要求"在制造、教育、环境

---

① 贾开、郭雨晖、雷鸿竹：《人工智能公共政策的国际比较研究：历史、特征与启示》，载《电子政务》，2018(9)。

保护、交通、商业、健康医疗、网络安全、社会治理等重要领域开展试点示范，推动人工智能规模化应用"。这是首次从国家发展规划的角度，强调人工智能在教育领域进行规模化应用。2017年《国家教育事业发展"十三五"规划》提出，要"支持各级各类学校建设智慧校园，综合利用互联网、大数据、人工智能和虚拟现实技术探索未来教育教学新模式"。自此，教育部出台了多项政策以落实人工智能的教育应用。

现有中国人工智能教育政策存在以下四个明显特征。

一是人工智能在教育中的应用是在教育信息化的范畴体系中实施的。教育部2004年印发的《中小学教师教育技术能力标准（试行）》、2017年3月发布的《关于全面推进教师管理信息化的意见》，以及同年8月发布的《关于进一步推进职业教育信息化发展的指导意见》，都分别将人工智能视为与互联网、大数据、云计算等具有同等地位的信息技术手段，应用到教育教学之中。

二是高等学校成为教育领域开展人工智能变革的焦点。作为人工智能技术发展与人才培养的主要阵地，高等学校成为国家发展人工智能的重要着力点。2018年4月教育部出台《高等学校人工智能创新行动计划》，随后又相继发布《关于高等学校加快"双一流"建设的指导意见》（2018年8月）、《关于加快建设高水平本科教育全面提高人才培养能力的意见》（2018年9月）、《高等学校乡村振兴科技创新行动计划（2018—2022年）》（2018

年 12 月）等政策文件，从不同层面对高等学校推进人工智能发展做出任务部署和具体深入的补充。

三是教师教育成为人工智能教学变革的主要切入点。无论从政策发布的时间顺序，还是数量内容来看，提高教师信息素养和信息技术的应用能力都先于其他教学领域进行，其重视程度与具体措施的落实，相较于其他教学领域的变动更为迅速。从《关于全面推进教师管理信息化的意见》（2017 年 3 月）、《教师教育振兴行动计划（2018—2022 年）》（2018 年 2 月）、《关于开展人工智能助推教师队伍建设行动试点工作的通知》（2018 年 8 月）、《教育部关于实施卓越教师培养计划 2.0 的意见》（2018 年 9 月）等文件中均可发现如上特征。

四是对提升师生信息素养愈加重视。从教育部 2018 年 4 月出台的《教育信息化 2.0 行动计划》，到 2019 年 3 月发布的《关于实施全国中小学教师信息技术应用能力提升工程 2.0 的意见》，总体来看，相关教育政策中涉及培养、提升教师和学生的信息素养部分，主要通过以信息技术知识为核心的课程建设、教材编写、评价体系和标准优化来实施。

在国际范围内，作为未来教育变革的核心动力，人工智能教育政策是各国人工智能战略规划的重要组成部分。近年来，美国、欧洲、日本、新加坡等国家和地区频繁出台人工智能政策，以促进人工智能的教育应用。斯坦福大学发布的《2018 年

度人工智能指数报告》①显示，欧美和亚洲地区的人工智能商业
落地和研究成果都呈现出爆炸式增长，从相关论文发表数量、
人才培养数量和机器人出货量等数据来看，尤以美国、欧洲、
日本和中国等较为突出。

2016年，美国国家科学技术委员会出台的《国家人工智能
研究和发展战略计划》（简称"NSTC规划"）成为最早出台的人工
智能国家战略。这份规划与同年出台的《为人工智能的未来做好
准备》②和《人工智能、自动化与经济》③成为美国国家人工智能
战略正式开启的"标志"④。继"NSTC规划"后，美国国际战略
中心于2018年又出台《美国机器智能国家战略规划》⑤（简称
"CSIS规划"）。

诸多国家和地区也相继发布了人工智能教育政策。日本政
府在2016年发布《日本振兴战略2016——面向第4次产业革

① Yoav Shoham，Raymond Perrault，and Erik Brynjolfsson，et al.，"The AI Index 2018 Annual Report，"AI Index Steering Committee，Human-Centered AI Initiative，Stanford，Stanford University，December，2018.

② Executive Office of the President，National Science and Technology Council Committee on Technology，"Preparing for the Future of Artificial Intelligence，"October 12，2016.

③ Executive Office of the President，"Artificial Intelligence，Automation，and the Economy，"December 20，2016.

④ 段世飞、龚国钦：《国际比较视野下的人工智能教育应用政策》，载《现代教育技术》，2019(3)。

⑤ William A. Carter，Emma Kinnucan，and Josh Elliot，"A National Machine Intelligence Strategy for the United States，"Center for Strategic and International Studies，March，2018.

命》、2017 年发布《人工智能技术战略（草案）》（人工智能技术战略会议总结），对人工智能教育的阶段性教育目标做了详细安排。2017 年、2018 年英国先后发布的《在英国发展人工智能产业》[①]和《人工智能行业新政》[②]，2017 年法国发布的《法国人工智能综合报告》[③]，2018 年新加坡总理办公室发布的"人工智能新加坡"[④]项目等，都以不同方式将"教育"纳入人工智能政策的视野，作为其中的重要组成部分。

不同国家和地区的人工智能教育政策虽然有不同发展指向，但共同表现出以下诉求：一是制定和完善相关政策法规，促进人工智能在教育领域的应用；二是加强人工智能相关人才的培养，包括加强基础教育阶段通识的计算机教育、STEM 教育和编程教育，提升高等教育阶段人工智能专业人员的国际竞争力；三是加强各领域的联合创新，加强高等学校、研究机构与企业在人工智能教育服务上的深度联合；四是通过设置奖学金、扩大留学生名额吸引优秀人才进入。

在综合各国人工智能教育政策的基础上，联合国教科文组

---

① Department for Digital，Culture，Media & Sport and Department for Business，Energy & Industrial Strategy，"Growing the Artificial Intelligence Industry in the UK,"October 15，2017.

② Department for Digital，Culture，Media & Sport and Department for Business，Energy & Industrial Strategy，"AI Sector Deal,"May 21，2019.

③ Gouvernement Française，"Rapport de Synthèse France Intelligence Artificielle,"2017-01-15.

④ National Research Foundation，"AI Singapore,"2018-10-07.

织发布了《教育中的人工智能：可持续发展的挑战与机遇》。报告预测，2017—2021 年，人工智能市场将增长 50%。[①] 虽然教育领域内人工智能公共政策的发展尚处于起步阶段，但这一领域将在未来 10 年呈指数增长。报告展现了全球视野下的问题域：我们能否适应由私人市场推动的技术变革速度？教育如何利用人工智能技术改善学习成果？如何利用人工智能数据促进教育公平、提高教育质量？报告认为，解决这些问题的最佳办法是从全面的角度来看待这个问题。人工智能在知识、创新、商业和新法规的复杂生态系统中工作，国家政策应能够同时处理多个问题，以产生解决方案和法规，并创建或支持创新生态系统，将人工智能的机会带入教育领域。

（二）可能的政策走向

从现有国内外人工智能教育政策的格局、视野与作用来看，通过引领价值与方向、创造环境与氛围、提供支持与条件等，已经对当代教育产生了积极影响，发挥了政策不可替代的作用。但依然存在着盲区与发展空间，表现在"政策导向"的进一步明晰、"政策整合"的加强、"政策创新"的持续深入等。

首先，明确"政策导向"。政策导向的核心是"价值取向"。一是彰显"生命取向"。把对智能时代中的"生命"的新理解与新

---

① 周红霞：《联合国教科文组织日前发布报告〈教育中的人工智能：可持续发展的挑战与机遇〉，提出教育领域人工智能发展公共政策调整的具体建议——让人工智能更加智能》，载《中国教育报》，2019-05-10。

认识，作为教育政策的新起点。它聚焦于如下问题：面对智能时代和生命 3.0 阶段的人类生命，教育政策应有何作为？什么是生命 3.0 阶段最需要的人工智能教育政策？对智能时代新生命的理解，将为未来教育政策的拟定打开全新视野，创造全新格局。二是凸显"育人取向"。与其他领域的人工智能政策相比，人工智能教育政策是以"育人""成人"为价值取向的。所有与人工智能有关的教育政策，都应围绕"什么样的人工智能有助于育人"，以及"人工智能为谁育人、育什么人、如何育人"等核心问题展开。以此价值取向为前提，才是"公平""质量""包容"等相关价值取向的渗透与体现。三是强化"基础取向"。基于现有人工智能教育研究理论单薄、基础研究偏弱的现状，未来教育政策应更多地向人工智能与教育领域的基础研究倾斜，从单纯的技术应用研究走向理论研究，特别是加大对于生命 3.0 阶段的人类生命演变特征及其与教育变革的内在关联等基础性研究范畴的支持力度。

其次，进行"政策整合"。从现有的政策格局来看，主要集中在高等学校、教师和教学，整体上缺少衔接、整合意义上的政策设计。未来相关政策应呈现如下走向。一是走向价值取向的政策整合。当下中国教育政策的基本价值取向是回到育人、聚焦育人和系统育人，强调深化课程育人、文化育人、活动育人、实践育人、管理育人、协同育人。① 为避免与其他相关教育政策的价值取向割裂或分裂，未来人工智能教育政策需要回到"育人"这一原点，将"育人"或"系统育人"的价值取向，融入已有、将有的人工智能技术，探索和建构基于育人、围绕育人、立足育人的"人工智能"新政策，与其他领域的教育政策秉持的价值观统合起来，发挥不同领域教育政策的"育人合力"。二是走向技术应用与基础研究的政策整合。现有相关政策鼓励和支持的主要是技术型研究与应用型研究，然而，无论是人工智能本身的发展，还是人工智能与教育的发展，都离不开基础研究，包括对人工智能时代的人本身及教育价值选择的研究。② 与所有的科学研究类似，人工智能教育技术研究、应用研究的广度和深度，取决于教育基础理论或基本理论研究的广度和深度。③ 其中的基础问题或基本问题，涉及人工智能与教育的基本概念、理论基础、知识品性、伦理重塑等。未来人工智能教育政策，既需要强化对具有前提意义的基础研究的支持力度，也需要通过加大引入教育基础理论研究的力量，建立教育基础理论研究者、教育技术研究者、教育决策者三方合作研究机制，打通基础研究、技术应用研究和政策研究的整合通道。三是走向教育

---

① 《国务院办公厅关于新时代推进普通高中育人方式改革的指导意见》，载《中华人民共和国国务院公报》，2019(18)。

② 唐汉卫：《人工智能时代教育将如何存在》，载《教育研究》，2018(11)。

③ 梅剑华：《理解与理论：人工智能基础问题的悲观与乐观》，载《自然辩证法通讯》，2018(4)。

内部不同阶段、不同领域的政策整合。已有政策集中在"高等教育"，既缺少基础教育阶段，如义务教育、普通高中阶段的政策，也缺少不同阶段相关政策的整合，尤其缺失对"义务教育""高中教育"如何为"高等教育"人工智能奠定基础、做好准备的衔接性、整体性政策思考与设计。在此基础上，高等教育、基础教育如何与职业教育在人工智能发展的意义上，实现衔接整合、相互融通，避免彼此割裂、互不相关，也将是后续政策设计的重点与难点。这表明，未来的人工智能教育政策，既需要"重心下移"，下移到基础教育阶段，实现不同阶段教育政策的"纵向衔接"，也需要"横向联结"，实现不同教育领域相关政策的协同共生。四是走向教育外部与其他领域人工智能的政策整合。人工智能是全人类、全社会面临的共同问题。例如，人工智能时代的生命伦理引发的教育伦理问题，是世界性的问题。以"基因编辑"为代表的新技术，正在不断挑战人类伦理底线，教育政策如何为此提供应对之道和解决方案？在智能时代的新背景下，教育领域的政策，既要思考如何通过参与介入其他领域的人工智能政策设计，成为公共政策的一部分，为国家人工智能整体发展战略和社会发展做出"教育贡献"，担起教育发展的"社会责任"，也要反向思考如何为教育领域的人工智能运用创造适宜的政策环境，通过制造、环境保护、交通、商业、健康医疗、网络安全、社会治理等领域的相关政策与教育政策的联结整合，为教育领域的人工智能创造良好的社会政策环境，承担好社会发展的"教育责任"。这表明，面对人工智能这一公共领域，需要全社会不同领域、不同主体，在协同中建构全社会、全体制、全机制、全时空的政策新格局，而教育政策是其中的核心一环，它承担的主要责任是：集聚全社会的政策力量、政策资源，通过人工智能的方式，实现系统育人、社会育人。

五是走向与其他国家和联合国的政策整合。在"人类命运共同体"的背景下，以"全球教育共同体""全球学习共同体"为标志的新的世界教育格局已经形成。人工智能变革教育的过程中出现的"人的危机"，以及"素养""质量""公平""伦理"等方面的问题，乃是普遍问题，而非一国一地的特殊问题，更非一国一地之力能够独立解决的问题，需要在跨国跨区域合作中，在"全球人工智能与教育共同体"的大框架内共同解决。未来中国人工智能教育政策，不仅要汲取、借鉴他国及联合国的相关政策思想与思路，更需要介入国际层面相关政策的拟定，强化"中国经验""中国话语""中国贡献"，提升"中国政策"的国际联结力和影响力。

最后，推动"政策创新"。与任何政策一样，人工智能教育政策的创新基础与创新动力，也来自新实践与新理论。智能时代的教育实践变革，在高速发展中积累了丰富的实践经验，也暴露出明显的问题，例如，人与机器的关系、智能伦理和数据伦理，以及运用人工智能后教育教学成效的评价机制等，都急需新的教育政策加以引导和解决。新政策急需新理论的引领，人工智能与教育的理论研究相对滞后，有些跟不上实践变革的步伐。但这并不意味着教育理论研究无所作为，在我们看来，这一领域的理论研究大有可为①，存在很大的创生空间，正处于爆发前的"沉潜"与"酝酿"阶段，呼之欲出……基于智能时代的新理论一旦成型，它带给未来教育政策的影响之力将不可限量。

如此，智能时代和生命3.0阶段的教育新视野和新格局，将取决于如下走向：走向实践、理论与政策的交互生成和交融共生。

---

① 李政涛、罗艺：《面对信息技术，教育学理论何为?》，载《华东师范大学学报(教育科学版)》，2019(4)。

跨以成人：跨界教育的历史、现实与未来[①]

这是一个以大跨界为标识的社会转型新时代。跨界生存、跨界共生已经成为当代人类的基本生存方式，教育应当为此发挥关键作用。跨界转型时代，问题丛生，但"教育必须从根本上改变才能成为解决问题的一部分，否则教育本身就是问题的一部分"[②]。教育做出根本改变的方式之一，在于推动跨界学习和跨界教育，使其逐步成为人类学习方式和教育方式的新常态，并在已有的人类学习四大支柱"学会认知"（learning to know）、"学会做事"（learning to do）、"学会共同生活"（learning to live

---

① 本文已见刊于《教育研究》2023 年第 5 期，本次出版略有改动。

② Iveta Silova，Affrica Taylor，and Mindy Blaise，"Learning to Become with the World：Education for Future Survival，"United Nations Educational，Scientific and Cultural Organization，August 19，2020.

together)、"学会生存"(learning to be)①之外,增添第五大支柱,即"学会跨界"(learning to cross boundaries)。它贯穿学会认知、做事、共同生活和生存之中,进而将基于跨界学习的"跨界教育"推到未来教育最前沿、最核心的位置。

继"终身教育"这一重要的教育思潮及其引发的重大教育变革之后,跨界教育豁然浮现。跨界教育和跨界化社会,是走向终身教育和学习化社会后的又一新趋势和新观念:学会生存,就是学会跨界;终身教育,就是终身跨界。教育就此从"终身教育"步入"跨界教育"的新时代,一个从"学以成人"到"跨以成人"的时代已然来临。未来的教育取决于我们推动这一转变和创生的能力。

奔涌而来的跨界教育,通过消除各种界限,以一种深刻的跨界意识、系统的跨界思维来重新设计教育,为未来人类生存与发展、人类文明迭代赓续,提供一种既接续传统,又更新再造的教育形式。"教育"由此被置于跨界的原则和平台上,重新思考、重新架构每一所学校和每一个教育机构;教育中的人人、事事都将成为跨界教育体系及其运作过程的一部分。在何时、何地、与何种对象跨界,以何种方式跨界,如何在跨界中获得知识,形成素养,以及如何"跨以成人""跨界生长",实现人的

---

① 联合国教科文组织编:《教育——财富蕴藏其中》,联合国教科文组织总部中文科译,49页,北京,教育科学出版社,2014。

全面而自由的发展，成为现时代教育发展、个人成长、社会变迁和文明演进的基本问题。对这一重大问题的探讨和认识，将助推人类从学习型社会走向跨界型社会。一种以教育尺度的树立为起点，以教育责任的承担为核心，广泛涵盖包括学校在内的全社会各主体、各机构的"跨界契约"将随之建立。

一、跨界教育的缘起和意义

跨界教育的产生，根植于人及其创造的可能性与多样性。"教育的价值就在于协助人们发挥或达成人之所以为人的特质"[①]，但人之所以为人的特质是多样的，而且充满了各种可能。这是跨界教育的前提和起点：从一种可能性跨越到另一种可能性。人具有可能性，才会有跨界和跨界教育的可能。它催生了人的可塑性并导致教育的产生："由于人类出生的时候尚未发育完全，比起其他动物，也就更能够用教育和社会化的方式加以改变。大多数哺乳动物脱离子宫的时候，就像是已经上釉的陶器出了窑，如果还想再做什么调整，不是刮伤，就是碎裂。然而，人类脱离子宫的时候，却像是从炉里拿出了一团刚熔化的玻璃，可以旋转、拉长，可塑性高到令人叹为观止。"[②]跨界

[①] 李弘祺：《学以为己：传统中国的教育》，14 页，上海，华东师范大学出版社，2017。

[②] ［以色列］尤瓦尔·赫拉利：《人类简史：从动物到上帝》，林俊宏译，10 页，北京，中信出版社，2014。

教育源自人之为人的这种令人叹为观止的可塑性，它导致人的跨界实现：从一种生命的可能跨界到另一种生命的可能，不断重塑自我生命。在这个意义上，人是跨界性生物，是跨界性存在，跨界的需要和冲动一直深埋在人类的基因里。跨界的实质是对这种需要的满足：跨越人原有的可能，跨越基因的设定，不断走向新的可能。在人工智能的催动下，以碳基生命到硅基生命的变迁表明，人的生命的突破式跨界在持续发生。

人的可能性和多样性造就了文化多样性，它"是激发人类创造力和实现财富的最大源泉……提供了多种不同的方法来解决影响我们所有人的问题和评估生活的基本层面：自然生态系统、社区、个人、宗教和心灵"①，转化为促进人类可持续发展的宝贵资源，催生了跨文化互动交流的需要，促使不同文化在资源的相互汲取中实现相互跨越，在跨文化中走向文化共生。

（一）教育跨界的类型

人与文化的多重可能性与多种样态，产生了跨界动力和跨界需要，为教育的多样性和跨界教育提供了基础性条件。一部人类史，是一部跨界史；人类教育史，也是跨界教育史。跨界是人类教育的主要推动力。自始至终，教育都是在跨界中演化与发展的，先后出现过不同类型的"跨界现象"，以及丰富多样

---

① 联合国教科文组织编：《反思教育：向"全球共同利益"的理念转变?》，联合国教科文组织总部中文科译，21页，北京，教育科学出版社，2017。

的"跨界形式"与"跨界内容"。

第一种类型，是教育空间的跨界。最早的教育，发生在群居生活、氏族生活、家庭生活和自然生活里，是非形式化、非制度化的教育。随后"学校"出现，不仅意味着人类教育走向了制度化，而且彰显了跨界现象的产生：从社会教育空间、家庭教育空间向学校教育空间的跨界。它导致以"学校"为单位的公共空间演变为各类教育资源的集聚中心，成为人类的主要教育空间和教育中心。在教育"学校化"的过程中，学校教育的局限性日益显现。人们发现，面对教育如此复杂的问题，学校教育"独木难支"，注定是"学校"不可承受之重。在人类教育生活的历史长河里，"学校是生活中的一个插曲，有入口，有出口"①，这个插曲无法替代完整教育生活的宏阔交响乐。无论是入口，还是出口，都不足以宽阔到满足如此复杂多变的人与文化的多重需要；它同时还是一个"接口"，需要和不同的教育插曲、教育空间和教育生活对接。因此，人与文化的多样性产生的人类多元教育需要及其满足，还需要校外教育力量的弥补和配合，并且依托家庭、社会和自然的力量，形成学校教育力、家庭教育力、社会教育力和自然教育力的四力融合。这种跨界融合的本质是一种溯源开来式的回归，在回归家庭空间、社会空间、自然空间中，找回教育生活中一度弱化甚至丢失的家庭之维、

---

① ［法］保罗·朗格朗：《终身教育引论》，周南照、程树清译，54 页，北京，中国对外翻译出版公司，1985。

社会之维和自然之维，形成新的家庭教育观、社会教育观和教育自然观①，让它们在当代教育世界还魂再生、重新生根。

第二种类型，是教育时间的跨界。"终身"是时间跨界的标志："不管一个人的生命如何短暂，它总是由无数的事件所构成，总是要经过许多的阶段。它总是有一定的时间跨度。"②如果终身教育出于对"长远利益"的关心，追求的是时间长度或时间跨度，跨界教育则出于对"各方利益"的关注，更倾向于空间宽度和空间跨度。然而，假若只是在空间的意义上理解跨界，会明显低估或窄化对跨界价值的理解：跨界之跨，不是只有空间之跨，也有时间之跨。对于个体而言，跨界学习就是终身学习、学习终身，它不再把学习框定在小学、初中、高中或大学等任何一个特定时段，而是将学习的意识与行为、能力与习惯，绵延贯穿整个一生；在一生中保持自我学习和训练的连续性，进行不间断、跨时段式的学习。而且，它与教育空间的跨界牢不可破地连接在一起："如果教育要在个人的整个一生中、在个人生活的各个方面发挥我们前边所说的作用……首先就需要使它突破学校的框框，使它占据人类活动的全部，既与工作联系起来，也与闲暇时间联系起来……它不在'占有'的范围内，而

---

① 叶澜：《溯源开来：寻回现代教育丢失的自然之维——〈回归突破："生命·实践"教育学论纲〉续研究之二（下编）》，载《中国教育科学（中英文）》，2020（2）。

② ［法］保罗·朗格朗：《终身教育引论》，周南照、程树清译，3 页，北京，中国对外翻译出版公司，1985。

在'存在'的范围内。"①人的存在，是时空中的存在。跨界现象借此弥漫渗透在教育存在的全部时空。对于社会而言，跨界教育也是终身教育：它以学习化社会为旨归，集聚生成全社会教育路向②，为个人终身学习提供社会教育基础，帮助个体破除各种教育体制、机制的壁垒，打破原有教育时空的屏障。

第三种类型，是教育内容的跨界。知识是教育内容的核心。为了满足人与文化多样性的需要，人类逐步创制了以分科、分类为特征的多样性知识体系。分科化的知识为每一类型的知识划定边界、设置屏障，导致了画地为牢，并以"最有价值的知识"的名义，凸显主流知识或显学知识，有意无意、或隐或显地排斥其他知识，造成存在核心与边缘之分的知识等级和知识分层。例如，中世纪的欧洲，教育的核心内容是逻辑、语法、修辞，其中的语言修辞知识，由于被牧师、文人和政治家等当时占支配地位的阶层所推崇和使用，被当作教育内容的核心，也成为"教育成功"的重要尺度——充分理解、灵活运用优美语言的规则和能力。这导致蕴含丰富巧妙语言的文学教育，理所当然地占据了知识体系的核心位置。与之相比，数学教育只是简单的算术和几何学，而不是当今广为流行的统计学。统计学不是那个时代的"时尚知识"："如果你告诉孔子、佛陀、耶稣或穆

① ［法］保罗·朗格朗：《终身教育引论》，周南照、程树清译，55页，北京，中国对外翻译出版公司，1985。
② 李政涛：《当代教育发展的"全社会教育"路向》，载《教育研究》，2020(6)。

罕默德，要先学会统计，才能了解人的心灵、治愈人的疾病，他们一定会觉得一头雾水。"①那个时代的"神学无疑是所有学科中的王道。但到了今天，修辞学乏人问津，逻辑只剩哲学系继续捧场，神学只剩神学院大力支持。但有越来越多的学生有兴趣或是被强迫学数学。走向精确科学（exact science）的趋势势不可挡"②。它推动自然科学知识脱颖而出，处在 20 世纪知识序列中的优先位置，在获得傲视群雄的地位的同时，还形成了一种裁度其他学科知识价值的标准，达不到标准要求的学科知识，要么承受嘲弄鄙视，要么被迫"整改"，不然就有被逐出学科圣地的危险……这种画地为牢、唯我独尊的现象，催生打破学科知识边界，进入跨学科甚至超学科的需要。主导跨学科研究的预设是：每一类知识体系，都有其所见所能和所不见所不能，需要以某一学科知识的所见所能，去弥补另一学科知识的所不见所不能，为此，"必须探索主流知识模式之外的其他各种知识体系。必须承认和妥善安置其他知识体系，而不是将其贬至劣势地位。对于发现和认识其他世界观保持更加开放的态度，世界各地的社会可以相互借鉴，相互学习"③。可见，跨学科的前

---

① ［以色列］尤瓦尔·赫拉利：《人类简史：从动物到上帝》，林俊宏译，244 页，北京，中信出版社，2014。

② ［以色列］尤瓦尔·赫拉利：《人类简史：从动物到上帝》，林俊宏译，243 页，北京，中信出版社，2014。

③ 联合国教科文组织编：《反思教育：向"全球共同利益"的理念转变？》，联合国教科文组织总部中文科译，22 页，北京，教育科学出版社，2017。

提，就是承认知识体系的多样性。跨学科的实质，在于以开放的态度，拆解边界、打破屏障，进行学科跨界和知识跨界。正是在这个意义上，缘起于 20 世纪初德国的"合科教学"运动，以及 1920 年在美国发展起来的"活动课程"中的科学、技术、工程、数学（Science，Technology，Engineering，Mathematics，STEM）教育等，都是人类历史上教育内容跨界的代表。这种基于知识跨界的教育内容跨界，是知识转型并促进教育变革的主要动力之一。①

　　第四种类型，是教育主体的跨界。如果把主体定位于"教师"，则先后经历了三类跨界。一是从正式教师到非正式教师的跨界。教师的身份和地位，最初来自官方考核、任命或认可，且接受过专业培训，教师被局限于小众和特殊的群体。后来，随着由信息技术推动的泛在教育的出现，教育不再局限于校园、教室和教师，教师也因此不再限定于学校这一形式化或正式化的机构，而是扩散到各种社会机构，任何人可以在任何时间、任何地点学习任何内容，网络就是校园，移动终端就是课堂，能者即为教师。此外，家校政社协同育人观念日渐盛行，家长作为教育者的身份和作用也日益凸显，非正式教师不仅在规模、群体上显著增加，而且在作用上显著增强。针对这种正式与非正式教师之间的跨界，朗格朗（Paul Lengrand）很早就指出：

---

　　① 参见石中英：《知识转型与教育改革》，北京，教育科学出版社，2001。

"在某一时刻和某些条件下对教学和训练负有职责的任何人都是教育工作者。显然这是教师的职责，但它也是医生、牧师、工头、工程师、农业示范者以及政治、工会或合作组织负责人的职责。家长就首先是教育工作者，而且今后将更是如此，而在承担此类职责的其他人之中，即使他们本人经常并不意识到这一点，我们也应该把大众传播媒介的管理人员和主要主办者包括在内，他们通过广播、报纸、电视和银幕，对塑造思想、心灵和精神的贡献极大。"①这是一种"人人皆可跨界成为教师"的人类教师体系的新格局。二是从人师到机师的跨界。在智能时代，由人工智能创造的教育智能机器人开始承担教师的职责，具备了教师的能力，发挥了教师的功能，这种新型"机师"得以与"人师"共进课堂，同上一堂课，人类步入双师协同育人的新时代②，实现了人师向机师的跨界。三是从现实教师到虚拟教师的跨界。随着教育元宇宙的出现，时空被重新剪裁、拼贴和折叠，引发人类角色与身份的跨界折叠或重叠，不同的人与事、角色和身份通过跨界，促成前所未有的诸多重组、穿梭与切换。例如，一种前所未有的虚拟教师出现在课堂上③，这是人类教师角色和身份的又一大跨越：从现实到虚拟的跨界。这是另外

---

① ［法］保罗·朗格朗：《终身教育引论》，周南照、程树清译，80页，北京，中国对外翻译出版公司，1985。

② 李政涛：《智能时代是"双师"协同育人的新时代》，载《当代教师教育》，2021(1)。

③ 参见李骏翼、杨丹、徐远重：《元宇宙教育》，北京，中译出版社，2022。

一重意义上的双师协同育人。

倘若把主体转换为"学生"，在农业时代和工业时代，以教师为核心的教育者是居高临下的主体，以学生为代表的受教育者是被动的客体。20 世纪出现的儿童中心论、学生中心论，将学生推至中心位置，赋予其主体地位，"双主体论"就此出现：学生从教育的客体跨界成为教育的主体。这同时要求教师主体走出自我中心，跨界了解学生主体需求。和虚拟教师类似，元宇宙时代也将出现虚拟学生，"同学"的内涵被重构，形成现实同学和虚拟同学在交互跨界中互动共生的新格局。

如上不同类型的跨界教育，已经在不同世代，以不同方式，在不同程度上发生。步入以"智能"命名的新时代后，这一态势正以加速度方式发展，无论是跨界的主体，还是跨界的内容和形式，都在以几何级数增长。这一切源于智能时代带来的人类社会的突变：原有生活方式的变迁进化，已有职业谱系的渐次崩溃与消亡，先前的学科体系、知识体系难以适应新的需要。"当今世界相互联系、相互依存，各种变化使得复杂性、紧张不安和矛盾冲突达到了前所未有的程度，并由此产生了不容忽视的新的知识前景。"[①]最关键的不适应，是人的不适应："现在，没有哪个成百年来经过缓慢的进化过程逐渐形成的传统类型的

---

① 联合国教科文组织编：《反思教育：向"全球共同利益"的理念转变?》，联合国教科文组织总部中文科译，12 页，北京，教育科学出版社，2017。

人能再适应个人和社会的新情况。"①从今往后，没有哪一个人能够依赖已有的生活边界成为适应这个世界的人，成为一个合格的公民和幸福的人。如果再持守原有的领域界域、学科疆界和生活边界，墨守成规，止步不前，就注定要被自己的边界之墙挡在通往新世界的大门之外，被逐出时代的洪流。正是社会和时代的变迁，引发了跨界性的生活方式，出现普遍性的跨界挑战，产生弥散性的跨界焦虑或跨界排斥，引出更加丰富的跨界需要，让更多人不得不跨界，不能不学会跨界。这构成当代人类教育新的出发点之一，推动人类教育的又一次时代变迁：属于跨界教育的时代已然降临，这是继终身教育之后的又一个新时代。

(二)跨界教育的当代使命

当代，人类需要在跨界时代重新规划教育图景和社会图景，走向跨界教育和跨界型社会。跨界教育为传统教育问题的解决带来了新的总体方案。朗格朗发现，自第二次世界大战以来，各个西方国家的教育变过来变过去，既没有求得内部的平衡，也没有获得满足现代社会需求的令人满意的答案。它无疑证明：如果不求助于一种新的教育概念，求助于对教育的重新认识，充分考虑人对训练、教学、进展的普遍的新需要，就无法得到

---

① ［法］保罗·朗格朗：《终身教育引论》，周南照、程树清译，29页，北京，中国对外翻译出版公司，1985。

对这些问题的终极答案，任何努力都将徒劳无功。他为之提供的教育概念是"终身教育"。现在看来，仅有终身教育，要想全面、系统且一劳永逸地解决如此繁复多变的教育问题，是远远不够的，还需要有别的答案，这个答案就是"跨界教育"。朗格朗指出："在教育这一方面，就好像是一组不同的个人由于偶然的机会被置于同一个模子中，不得不尽最大的努力去协调常常是互不相容的种种需求。在学校、家庭、工厂、培训班或工会所受的教育中，个人作为生产者、消费者、公民，接受着其目标和结果并不吻合的讲授、教导和各种训练。"①之所以出现各种互不相容的需求、诸多目标与结果的不吻合或者吻合度缺失的问题，在"终身"不够之外，还存在"跨界"不够的根源。个人、群体或者机构的多元化需求以及需求的满足方式，要么被现行的教育观念、教育制度限制在特定的界域而无法满足、施展，要么被各种偏差、对立、矛盾和冲突所裹挟而难以自拔——它们都与林林总总的跨界缺失、跨界障碍有关。我们已经为之付出的努力，例如，教育综合改革（教育内部各子系统、教育内外两大系统的跨界）、普职融通（普通高中教育与中等职业教育融通发展）、普特融合（普通学生与特殊学生一起学习，不同类型教育的跨界）、大中小学一体化教育（不同学段教育的跨界）、五育融合（不同教育目标的跨界）、STEM 教育（不同学科教育内

① ［法］保罗·朗格朗：《终身教育引论》，周南照、程树清译，51 页，北京，中国对外翻译出版公司，1985。

容的跨界)和跨界学习(不同学习方式的跨界)等,都是解决方案的"跨界教育"的一部分。其实,朗格朗为解决普遍教育问题所提出的终身教育方案,已经为跨界教育的出现埋下了伏笔:"基于这种概念,现在把各类各级教育活动加以往往是密封式的相互隔绝的许多障碍将不得不消除,让位给充满生气的、有目的的相互交流。从今以后,就能把教育看成是一个统一的有机体,其中的每一部分都有赖于其他部分,而且只有在与其他部分发生联系时才具有意义。如果失去一个部分,那末这个有机结构的其他部分就会失去平衡,而且没有哪一个部分能代行其分担的具体职能。"[①]要打破相互隔绝的诸多障碍,建立起教育"统一的有机体",恰恰是跨界教育能够完成,也只有跨界教育才能完成的重大使命。

承担了这一重大使命的跨界教育,把跨界置于教育的正中央,赋予其核心枢纽的位置:教育即跨界,跨界即生长。在跨界和跨界教育视角下,人类教育的历史得以重新书写:这将是一部基于跨界、围绕跨界、为了跨界、在跨界中的教育史。人类教育就此出现了重大转向:从"学以成己"和"学以成人"转向"跨以成己"和"跨以成人"。

跨界教育的意义和任务,不止于教育。跨界教育也是影响人类生活、推动社会转型和人类文明变迁的新路径。它有助于

---

① [法]保罗·朗格朗:《终身教育引论》,周南照、程树清译,52页,北京,中国对外翻译出版公司,1985。

打破韦伯（Max Weber）剖析的理性化、科层化所致的各种牢笼，以及普遍存在的马赛克化、网格化、箱格化，让持续的跨界流动，高频度、高节奏的跨界学习、跨界对话、跨界劳动和跨界生活以及高强度的跨界竞争，成为日常生活与社会文化的新常态：无人生不跨界，不跨界无人生；无社会不跨界，不跨界无社会。通过跨界，不同的个体与社会最大限度地拓展人生的边界与社会文化的边界。过去，终身教育力图解决的重大社会问题，是从几代人的关系中产生出来的问题，隔代之间的交流和交往处于一种由相互隔离、对立导致的不良状态，以至于在很多情况下父子之间、师生之间的关系到了无法对话，甚至实际没有对话的程度；今日，跨界教育解决的社会问题，除了代际对话和代际跨界问题，更多地指向社会各种不同界域之间的分域区隔、认知盲区、理解障碍、认同困境和信息茧房，无法协同推进人类文明的发展等瓶颈和难题。拥有巨大变革潜能、被广为推崇的数字技术，虽然"能够促进知识和信息的分享，但也能够对知识多样性、文化包容性、私人空间与隐私构成重大的伦理安全威胁"①，从而造成新的分化与对立。对此，跨界教育致力于推动将新的社会分工与分配建立在充分跨界流动的背景下，借助跨界活力赋予个人和整个社会文明新的活力，最终克

---

① 张明选：《如何面对世界危机、教育危机和不确定的未来——联合国教科文组织报告〈一起重新构想我们的未来：为教育打造新的社会契约〉解读》，载《人民教育》，2022(20)。

服界域无知，戒除自以为是的界域傲慢、界域偏见，走出习以为常的界域惯习，打破根深蒂固的界域依赖，消除无处不在的跨界阻力；它存在于外部世界，也深根于自我深处，学会带着界域惊异与跨界激情，在跨界中沟通和对话，在跨界中劳动和生存，在跨界中可持续发展，拥有在各种界域间建立建设性联系的个体内生力和社会发展力，并借此进一步彰显社会教育力①、社会跨界教育力在社会发展中的独特作用。这可能形塑出"好社会"的新标准：具有强劲的社会跨界力、社会教育跨界力，从而具有强大的跨界共生力。

二、跨界教育的研究图景和知识谱系

跨界教育的出现，早有端倪。前期的相关研究和实践积累，围绕跨界教育"是什么""跨什么""谁来跨"等议题，展开了多方面探究。

(一)跨界教育"是什么"

其一，将跨界教育作为一种新的教育类型，其内涵与外延包括但超越了跨界教学、跨界学习，走向跨界教育。这是一种综合性的教育体系，涵盖教育模式(本土化与国际化)的跨界互补、知识体系的跨界融合(学科交叉与知识创新)，以及人才培

---

① 叶澜：《社会教育力：概念、现状与未来指向》，载《课程・教材・教法》，2016(10)。

养各方的跨界合作（校企合作、工学结合）。① 它试图充分融合不同教育类型的优势，形成更为综合、灵活、多元、互补的教育形态。无论何种形态，跨界教育的本质都是一个过程，而非一个结果；它既表示一种状态，又表示一种方式，还标志着一种融合。② 换言之，跨界教育的教育过程、教育状态抑或教育方式，具有先天的未完成性和开放融合性。其二，将跨界教育作为一种新的教育目的，培养学生通过跨界的思维、跨界的学习、跨界的工作、跨界的合作，成为全面且可持续发展的复合型人才。③ 其背后仍然有对学生本位的彰显④，主张对学生"能力本位观""生命发展观""多元智能观""行动导向观"的强化培育⑤。其三，将跨界教育作为一种新的培养路径，既指向学生培养，也朝向教师发展，形成促进师生成长的"跨界路径"。

（二）跨界教育"跨什么"

"跨界"的"界"可以理解为"界限""边界""界域"，如主张教

　　① 唐衍军、蒋尧明：《跨界教育理念下的新文科会计人才培养》，载《财会通讯》，2021(11)。

　　② 欧阳修俊、张传燧：《教育学跨界研究探析》，载《广西师范大学学报（哲学社会科学版）》，2017(3)。

　　③ 徐冰：《"跨界教育"对高校人才培养模式的影响研究》，载《浙江工商职业技术学院学报》，2013(2)。

　　④ 王一舒、王卫星：《融入"跨界教育"理念 构建会计实践教学体系》，载《财务与会计》，2016(4)。

　　⑤ 陈彩凤：《跨界理念下高职国际物流类课程一体化教学设计》，载《教育与职业》，2014(11)。

育应该跨越种族、种群、地域、学科、知识、课程等多方面界限，让教育与所有文化工作者相结合，与文化和政治相结合，建构边界教育学(Border Pedagogy)。[①] 随着边界的划分和界定，出现了各种领域，每个领域都是一种类型的"界域"，表现为教育领域(界域)、学科领域(界域)和空间领域(界域)等，因而有普通教育与职业教育、高等教育与基础教育等教育类型领域的跨界；有自然科学、社会科学、人文科学等学科类型领域的跨界，有不同国家、地区、学校、社会、社区和家庭等空间类型领域的跨界等。

进一步下移，如下移到职业教育领域，对"界"的理解则更为多元，出现了"三界说""四界说""六界说"。"三界说"包括职业教育的知识边界、物理边界和社会边界。[②] "四界说"可概括为"产教融合、校企合作、工学结合、知行合一"，欲打破产教分离、校企分离、工学分离以及知行分离的教育模式、办学模式、教学模式和认知模式，本质上是"主导型跨界、主体型跨界、核心型跨界、文化型跨界"。[③] "六界说"则提出对六种界限的跨越："一是跨越教育与职业之界，二是跨越学校与企业之

---

① 参见［美］亨利·A.吉罗克斯：《跨越边界——文化工作者与教育政治学》，刘惠珍、张弛、黄宇虹译，上海，华东师范大学出版社，2002。

② 徐珍珍、刘晓：《基于跨界属性的职业教育理论体系：价值取向与研究展望》，载《职教通讯》，2014(31)。

③ 张健：《职业教育跨界理论：本质、价值与内涵》，载《中国职业技术教育》，2022(9)。

界，三是跨越学习与工作之界，四是跨越中职与高职之界，五是跨越职业教育与'其他类型教育'之界，六是跨越教育学与'其他相关学科'之界。"①又如，下移到教学领域，从教学形式的角度，读出"界"的"界线"之义，既包括学校或区域的界线，也涵括线上教学空间与实体校园空间的界线②；从教学内容的角度，"界"倾向于"界限"之义，具体指专业界限、学科界限或知识界限，它们常常互为一体——在跨专业、跨学科界限之中，跨越彼此知识的界限。

在如此纷繁庞大的跨界教育体系里，相对而言，学科跨界是聚焦点，核心是跨学科教育和跨学科教学。

在跨学科教育的层面，它被视为"基于一定的教育思想与理论，高等学校通过整合两门或两门以上学科形成一组课程，以问题与项目为纽带把关联的学科知识予以统整，促进学生运用跨学科知识与方法解决综合性问题、提升高阶思维能力的一种教育实践形态"③。这表明，跨学科教育既是一种教育思想，也是一种教育实践形态，更是一种教育变革手段。它强调以问题导向为核心，打破单一学科育人的传统逻辑，转向"基于学科交

---

① 何应林、顾建军：《职业教育跨界研究初探》，载《中国职业技术教育》，2012(36)。

② 王晓波：《教育 4.0：跨界思维下教育的融合创新——专访中国教育技术协会常务副会长张少刚》，载《中小学信息技术教育》，2017(5)。

③ 伍超、邱均平、苏强：《跨学科教育的三重审视》，载《浙江社会科学》，2020(8)。

叉的人才培养研究和跨学科教育"①，关注学生基于跨学科知识与方法解决实际问题的跨界思维能力，以更好地认识和解决人类社会发展的复杂变化及其背后的矛盾与挑战。跨学科教育由此被视为依托课程与项目平台培养复合型人才的重要路向。

在跨学科教学的层面，强调要"以主学科为根基，依托问题贯通与学科外溢现象，将主学科与相关辅学科关联起来，最终达成学科育人目标的一种复合教学形态"②，实现"学科经验跨界"和"教学内部重构"③。在全球范围内的跨学科教学中，从核心主题来看，涉及跨学科组织变革、跨学科专业学位设置、STEM 教育与智能化教学、跨学科评估与预测、可持续发展教育；从变革趋势来看，从以建设跨学科课程和教学为主转向塑造学生的跨学科元认知能力，由复杂现实问题和学科自组织模式驱动转向整合式创新驱动，从多学科教育研究范式转向会聚科学教育研究范式等。④

（三）跨界教育"谁来跨"

关于跨界教育"谁来跨"，涉及跨界主体，即跨界者。虽然，

---

① 范新民、高志怀：《"一带一路"倡议下跨界融合人才培养与创新创业教育路径》，载《河北师范大学学报（教育科学版）》，2018(2)。

② 龙宝新、高柏：《论跨界教学的内涵、运转与创建》，载《现代基础教育研究》，2021(2)。

③ 龙宝新、高柏：《论跨界教学的内涵、运转与创建》，载《现代基础教育研究》，2021(2)。

④ 张炜、魏丽娜、曲辰：《全球跨学科教育研究的特征与趋势——基于 Citespace 的数据分析》，载《高等工程教育研究》，2020(1)。

作为受教育者的学生和教育者的教师都是最重要的跨界主体，但当下的研究热点还是在教师身上，并在跨界身份、跨界学习和跨界教学三个方向上分别展开。

就跨界身份而言，首先是针对高等学校"教育者"身份的跨界融合。跨界教育不再满足于高等教育机构中由专门的教师团体来开展教育教学工作，而是要求吸收来自社会各行各业的职业英才担任兼职教师或课程顾问，共同参与高等教育的教学全过程；此外，跨界教育也要求高等学校教师主动跨出学校教育的边界。一方面，强调将理论知识运用于企业咨询、研发和管理之中，贡献高等学校教师对社会生产过程的经验与智慧[1]；另一方面，倡导作为教师教育者的教师，成为教育研究者与教育实践者之间的"跨界人"[2]，加强专业领域在大学与中小学、理论与实践、不同劳动方式之间的跨界，完成教师教育者双重素养结构的建构[3]。

就跨界学习而言，大量研究集中于中小学教师群体。跨界教育的研究与实践催生了教师的跨界学习需求，拓展了跨界学习的方式。

---

[1]　范新民、高志怀：《"一带一路"倡议下跨界融合人才培养与创新创业教育路径》，载《河北师范大学学报(教育科学版)》，2018(2)。

[2]　龙宝新、陈晓端：《跨界人：教师教育者的身份定位及其关键素养》，载《河南师范大学学报(哲学社会科学版)》，2020(6)。

[3]　王鉴：《跨界的能动者：教师教育者专业成长路径探析》，载《中国教育学刊》，2019(7)。

在教师跨界学习的目的和意义上，一个普遍共识已经达成：跨界学习是促进教师自我发展和专业成长的重要手段。作为一种"横向式"或"扩展式"的学习过程，它打破了传统"纵向式"的教师共同体参与学习的模式，通过超越教研组、学校乃至地区的组织和学习边界，加强教师的跨界思维与跨界教学能力[①]，助推教师从"身份赋权"到"素养胜任"的转变，成为"跨界的能动者"[②]。其中的关节点，是将跨界学习过程中的反思与收获转化、内化为教师的素养与能力，应用到具体教学情境和育人环节之中。因跨界学习而来的教师素养和能力的形成过程，也被置于跨文化背景下深究[③]，这是一种作为全球公民的教师跨文化技能培养过程[④]。此外，还有对教师跨越课程和项目的能力和多语言能力发展的专门研究。[⑤] 跨界学习对教师专业发展的助推作用，还应与教师培训结合起来。例如，有关中小学教师

① 王晓芳：《从共同体到伙伴关系：教师学习情境和方式的扩展与变革》，载《华东师范大学学报（教育科学版）》，2015(3)。

② 王鉴：《跨界的能动者：教师教育者专业成长路径探析》，载《中国教育学刊》，2019(7)。

③ Christine Harrison, "Boundary Crossing during Pre-service Teacher Training: Empowering or Hampering Professional Growth?,"*Cultural Studies of Science Education*, Vol. 13, No. 4, 2018, pp. 1129-1133.

④ Allison Witt, "Postpandemic Futures of Global Citizenship Education for Preservice Teachers: Challenges and Possibilities," *Prospects*, Vol. 53, No. 3-4, 2023, pp. 299-312.

⑤ Beverley Cooper, Bronwen Cowie, and Jane Furness, "Curriculum Mapping as a Boundary Encounter: Meeting the Demands of Multiple Agendas,"*Educational Research for Policy and Practice*, Vol. 23, No. 2, 2021, pp. 229-250.

培训机制中的跨界学习研究，尤其是关于农村教师跨界学习的研究，提出跨越大中小学的资源界限和城乡社区的物理边界，构建具有跨界互动特性的农村教师合作伙伴关系及其运行框架。① 这类研究或许会推动当前农村教育和农村教师的研究与发展，找到新的突破方向，形成以跨界学习为视角的研究新格局、实践新路径。

在促进教师跨界学习的支撑方式上，一是内容支撑，为教师跨界学习提供具有跨界内涵的内容，内含知识跨界、能力跨界和价值跨界三个方面。② 二是机制支撑，相应机制的引发、维持和推动是焦点之一。③ 教师跨界学习机制包括跨界学习的设计、组织实施和转化应用④，或者表现在识别、协调、反思以及转化四个方面⑤。三是技术支撑，先后出现在线学习如何支撑教师的跨界学习，通过跨越他们习惯性的界限和其中的规

---

① 戴伟芬：《论跨界互动特性的农村教师合作培训》，载《教育研究》，2016(10)。

② 王乐：《跨界：教师专业发展的社会化策略》，载《教育理论与实践》，2018(5)。

③ 陈向明：《跨界课例研究中的教师学习》，载《教育学报》，2020(2)。

④ 何莉：《跨界学习：促进教师专业成长的新探索》，载《中小学管理》，2020(9)。

⑤ 金星霖、王琳媛：《跨界学习理论的起源、内涵、机制及其本土验证——以职校教师在企业实践中的学习为例》，载《职业技术教育》，2021(31)。

范来促进专业发展①，教师在在线专业发展的跨界学习中的互动如何影响教师相关实践改进②，等等。还有教师如何通过跨界学习促进专业发展③等方面的研究。

就跨界教学而言，更多侧重于教师从事跨界合作教学的影响因素研究④，如对可持续的跨学科联合工作的关键因素——知识共享、扩展性学习的机会、适应不断变化的工作关系以及克服合作——的系统性障碍等的研究⑤，也有关于教师跨越校内校外边界的教学行为对教学信念的影响因素⑥，以及保证教

---

① Chronis Kynigos and Elissavet Kalogeria, "Boundary Crossing through In-service Online Mathematics Teacher Education: The Case of Scenarios and Half-baked Microworlds," *ZDM: Mathematics Education*, Vol. 44, No. 6, 2012, pp. 733-745.

② Ornella Robutti, Theodosia Prodromou, and Gilles Aldon, "Teachers' Involvement in Designing MERLO Items: Boundary Crossing," *Digital Experience in Mathematics Education*, Vol. 7, No. 2, 2021, pp. 276-300.

③ Jason Cooper, Shai Olsher, and Michal Yerushalmy, "Didactic Metadata Informing Teachers' Selection of Learning Resources: Boundary Crossing in Professional Development," *Journal of Mathematics Teacher Education*, Vol. 23, No. 4, 2020, pp. 363-384.

④ Alon Pinto and Boris Koichu, "Implementation of Mathematics Education Research as Crossing the Boundary between Disciplined Inquiry and Teacher Inquiry," *ZDM: Mathematics Education*, Vol. 53, No. 5, 2021, pp. 1085-1096.

⑤ Govind Krishnamoorthy and Kay Ayre, "Sustaining Interdisciplinary Work in Trauma-informed Education," *Australian Educational Researcher*, Vol. 49, No. 3, 2022, pp. 529-546.

⑥ Colleen Vale, Coral Campbell, and Pennie White, "Beliefs and Practices of Secondary Teachers Crossing Subject Boundaries to Teach Mathematics Out-of-field," *Mathematics Education Research Journal*, Vol. 33, No. 3, 2021, pp. 589-612.

学信念连续性的研究①。还有关于 STEM 综合教学法②，以及如何支持教师跨学科教学的专业身份认同③，教师教学中角色的"跨界转换"等的深入研究④。

综合来看，已有的跨界教育研究图景，其视野主要限定在跨界教学和跨界学习，而非跨界教育。即使触及了跨界教育，也是或者以跨界教学、跨界学习替代跨界教育，或者对于这一新的教育类型在人类教育变革、社会发展和人类文明变迁中的重大意义和价值，尚未充分认知；没有在更为宽阔和广远的视野下，尤其是没有在社会转型、生存方式和育人方式转型的意义上，加以理解和探究。此外，跨界主体依旧局限于教师和学生，跨界教育只是与学校中的教师和学生相关的教育，而不是与所有人相关的教育。此外，已有的不少成果，或多或少还是在"跨界现象"而不是"跨界教育"层面的研究，由此看来，跨界

① Colleen Vale, Coral Campbell, and Christopher Speldewinde, et al., "Teaching Across Subject Boundaries in STEM: Continuities in Beliefs about Learning and Teaching," *International Journal of Science and Mathematics Education*, Vol. 18, No. 3, 2020, pp. 463-483.

② Allen Leung, "Boundary Crossing Pedagogy in STEM Education," *International Journal of STEM Education*, Vol. 7, article number 15, 2020, pp. 1-11.

③ Linda Hobbs, "Teaching 'Out-of-field' as a Boundary-crossing Event: Factors Shaping Teacher Identity," *International Journal of Science and Mathematics Education*, Vol. 11, No. 2, 2013, pp. 271-297.

④ Heather Lynn Johnson, Gary Olson, and Belin Tsinnajinnie, et al., "Boundary Transitions Within, Across, and Beyond a Set of Digital Resources: Brokering in College Algebra," *Digital Experience and Mathematics Education*, Vol. 9, No. 2, 2022, pp. 209-231.

教育现有的知识谱系，需要增添新的研究视角，转换新的研究重心，打开新的研究空间，带来新的研究图景。这说明，跨界教育的研究与实践本身，无论是内涵、意义，还是实现路径、未来趋向等，都需要打破已有的边界或界限，进入新的界域空间。

三、跨界教育的内涵和意蕴

如前所述，已有跨界教育的研究图景、思想视野及其勾勒的知识谱系，尽管提供了不可缺失的基础，但依然有继续拓展并深化的空间。首要的深化点，在于何谓"跨界教育"。对"跨界教育"内涵的厘定，需要做出两个方面的区分：一是跨界现象与跨界教育，二是跨界教育与非跨界教育。

就跨界现象与跨界教育的关系而言，前面所述的各种跨界现象，或多或少已经具备了跨界教育的内涵与特性。然而，不仅跨界现象及相应的跨界行为和跨界内容不等于跨界教育，至少，不是所有的跨界现象都是跨界教育现象，而且教育中的跨界、借助教育的跨界也不完全等同于跨界教育。教育中出现的跨界现象，不一定都具有教育性或育人价值。

就跨界教育与非跨界教育的关系来说，如下问题需要做出整体、清晰的回答：跨界教育与非跨界教育或者以往别的教育相比，有何不同？答案的获取绝非易事。跨界教育不是对传统教育的简单延伸，它不仅包含着对教育本身的理解，更与每个人对未来生活方式和成长方式采取什么新的态度、持有什么新的理念、运用什么新的技术和方法等有多方面的深度牵连。它与终身教育一样，能为我们理解和认识个人在一生中、在社会中显示其新的意义，展现其生命价值赋予新的可能，并为个人命运的抉择、社会前景和人类前途的发展方向提供新的价值锚，打开新的生长空间，带来新的可能性。这种可能性，在个人这里，是跨界学习和跨界生长；在社会那里，是跨界教育和跨界型社会。

跨界教育的内涵和意蕴，是一个多元性、层次化的复杂结构，由预设、性质、对象、目标、内容等不同要素综合构成。

在预设上，跨界教育以承认人、社会与文化体系的可能性、多样性及各自的局限性为前提，存在四重预设：其一，人类有跨界的需要，这种需要根植于人类生命中的基因，也是人类文明演进的密码；其二，人人皆有跨界的可能性，所谓人具有"可塑性"，也可以理解为"可跨性"；其三，跨界具有育人价值，具有生长性——跨界带来人的生长，当然，这种因跨界而来的育人价值仍然只是一种可能性，要把可能变为现实，需要提供教育基础、创造教育条件；其四，教育是满足人类跨界需要、实现跨界可能、促进跨界生长、实现跨界育人价值的基本手段。

在性质上，跨界教育是一种整体性、系统性的新型育人方式，不应将其限定为一种具体的教育、教学或学习的类型、内容和手段。这是由"跨""跨越""跨界"带出的育人方式。它蕴含了一种视角，即"跨界"视角；蕴藏了一种思维，即"跨界"思维。以跨界为视角和思维审视教育，如果说终身教育被看成一体连续性的教育，跨界教育则可以被视为穿越、跨越或转换性的教育。它最初被纳入"教育目标"，"跨越"本身构成了这种教育的目标之一，即"学会跨越"；接着化为"教育手段"，即以跨越的方式育人、成人；继而进入"教育过程"，即让所有教育者和受教育者共同终身经历一个跨越的过程，一个在跨越中共同生长的过程，同时也是一个综合融通的过程。因此，跨界教育与终身教育、综合素质教育变成了互释、互构与互成的融合共生体。这是一个围绕着"跨界教育"的交互生成式的育人关联体，其表现为：最初作为一种视角和思维，之后化为目标，变成手段，形成过程，最终结成跨界育人的共同体。

在对象上，跨界教育的对象与人人有关，既针对学生这样的受教育者，也涵盖作为教育者的教师、家长及所有的成年人。如同终身教育一样，跨界教育的对象遍布全社会的每一个角落，属于每一个群体与个体。人人都需要跨界，都可以跨界，且需要接受跨界教育，跨界教育因此与人人、时时、处处有关，这将是一个全民接受跨界教育，汇聚为全社会跨界教育的新时代。

在目标上，跨界教育的根本目标是实现跨界的育人价值，这个价值的核心就是"跨以成人"，终极目标是"人的全面而自由的发展"；以此方式解决不同界域之间，如不同学科、知识、职业、身份之间的各种分离与屏障，造成的片面发展、断裂成长和割裂生长，在"跨以成人"中实现学以成人、教以成人，成就全面和自由发展的人。它的出现，将"跨"、"教"、"学"与"做"结合起来："跨"既将"教"与"学"连接起来，成为嫁接者和中介者，本身也是"教"与"学"的新目标——培养跨界之人，在"学跨界"和"做跨界"中成为通过终身学习，走向终身跨界学习的跨界人或跨界者。这里的"做"，是一种实践，是"做跨界"的实践，它助力人人都跨越自己的无知，跨向未知，跨出新知，跨出具有"自我跨界力"和"终身跨界力"的新生命。跨界教育的根本价值有二：一是帮助个人跨越自身原有的边界，跨出原有的可能性，跨向新的边界，打开新的可能的自我教育方式；二是提升全社会的"跨界教育力"，成为提升"社会教育力"，走向"全社会教育"的重要目标和实践路径。如此，一个以跨界教育、跨界型社会为标识的"未来已来"。它推展出的前沿课题是：教育如何帮助个人及组织适应跨界时代，既能够在跨界中获得知识和能力，也拥有在不同界域之间随时、随地且终身持续跨越的能力；社会又该如何为实现这个新目标承担教育责任。以往，"获取何种知识，以及为什么、在何时、何地、如何使用这些知识，是个人成长和社会发展的基本问题"[①]；如今，如何在跨界中获得知识，在何时、何地、如何跨界，如何高质量跨界，彰显育人价值的跨界，则是个人成长、社会发展和未来教育的基本问题。

---

① 联合国教科文组织编：《反思教育：向"全球共同利益"的理念转变?》，联合国教科文组织总部中文科译，8 页，北京，教育科学出版社，2017。

在内容上，跨界教育之"跨"的内容，属于需要人人跨越的界限和界域：可能是一种特定的时段，如自身所处的某一时代、某一特定的空间（自己的住宅、公寓）；可能是某种习惯的交通工具；更可能是自己喜爱或擅长的学科、知识、经验与方法，以及语言方式、行为习惯；还有可能是沉浸其中的职业、阶层、角色或身份，以及成就和地位等。每个人都可能习惯于在自己的界域里深居简出，与"邻域"老死不相往来，结果在不知不觉间把"界域"变成了"监狱"，化为"自己把自己关起来并且须臾不可离开的个人意识的监狱"①，终身受困其中，形成"界域固化""界域傲慢"而不自知……这或许就是制约人的全面发展的界域根源。跨界教育所具有的如上丰厚意蕴表明，它必定包含着果敢、抉择、牺牲、毅力和坚持，无论什么样的跨界教育，都需要一系列复杂的信息，以及持续终身的训练和练习等。

总之，跨界教育，是在进入跨界时代的社会转型大背景下，为了满足人的多元跨界需要，打破各种界域屏障，以"跨以成人"为育人目标，挖掘和实现跨界的育人价值的教育，是一种基于跨界、依托跨界、为了跨界和在跨界中育人、成人，同时助推人类迈向跨界型社会的教育。

跨界教育的提出，发出了一种召唤：今日及未来的教育，要获得可持续发展的生命力，就必须与跨界建立积极有效的内

---

① ［法］保罗·朗格朗：《终身教育引论》，周南照、程树清译，136页，北京，中国对外翻译出版公司，1985。

在联系，把跨界视为一种建构性力量而不是破坏性力量，充分彰显和发挥跨界的教育力量。在把教育视为贯穿人的一生因而持续终身的过程的同时，也应将其看作在不同界域之间跨越、穿梭和转换中完成自我持续进化与生长的过程。因此，教育工作者应尽一切努力，摒弃任何把原有经验与思想、视角与框架、观念与方法画地为牢或自我设限的习惯，努力以各种方法促进教育对象积极、机智且有效参与不同领域的行为，不管这种跨界是发生在自我原有的界域，还是发生在与之联系的外部界域。同时，为教育对象提供跨界认识、跨界思维和跨界自觉，充分发挥其跨界能动性。

四、跨界教育和未来教育新体系的构建

如同所有教育改革的新思潮、新趋势一样，跨界教育的兴起，势必带来只有它才可能带来的教育新体系。教育的任务如此重大，教育的过程和要解决的问题如此复杂，不论是终身教育，还是跨界教育，总要为之提出并构建一个体系化的方案来整体解决，才能最终证明自身是行之有效的。这一体系化的跨界教育方案，应当是实践体系、理论体系与政策体系这三大体系的兼容并蓄，它们分别指向跨界教育的实践逻辑、理论逻辑和政策逻辑，共同融汇为跨界教育的整体逻辑。

（一）跨界教育实践体系

第一大体系，是跨界教育实践体系。它由价值体系、目标

体系、评价体系、课程体系、教学体系、教研体系、教师培养体系等组成。以价值体系为例，"跨界"蕴藏着育人、成人的伟力，给人以成长和成人的力量，因此，跨界教育具有丰富且独特的育人价值：通过"跨界"，为学生进行跨界奠基。它为学生丰富对所处的变动不居世界的多重理解与认识，在这个世界中形成、实现自身意愿，提供多元界域，满足跨界需要，激发跨界动力；使学生学会跨界思维，掌握跨界策略，形成跨界习惯，生成唯有在跨界和跨界教育中才可能获得的经历、体验与能力，在生命的持续丰富和充实中，最终成长为具有终身跨界力的"跨界人"。跨界教育的如上育人价值，也可以转换到"核心素养"的层面思考，跨界之人具有"跨界综合素养"，融合了态度、情感、价值观以及思维和审美等不同维度。例如，具有"跨界激情""跨界思维""跨界美感"……这一新的素养体系，有可能为方兴未艾的核心素养与学科核心素养的研究和实践，提供来自跨界教育的新视角和新启示。

再以目标体系为例，基于跨界教育特有的育人价值及其内含的"跨界素养"，围绕"跨以成人"的核心目标，深化为如下具体目标。

一是唤醒和满足跨界需要。如前所述，跨界教育的产生，根植于人及其创造的可能性与多样性，因此成为满足和实现人的多重可能性的育人方式。当教育者引领受教育者在不同界域之间穿梭转换之时，既是对受教育者不同方面潜能与需要的唤醒，也同时满足并提升了他们多元性的基本需要，让"大部分以智力、道德、审美能力诸方面发展为目标的活动都有用武之地。一个人可以读书、谈话、散步、扩大对宇宙及其规律的了解、看剧、演戏、演奏和歌唱、绘画、写生、朗诵或听朗诵诗歌；通过这些活动中的任何一个，他一方面能够愉快而有益地度过属于他支配的空余时间，另一方面，更为重要的是他能借以表达自己生命中的基本需要"①。通过思维需要、情感需要和审美需要等多种核心需要的满足，战胜身心各种形式的无能，突破已知的生命界限，击穿不同生命阶段特有的天花板，持续拓展生命成长的界域。

二是萌发和增值跨界体验。依托现代元宇宙技术，跨界教育通过提供并创造各种界域，为师生"找到了通向另一个、另一类或另一些感官体验的门户，在不同界域体验之间，如不同身份穿梭转换过程中，丰富、拓展人类体验的广度和深度，实现了'体验增值'"②。它预设了出自跨界教育的一种判断是否为"好教育"的新标准：能否让人类的生命体验和教育体验获得最大限度的增值，进而导出源自跨界教育的独特育人方式——以跨界的方式，在孕育体验、催生体验、创造体验和扩展体验中

---

① ［法］保罗·朗格朗：《终身教育引论》，周南照、程树清译，59页，北京，中国对外翻译出版公司，1985。
② 李政涛、吴冠军、李芒等：《"元宇宙与未来教育"笔谈》，载《基础教育》，2022(2)。

成己、成人和育人。

三是赋予和强化跨界能力。这类能力的根本是"跨界力"，具体包括想象力、交互力、协同力和思维力。

想象力：如何跨界、如何更好地跨界的过程，是一段或多段奇妙的想象之旅，充满对异域的畅想与眺望，灌注了丰盈的想象，注定成为想象力持续且无限扩展的旅程。

交互力：这是不同界域之间交互生成的能力，如在不同学科、不同知识体系、不同学习方式、不同身份角色、不同时空以及不同职业之间的穿梭、跨越或转换，进而生成新知识、新思维和新方法，完成自我更新、自我再造的能力。

协同力：跨界教育中实现的各种界域的跨越，引发的不是界域之间非此即彼式的相互割裂、相互舍弃，而是连接与协同，是只有相互协同才能建构出的"界域共同体"，才能发挥和实现跨界具有的育人价值。其中，如何在所跨越的各界域之间建立联结，形成具有融合力的界域协同关系，是这一关键能力的基本要求。

思维力：这是以"跨界思维"为标识的特殊能力。它蕴含的思维方式是关联式思维、整体融合式思维、综合渗透式思维和多向互动生成式思维，它能够将不同界域关联、整合起来思考，实现不同界域间的相互渗透融合，避免将不同界域割裂开来、对立起来。

想象力、交互力、协同力和思维力，被集聚为"跨界力"，这是跨界教育特有的育人新目标——培育有跨界力的新人，也是跨界教育带来的育人新方式——以跨界方式培育跨界之人。

四是养成和内化跨界习惯。与"跨界力"相应，还有"跨界习惯"，如跨界想象的习惯、跨界交互的习惯、跨界协同的习惯和跨界思维的习惯等，只有真正转化为日常生存习惯，跨界意识与跨界能力才能"长"到跨界者的身上，培育出理想的跨界人：时时处处都可以跨界，每时每刻都走在跨界的路上。

以评价体系为例，由于跨界教育赋予教育以新内涵，拓展了原有教育的边界，因此必然会生成新的教育评价标准。任何评价标准的实质，都离不开某种特定的视角。既作为一个理念，也作为一种视角的跨界，把教育想象和理解为一个系列化、阶段化的连续跨界的过程。可以说无教育不跨界，无跨界不教育。以此视角看教育，是否为"好教育"的一种评价标准得以诞生：是否有助于满足人的跨界需要，提升人的跨界能力？与之相连，什么是好学校、好课程和好课堂？什么是好学生与好教师？这一系列的评价尺度都将随之改变。比如，作为充满无限跨界可能的学生，"好学生"就是具有强大自主跨界学习力的学生，"好教师"则是兼有跨界学习力和跨界教育力，善于激发学生跨界潜能，助推其把潜能变为现实，进而拥有跨界素养的教师。还可以跨界为视角看高质量教育，赋予其"高质量跨界"的新标准：高质量的教育，离不开高质量的跨界，离不开高质量的跨界教育；有了高质量的跨界教育，才可能走向高质量的教育。此外，已有的评价方式，如综合素质评价、过程性评价和增值性评价等，都随之在跨界教育这一新平台、新层面，得以重新理解、设计和推进，转向跨界素质评价、过程性跨界评价、增值性跨界评价等。

(二)跨界教育理论体系

第二大体系，是跨界教育理论体系。已有跨界教育实践存在的诸多割裂、碎片和无序状态，根源之一，在于缺乏体系化清晰的理论指南与理念牵引。由于是新生事物，跨界教育的理论体系尚处在萌芽状态，对于构成这一理论体系的基本概念、基本范畴、基本问题和研究方法论等的研究，特别是有关跨界教育的育人价值、教育目标、教育过程、教育评价等核心问题的研究，才刚刚起步。本文就是起步阶段迈出的一小步，它的发展方向与终极目标，是形成来自跨界教育、彰显跨界教育、属于跨界教育的知识体系。其卓然而立的前提，是围绕"人""实践""教育"等基本概念，聚焦"教育与人""教育与社会""教育与自然""教育与技术"等基本理论问题，提出只有依据跨界教育的视角与方式，才可能形成的理论认识与理论方案。这意味着，跨界教育的出现，有可能改变教育基本理论、教育学原理，甚至整个教育学的理论体系和知识体系。该体系的作用在于：一是对跨界教育实践可能出现的现实问题，如对跨界教育的泛化及其价值的无限拔高，以及跨界过程中产生的边界繁重增生、越界替代、跨界无序、跨界无根、跨界失根、为跨界而跨界，忽视成人育人才是其终极价值而导致的本末倒置等实践误区等，展开理性反思与批判；二是贯穿并渗透教育实践全过程，成为不同教育实践体系的理论依据；三是为可能的"跨界教育学"的建构做好充分的酝酿和铺垫；四是基于创造性的中国本土跨界教育实践经验，创生中国跨界教育学，融入中国自主教育学知识体系，成为中国教育学学科体系、学术体系与话语体系的内在构成。

（三）跨界教育政策体系

第三大体系，是跨界教育政策体系。跨界教育的政策积累并非空白。若以跨界教育为视野，无论是我国的《中国教育现代化 2035》《关于深化教育教学改革全面提高义务教育质量的意见》《深化新时代教育评价改革总体方案》等，还是联合国教科文组织先后发布的《学会生存——教育世界的今天和明天》《反思教育：向"全球共同利益"的理念转变？》《学会融入世界：为了未来生存的教育》《共同重新构想我们的未来：一种新的教育社会契约》等重大教育政策文件和研究报告，都已然具有鲜明的跨界取向和跨界思维。例如，为了构建全民终身学习的制度环境，《中国教育现代化 2035》要求"建立国家资历框架，建立跨部门、跨行业的工作机制和专业化支持体系"。为了深化考试招生制度改革，《深化新时代教育评价改革总体方案》提出要"探索建立学分银行制度，推动多种形式学习成果的认定、积累和转换，实现不同类型教育、学历与非学历教育、校内与校外教育之间互通衔接，畅通终身学习和人才成长渠道"。同样，联合国教科文组织的历次重大文件，也渗透了跨界意识和跨界思维。例如，"学会生存"的实质是学会跨界生存，"反思教育"中的反思，其实也是跨界反思，包括对学校与校外机构等教育机构之间的跨界现状和跨界过程的系统反思。"学会融入世界"的内核之一，是打破人类这个生命物种与地球其他生命物种的对立，在跨物种之间的和谐生存、跨界共生中保护生态文明，进行生态教育。"共同重新构想我们的未来"发出了"我们亟须一起重新构想我们的未来"的呼吁，这个未来是只有通过跨界才可能迎来的未来，需要的是教师、大学、青少年、相关团队与企业、政府首脑、财政部门、国际组织与非政府组织通过积极参与前瞻对话和协商协调，让全球各国、各群体、各机构为共同承担教育责任，订立共同的契约，作出共同的承诺。① 实质上，这是一份典型的"跨界契约"，它力图推动以全球为单位的跨界教育，在跨界中形成全球范围内的"全政府"，强化多部门协作的功能，发挥各界主体的能动性，在彼此跨越链接的过程中，携手投身于变革教育的共同行动。

　　未来的教育政策走向，一是融入，将这些政策中的跨界理念，融入各级各类教育之中，转化为现实的跨界教育力；二是

---

　　① 张明选：《如何面对世界危机、教育危机和不确定的未来——联合国教科文组织报告〈一起重新构想我们的未来：为教育打造新的社会契约〉解读》，载《人民教育》，2022(20)。

整合，既提取并整合现有政策文件中的跨界观念，进一步聚焦放大，也汇聚经济政策、文化政策、技术政策等相关领域的跨界理念，在政策的意义上，将跨界教育和跨界经济、跨界文化和跨界技术的政策法规融通起来，实现不同领域政策的"跨跨融合"，在"各跨其跨"的同时，促进"跨跨与共"，最终"跨界共生"；三是研制，研究制定推动"跨界教育体系"建设的专项教育政策，统领和推进跨界教育改革。

当下的跨界教育仍然处于概念界定、理念明晰和实践探索的初级阶段，还是一个刚刚开启的新篇章，一座刚刚浮现的新桥梁，一条刚刚出现的新道路，至少是一个刚刚冒出的新路标，它指向的远方，是为人类实现更美好的生活、迈向更美好的社会，提供一个可能的建设方案：建构一个全方位、全过程、全路向渗透跨界教育理念和原则，实施一种与社会跨界转型、跨界升级，最后建成跨界化社会紧密联结的教育。

文化自觉、语言自觉与"中国教育学"的发展[①]

一、何谓"中国教育学"发展中的"语言自觉"

在渴盼创建有中国气派的教育学的今日，如何理解中国教育学中的"中国之本义"十分关键。以文化来界定和解读"中国"，基于文化自觉推进中国教育学的知识生产和理论创新已成为越来越多研究者的共识。但对于如何理解"文化自觉"，却有不同的期许和侧重，进而形成不同的视角，如价值视角和思维方式视角。除此之外，在笔者看来，"语言"可能是解决此问题的一种基本视角。一个基本的事实是：中国教育学研究者日常交往的方式和途径是语言，即用"汉语"来表达他们对教育、生命和

---

① 本文已见刊于《华东师范大学学报（教育科学版）》2010 年第 6 期，本次出版略有改动。

周遭世界的理解。

这是一个经常被遗忘的"常识"：作为"中国"教育学学者的著述，虽然研究假设、研究视角、分析框架是西方的，却是用中国的语言，即"汉语"或"中文"来思考和写作的。长期以来这通常被当作一个不言自明的事情而轻轻放过，但实际上，即使是同一类教育学知识、同一种教育经验，用不同的语言表达，也有着思维方式、思考视角等方面的差异。当中国教育学学者用"汉语"言说教育之事、教育之人和教育之理的时候，他们实际上是在显示并传递一种和西方教育学者不同的文化背景，包括不同的"研究文化"，也是在显示自己的独特存在。

语言不仅仅是一种表达的工具，而是一种凝聚思想、敞开思想、解放思想和构造思想的力量，如同海德格尔所言，"把人向着绽出之生存解放出来，这对于历史具有奠基作用。这种解放在存在之思中达乎词语；不过，词语并不只是意见的'表达'，不如说，它一向已经是存在者整体之真理的得到完好保存的构造"①。

汉语就是这样一种"得到完好保存的构造"，汉语世界里保存了中国的文化传统："中国有中国特有的文化现实，特有的历史传统，特有的政治游戏规则，特有的地理人口条件。中国人有中国人特有的人生观，特有的思维方式、表达方式和理解方

---

① ［德］海德格尔：《路标》，孙周兴译，229页，北京，商务印书馆，2000。

式。尤其不要忘了，中国有中国特有的语言文字……"①

　　这种"特有的语言文字"集聚了中国人特有的进入世界、观察世界和构造世界的视角和思维方式，代表了中国人特有的对其思想和经验的表达方式，在根本上体现了、构建了中国人的生存方式。因为"语言才产生人，才给出（er-gibt）人"②，语言是人的本质，因而也是思想和文化的本质。对教育学语言方式的探讨，意味着"恰恰不是把语言，而是把我们，带到语言之本质的位置那里，也即：聚集入大道之中"③。

　　这条大道就是中国人特有的生存之道、文化之道和教育之道。对于此"道"本质的表述和理解方式，就是"汉语"，汉语就是此道的根本或根基。而当我们用西方语言或者翻译而来的西方概念和范畴，来表达"中国"教育学的知识、思想和经验时，我们就可能是在用西方之道替代、裁度，甚至扭曲中国之道。

　　当我们在中国教育学领域思考"汉语"即语言问题时，就是试图表明：不是运用了教育学的立场和方式，研究了中国教育，就是"中国"教育学。我们希望回到中国之"道"的本源之中。在这个意义上，本源之"本"就是作为中国传统文化核心的语言。

　　① 河清：《现代，太现代了！中国——比照西方现代与后现代文化艺术》，351页，北京，中国人民大学出版社，2004。
　　② ［德］海德格尔：《在通向语言的途中》，孙周兴译，5页，北京，商务印书馆，2004。
　　③ ［德］海德格尔：《在通向语言的途中》，孙周兴译，2页，北京，商务印书馆，2004。

因此，"中国"教育学是一种基于"汉语语言"的教育学，它是以"中国社会文化背景下的教育"为主要研究对象的"中国研究"，是以汉语语言表达其学说的区域性地方性教育学。汉语语言的表达方式在根基的意义上促成了一种可能："中国"教育科学知识的独立形态的产生和成熟，进而为"文化自觉"在教育学语境中的具体转化和表达提供了新的可能路径。

二、何谓基于语言自觉的"中国教育学"

　　本土之"本"，"本"在语言。中国之"中"，意在"中文"，即汉语。所谓"文化自觉"，就是一种"汉语自觉"。如同海德格尔所言，语言是存在之家。这里的"存在"首先是"（中国）文化"存在，一个人用什么语言表达，他就属于什么文化。其次是"（教育学）学科"存在，"汉语"就是作为学说的中国教育学的家园，当一个人用汉语表达和创造他的教育学理论和思想时，他已经在用语言的方式践行着一种文化自觉和中国眼光。即使他身在国外，即使加入了外国籍，只要他在用汉语思想、写作、表达，他就仍然属于"文化中国"。因此，关键不在研究的对象，而在研究所使用的语言。在这个意义上，"以中国为对象的西文研究是属于西方学术的汉学，而以西方为对象的中文研究则是属于中国学术的西学"①。要构成教育学的中国知识，彰显教育学发

---

① 赵敦华：《关于"西学"的几个理论问题》，载《哲学研究》，2007(6)。

展中的"中国自觉"，首先需要借助汉语与中国传统命脉沟通联结，然而，"每一传统都体现在某套特殊言语和行为之中，因而体现在某些特定语言和文化的所有特殊性之中。概念的发明、阐述和修正（通过这些概念，那些建立和继承传统的人才能理解这些）都不可避免地是在此种而非彼种语言里构想出来的概念"①。所以，当我们用汉语来思考和研究教育学时，首先意味着我们进入了中国的文化传统。在为中国教育学寻找语言根基的同时，也为其铺设了一条回到传统命脉以求根基牢固的地基。

在此地基之上，我们努力的目标是：要让教育学在用汉语言说以及表达思想和知识的过程中，构筑基于文化自觉和语言自觉的"中国教育学"的大厦，走出一条"中国教育学"发展的语言之路。其路标上镌刻的是"中国自觉"。

那么，什么是基于文化自觉和语言自觉的"中国教育学"？

学术研究的成果，需要以语言予以呈现，并成为学术积累、知识更新的直接表现方式。有学者指出：长期以来，中国教育研究中的"中话西说"导致了理论话语与研究对象、研究主体相悖离的不良后果，"或许，倡导并探寻民族话语是一条值得关注的教育研究之路"。"这需要我们的教育研究者本着'尊德性而道问学'的人文探究原则，以自觉的文化承担意识和勇于借鉴的开放精神为前提，立足中国教育现实，沟通中国古代教育传统和

---

① ［美］阿拉斯戴尔·麦金太尔：《谁之正义？何种合理性？》，万俊人、吴海针、王今一译，485页，北京，当代中国出版社，1996。

现代教育传统，打通传统与现实、历史与未来的血脉联系，在我们的民族生命和文化精神的舒展开中，成就中国教育研究的民族话语。"[①]其最终结果是创建一种基于民族话语即汉语的"中国教育学"。

作为一种学说，汉语教育学不等于用汉语来思考和表达教育学的理论、思想和学说，它应当具有五个层次。

(一)学科主体研究者的文化身份是由"中国文化"建立的

他不一定是拥有中国国籍的人，但一定是文化意义上的中国人：要么是受到中国文化教育、拥有中国国籍的研究者，要么是在海外定居，回到中国来研究的华裔研究者，或者是受到中国文化影响，到中国社会进行田野研究，且能够较流利地用汉语表达其思想观念的非华裔研究者。这样的研究者不同程度地具有"中国的眼光"。

(二)研究对象主要集中在"中国社会文化背景下的教育生活"

具体而言，是中国文化语境内的"教育实践、人的生命发展与社会文化实践之间的关系"，这一关系与中国社会文化转型、教育转型和人本身的转型紧密联系在一起，期冀解决的是中国面临的特殊问题，获得对"本土文化及教育"的新的认识，以促进中国教育问题的解决，进而对中国社会问题的解决有所助益。

---

① 于述胜：《探寻中国教育研究的民族话语》，载《当代教育科学》，2004 (23)。

这并不意味着汉语教育学的问题域只是中国问题，它也可以是世界问题，但必须符合两个条件才可以被称为"中国教育学"，而不是"美国教育学""德国教育学"或者别的什么教育学。条件之一是：必须用汉语来言说、表达对这些问题的观察和理解。这是最根本、最重要的条件，离此条件，有语言自觉的"中国"教育学则无从谈起。条件之二是：即使是研究别的民族—国家文化语境内的问题，也总是需要以"中国问题"为参照系，并且回到"中国问题"之中，即不一定要在中国，但应该从中国出发，又回到中国。

（三）所用语言是汉语传统且规范标准的思想语汇

这意味着，所谓文化自觉和语言自觉，就是运用从文化传统中生成的汉语思想语汇来进行教育学的思考、创造、表达和写作。尽管当代汉语历经文言文到白话文的演变，以及日语、英语等外来语的浸染、渗透和改造，但汉语言说世界的基本语法和表达方式依然具有自己的典型特征，包括具有自己的典型概念和范畴，如"道""器"等，它们都源于历代中国人的生命体验和思想经验。

如此言说的中国教育学，将不再只是作为西学的教育学的汉语式表述，而是将教育学融入了中国的思想文化传统之中。这样的中国教育学，并不只是满足于一种比较意义上的教育学研究活动，而是一种以创新为旨趣的实践，它虽然会对"中国的教育学"与"教育学在中国"、"用汉语言说西方教育学的中国教育学”与"用汉语言说中国经验、中国知识和中国思想的中国教育学"、"中西比较意义上的中国教育学"与"作为中国本土创生的中国教育学"、"汉话胡说"的中国教育学与"汉话汉说"的中国教育学等有所区分，但不会刻意做出非此即彼的选择，或者对某一方面做出休止符式的了断，而是认为它们"并行而不悖"，"并育而不相害"。

(四)运用西方教育学的汉译名来为"教育学"命名，并且表达教育学的基本概念和基本问题

这是基于语言自觉的中国教育学最基础的层次，也是通过引进和移植的方式发展起来的中国教育学在语言表达方式上的基本特征。例如，日语"教育"一词在 19 世纪末引进中国，在 20 世纪初开始流行，并很快取代"学"，成为表达教育概念的通用词语。日语"教育"的发音同汉语"教育"的发音相近，说明日语"教育"源于汉语，但是日语"教育"在同英语 education 对译后，获得了新的含义。它带着这种新的含义回到中国，成为汉语中的回归借词。①

如同中国当代哲学和文学理论大量运用汉译概念来表达其思想一样，当代中国教育学在译介西方教育学著作的同时，也用翻译语言(如元教育学、教理学)等表达中国经验和中国知识。

---

① 叶澜等：《基础教育改革与中国教育学理论重建研究》，188 页，北京，经济科学出版社，2009。

在某种程度上，这样的语言也是对汉语的一种丰富和发展。但仍需对此类语言的危险性有所警觉，避免其对中国思想和中国知识的扭曲和异化。

(五)运用汉语表达教育学理论的过程，也是运用中国的思维方式来思考和解决教育学的问题

语言的背后总是体现了某种思维方式。例如，"天人合一""知行合一"体现了一种整体性关系性思维方式，这种思维方式深刻地影响了当代汉语"理论联系实际"这样的语言方式的形成，也与教育学知识的理论—实践性品格相暗合。

又如，《易传》所言"见天下之动而观其会通"，则强调了总体性、融通性思维方式。孔子所言"叩其两端"，老子所提"万物负阴而抱阳""反者道之动"，以及《易传》中的"一阴一阳之谓道"等语言方式，深具中国传统的辩证思维方式的特征。

再如，所谓"中庸之道"，最典型的表达是"过犹不及"，强调在处理事物或者认识事物的过程中，以"持中""适中"为最高标准，强调平衡、协调、中和的态度。其中的关键是"度"的把握。所谓"度"，即既不"过"也无"不及"，把握分寸和策略，处理适度，这是中国传统文化又一典型的思维方式。

中国教育学的表达，不仅是语言的表达，而且是汉语背后的思维方式的展现和运用，这应当是基于语言自觉，使用汉语表达背后的深意所在。

三、"文化自觉"和"语言自觉"为"中国教育学"发展带来了什么

此问题回答的是一个具有根本性的追问：有或没有文化自觉和语言自觉，对于中国教育学发展而言，意味着什么？

(一)它将更有利于我们自觉思考教育学与中国思想文化传统的关系

母语是文化传统对我们的天然恩赐。当我们思考教育学与汉语的关系时，母语赐给我们的，除了那些表音、表形和表意的符号，更重要的是，它把支撑着汉语流变和发展的独特而又深厚的文化传统与文明成果，都一并引入我们的精神世界和学科领域。

因此，当我们说要有语言自觉时，也就包含着让教育与我们自身的思想传统相融合。具体表现在[1]：

一是必须和汉语自身的思想语汇相融合。在教育学语境内，中国传统语汇也同样可以被重新选择、重新使用、重新诠释和重新表述。

二是必须和我们传统的思维方式或思维范式相融合。如同当代中国哲学一样，中国教育学未必一定要严格按照西方教育学形成的经典思想范式去思考、写作和言说，也可以结合中国

---

[1] 彭永捷：《汉语哲学如何可能》，载《学术月刊》，2006(3)。

传统思想的范式去思考、写作和言说。

三是必须和我们自身的思想成果相融合，从传统思想中汲取思想资源，发掘传统智慧。传统的思想语汇绝非仅仅是一些名词，"由词以通其道"①，思想语汇正是代表着传统思想的成果，如同彭永捷讨论"汉语哲学"时所言："当我们自觉主动地思考和实践这样一种汉语哲学时，我们所引进和发展哲学的工作，就不再是一种从根本上抛弃、远离、颠覆我们自身传统的活动，而是延续和发展我们自身传统的活动……我们可以接续和发展我们的思想传统，推动两种思想传统的融合与创生。"②

(二)有助于我们回到母语的语境中自觉思考中国教育学与母语的关系

对于教育学而言，母语的存在和使用，有助于我们提出并思考如下问题：作为母语的中文，对于中国教育学及其研究者而言意味着什么？用母语表达和不用母语表达有何不同？

黑格尔曾经指出："一个民族除非用自己的语言来习知那最优秀的东西，那么这东西就不会真正成为它的财富，它还将是野蛮的。"为此他提出要"教给哲学说德语"，认为"哲学一旦学会了说德语，那么那些平庸的思想就永远也难于在语言上貌似深

---

① 戴震：《与是仲明论学书》，见《戴震全集》，2587页，北京，清华大学出版社，1997。

② 彭永捷：《汉语哲学如何可能》，载《学术月刊》，2006(3)。

奥了"。①

在黑格尔看来，让"哲学说德语"，既是对哲学的解放，也是对德语价值的提升。在黑格尔的时代，拉丁文已经失去了来自生活本身及其生动活跃的"自然语言"的根，它对新的哲学思想的表达已经难尽其意，而日渐僵死，甚至开始禁锢哲学思想。同时，这个民族的日常自然语言也因此无法上升到优雅的哲学层面，而只能停留于粗陋和芜杂。所以，黑格尔对路德（Martin Luther）把《圣经》译成德语、沃斯（Johann Heinrich Voss）把《荷马史诗》译成德语深为赞许，认为这种翻译具有对这个民族进行高层次的人类精神生活的教化功能，形成了这个民族本身的规范化的、便利于思想情感交流的学术语言和艺术语言，同时又从本民族文化和日常生活中汲取丰富的营养，而保持着这种语言自行生长的永不枯竭的生命力。伽达默尔（Hans-Georg Gadamer，又译加达默尔）认为，虽然黑格尔所做的工作不是翻译，但是，"黑格尔由于力图克服异化了的学院语言而又不陷入任何语言纯正癖，他就通过将日常思维的概念贯穿于哲学的生硬做作的语词表达中，而恢复了他母语中的思辨精神，形成了如同希腊早期哲学中曾是自然伴有的那种哲学思辨运动"②。

---

①　苗力田译编：《黑格尔通信百封》，202 页，上海，上海人民出版社，1981。
②　邓晓芒：《康德哲学诸问题》，252 页，北京，生活·读书·新知三联书店，2006。

这一让"哲学说德语"的运动的结果是，康德、黑格尔以来的一批用德文写作的德国古典哲学家真正使德意志成为一个世界顶尖级的"哲学民族"。他们使哲学第一次在德意志的文化土壤上生长起来了。[①]

德语哲学的发展历程启示我们：让一门学科说母语，不仅仅是语言工具替代的问题，而且与旧的民族文化传统转型、新的民族文化传统奠基有关，与一个民族的学术繁盛有关。在这个意义上，倡导教育学发展中的语言自觉，就不只是简单的语言问题，而是一个整体的民族学术文化重建的问题，它具有不可替代的对本民族文化精神的表达和品质提升的功能，以及黑格尔所言的教化功能。

因此，创建基于语言自觉的中国教育学，将促使中国教育学确立"中国何以为中国"的"语言根基"，使有关"教育学中国化"和"中国教育学"的讨论有一个可以依托的根基和平台。这个平台将引发我们思考如何利用、发挥母语的特点和优势，提高我们的母语语言能力。伽达默尔认为，所谓"语言能力"，并不是一种技术性的模仿能力，"一般说来，语言能力只有在自己的母语中才能达到……这就说明，我们是用母语的眼光学会看世界，反过来则可以说，我们语言能力的第一次扩展是在观看周

---

① 邓晓芒：《康德哲学诸问题》，252 页，北京，生活·读书·新知三联书店，2006。

围世界的时候才开始得到表现的"①。

由此我们可以认为，语言能力本身在起源和根基上是一种思维能力，反之，一个人的思维真正说来只有用母语才能进行。母语，即以一个人的日常自然语言和全部生活经验为基础的本国语言，是教育学思考的源头活水或土壤。② 有了这样的活水和土壤，就能避免中国教育学成为一种远离我们母语的活动，成为一种在"经济全球化"和"英语政治化"的浪潮中，从根本上"去中国化"的学术活动。

(三)它将更有助于我们自觉主动地利用和转化西方教育学已有成果

确立中国教育学的"语言"根基及其思想传统，并不意味着与西方语言表达的教育学形成水火之势，相反，语言基石和语言平台的搭建能够为中国教育学更多地吸收利用西方教育学提供思想基础。具体表现在：

一是基于语言自觉的中国教育学的建立，可以成为一种视角和眼光来审视以往"闭着眼睛"拿来的西方教育学成果，有此视角的观照，外来成果的价值和问题犹如在聚光灯和显微镜下——显形。

---

① ［德］汉斯-格奥尔格·加达默尔：《真理与方法——哲学诠释学的基本特征》，洪汉鼎译，633 页，上海，上海译文出版社，1999。

② 参见邓晓芒：《康德哲学诸问题》，254 页，北京，生活·读书·新知三联书店，2006。

二是当我们从语言视角来译介和移植西方教育学的时候，语词选择和义理辨析的过程，就是深化理解和运用西方思想的过程，也是比较之后逐渐清晰的过程。所谓清晰，既指向西方思想的清晰化，也指向汉语表达和中国教育学理论独特的清晰化。同时，对西方思想的翻译不仅是语言翻译，更是一种文化翻译，在翻译过程中有着西方文化传统的浸润。

(四)对汉语语言的辨析和演变的研究，将有助于我们理解中国教育思想的内涵及演变

同一个思想，用不同语词来表达，会有不同的含义，结果就是产生不同的思想。

孟子曾言："以善养人。"[①]何以用"养"而不用现代人常用的"育"？因为，在孟子的思想里，"养"比"育"有更广泛更生动的用途[②]："苟得其养，无物不长；苟失其养，无物不消。"[③]

这样的得养失养，固然可以指"天生天养"的"养"，更可以指"人生人养"的"养"。人生人养的"养"，便是培养，便是教养。

柳宗元进一步运用汉语善于使用的比喻方式来表达他的教

---

① 杨伯峻、杨逢彬导读、注译：《孟子·离娄章句下》，124 页，长沙，岳麓书社，2021。

② 参见严元章：《中国教育思想源流》，北京，生活·读书·新知三联书店，1993。

③ 杨伯峻、杨逢彬导读、注译：《孟子·告子章句上》，175 页，长沙，岳麓书社，2021。

育思想："不亦善夫！吾问养树，得养人术。"①由养树推论到养人的教育思想。养树之道，"能顺木之天，以致其性"，"则其天者全而其性得矣"。消极方面，"不害其长而已"，"不抑耗其实而已"。② 在柳宗元那里，养树之道与养人之道基本一致。

与其类似，王阳明也有如下说法："与人论学，亦须随人分限所及。如树有这些萌芽，只把这些水去灌溉；萌芽再长，便又加水。自拱把以至合抱，灌溉之功皆是随其分限所及。若些小萌芽，有一桶水在，尽要倾上，便浸坏他了。"③接着，他由灌溉之功，推广到栽培之功："如种树然……初种根时，只管栽培灌溉，勿作枝想，勿作叶想，勿作花想，勿作实想。悬想何益？但不忘栽培之功，怕没有枝叶花实？"④"今教童子必使其趋向鼓舞，中心喜悦，则其进自不能已。譬之时雨春风，沾被卉木，莫不萌动发越，自然日长月化。若冰霜剥落，则生意萧索，日就枯槁矣。"⑤

此外，戴震也曾言："学以塘吾心知，犹饮食以养吾

---

① 柳宗元：《种树郭橐驼传》，见上海辞书出版社文学鉴赏辞典编纂中心编：《柳宗元诗文鉴赏辞典》，60 页，上海，上海辞书出版社，2020。
② 柳宗元：《种树郭橐驼传》，见上海辞书出版社文学鉴赏辞典编纂中心编：《柳宗元诗文鉴赏辞典》，59 页，上海，上海辞书出版社，2020。
③ 王阳明：《传习录》下卷《黄直录》，251 页，长沙，岳麓书社，2020。
④ 王阳明：《传习录》上卷《陆澄录》，42 页，长沙，岳麓书社，2020。
⑤ 王阳明：《传习录》中卷《训蒙大意示教读刘伯颂等》，228 页，长沙，岳麓书社，2020。

血气。"①

古人如此重视"养"人，今人为何改而重视"育"？为什么这个时代的关键词是"培训"而不是"培养"？② 大批培训机构铺天盖地，其间的变化意味着什么？这些都不是简单的词语辨析的问题，而是文化生态和教育思想的演变。

与之相反，思想的演变往往是从概念内涵的演变开始的，最终也体现在概念上。

例如，"教育"一词的内涵及其汉语表达，先后经历了"学""文学""学校"等多次演变，在杜成宪、章小谦等人看来，这些演变不是单纯的概念演变，其背后是中国教育思想及其背后的政治文化生态的转变，部分也是外来文化冲击的结果。③

这种通过对汉语概念演变的研究折射出的中国教育思想的历史演变，将为中国教育学奠定历史基础。

(五)有助于中国教育研究者思考引进与创造的关系

如果依靠单纯引进、模仿、运用西方教育学，在造成对西方理论依傍的同时，也可能造成中国教育学文化主体性的丧失和创造力的衰退。创建基于语言自觉的教育学将有助于在引进

---

① 戴震：《与某书》，见《戴震全集》，211 页，北京，清华大学出版社，1991。
② 严元章：《中国教育思想源流》，216 页，北京，生活·读书·新知三联书店，1993。
③ 叶澜等：《基础教育改革与中国教育学理论重建研究》，186～190 页，北京，经济科学出版社，2009。

的同时，提升创造能力。具体表现在：

一是能够自觉体认自我的文化主体身份和角色，不是西方思想的传声筒，而是教育—科学界中国思想和中国知识的创造者。

二是能够将西方教育学中的基本概念、表达方式和思维方式转化为汉语教育学理论创新的动力性资源，而不是一味简单地套用和移植。

三是能够从语言的视角和语言分析的方式，审视教育学汉语表达创新的可能性与现实性，试图通过语言创新来实现思想创新、知识创新和理论创新。

这种创新首先体现于"概念创新"。在人类学科知识生产的链条中，人们已达成共识：经验如果不能被概念化，我们就只有信息而没有知识，只有主见而没有创见[1]，只有信念而没有成就。当代中国的人文社会科学，当然也包括教育学，之所以在世界范围内地位不高，与中国研究者已经习惯于用西方学者创建的概念来解读和发展自身的经验有直接关系。我们还缺乏"为世界教育学界提供合理且能为别人所接受的概念"这样的能力。只有当我们为世界贡献出了来自中国本土，且能为别人所用的"教育学概念"时，当代"中国"的"教育知识"和"教育学知识"，才可能从"取经知识"转化为"传经知识"，从"地方性知识"

---

① 苏长和：《中国拿什么贡献给世界》，载《文汇报》，2010-05-03。

转化为"全球性知识"。

(六)有助于提升中国教育学研究在世界教育学界的地位

中国教育学在世界教育学界的地位不高，不仅表现在研究水平上，还表现在语言上：要进入国际主流教育学界，必须学会西方语言，如英文、德文，必须撰写此类语言的论文发表在英语等语种的学术期刊上，否则就难以为西方所承认，语言因此成了一种学术标准。不通西方语言成为中国学者的遗憾甚至致命伤。西方教育学研究者则不必学汉语和用汉语撰写著述，只需用其母语思考和表达，则可成为有世界影响力的教育学者，是否通汉语对其学术研究几乎没有任何影响，也无人对此感到遗憾。中国的古希腊哲学研究者陈康曾言，如若中国人研究西方哲学的产品，"也能使欧美的专门学者以不通中文为恨（这决非原则上不可能的事，成否只在人为!），甚至因此欲学习中文，那时中国人在学术方面的能力始真正的昭著于全世界；否则不外乎是往雅典去表现武艺，往斯巴达去表现悲剧，无人可与之竞争，因此也表现不出自己超过他人的特长来"①。

同样，当西方教育学研究者也以不通汉语为憾，甚至因此而大兴汉语学习之风之时，中国教育学的构建才算真正完成，教育学中的中国学说、中国知识、中国思想和中国经验才会真

---

① ［古希腊］柏拉图：《巴曼尼得斯篇》，陈康译注，序言，10 页，上海，商务印书馆，1946。

正影响世界，成为世界教育学理论中必须为所有国家的人所学习和共享的基础性资源，并使他们日常性地运用中国人的眼光来解读西方教育学的理论，从而实现"取经知识"到"传经知识"的转化。原则上这一天并非永远不会到来，如同陈康所言，成否只在人为，只需每一个以中国教育学为业的人持续不懈地努力为之。

走向世界的中国教育学：目标、挑战与展望[①]

改革开放 40 多年来中国教育学的发展，从未停止对教育学的"中国性"或"中国标识"的追寻。先后热议过的"教育学本土化""教育学中国化""中国的教育学"，以及当下"学术全球化或世界化"背景下的焦点问题"中国特色教育学""教育学中国话语"等，都体现了教育学研究者的学术愿景和学术诉求。

这种诉求，其实一直弥漫在百年来的中国教育学变迁历程之中，只是在改革开放之后，获得了前所未有的探讨空间。走入新时代的中国教育学，在"要按照立足中国、借鉴国外，挖掘历史、把握当代，关怀人类、面向未来的思路，着力构建中国特色哲学社会科学，在指导思想、学科体系、学术体系、话语

体系等方面充分体现中国特色、中国风格、中国气派"①的新背景之下，这一"老问题"的思考与解决迎来了新的发展空间。如何在走向世界、融入世界，被世界理解、认同和尊重的过程中，深度挖掘教育学的中国品质，形成建构性甚至原创性的研究成果，为世界教育学研究做出贡献，是身处新时代的我们不能不为之努力的方向。

一、从教育学"中国化"到"中国教育学"

自改革开放以来，由"教育学"与"中国"的关系而来的相关研究，既有以百年、六十年、三十年为时间单位的历史性、全程性研究②，也有聚焦本土化、中国化、中国经验和中国话语体系等的专题性研究③。尽管这些研究的视角、立场和观点迥异，但创建"在中国""为中国""属中国"的教育学，是中国教育学人从未停止过的求索和梦想，也是"中国梦"的一部分，是"中国梦"在教育学研究领域的具体表现。综合来看，已有研究在研究假设、发展目标、形成来源、思维方式等方面达成了诸多共识。

---

① 习近平：《在哲学社会科学工作座谈会上的讲话》，载《人民日报》，2016-05-19。

② 瞿葆奎、郑金洲、程亮：《中国教育学科的百年求索》，载《教育学报》，2006(3)；叶澜：《中国教育学发展世纪问题的审视》，载《教育研究》，2004(7)。

③ 李政涛：《论教育研究的中国经验与中国知识》，载《高等教育研究》，2006(9)。

在研究假设上，认同教育学存在文化性格和文化国籍[1]，需要基于文化自觉来挖掘教育学的文化基因与文化命脉[2]。

在发展目标上，中国教育学要想与其他国家的教育学接轨和对话，必须走"中国教育学"的原创发展之路[3]，因此，从教育学本土化、教育学"中国化"走向中国气派的教育学[4]、中国的教育学或"中国教育学"日益成为一种共识性的目标。中国教育学有自己的文化性格、教育元素和话语体系[5]，这是一个自成体系的教育学世界。

在形成来源上，首先，"中国教育学"形成于"中国文化与社会境脉"之中。如此而来的教育学才可能对中国教育具有引导力，才可能带有中国话语特征[6]。其次，"中国教育学"来自"中国实践"，实践及其变革是教育学理论的根基之一，在教育学学科立场之下的理论和实践，实质是一种交互生成的关系[7]，要

---

[1] 参见石中英：《教育学的文化性格》，太原，山西教育出版社，2001。

[2] 李政涛：《文化自觉、语言自觉与"中国教育学"的发展》，载《华东师范大学学报(教育科学版)》，2010(2)。

[3] 袁德润：《从"教育学中国化"到"中国教育学"——学科建设的视角》，载《现代教育论丛》，2008(3)。

[4] 刘旭东：《构建有中国气派的教育基本理论话语体系——胡德海先生教育学思想研究》，载《当代教育与文化》，2016(5)。

[5] 郭建斌：《由"教育学中国化"到"中国的教育学"》，载《现代教育科学》，2017(4)。

[6] 吴康宁：《"有意义的"教育思想从何而来——由教育学界"尊奉"西方话语的现象引发的思考》，载《教育研究》，2004(5)。

[7] 参见李政涛：《交互生成：教育理论与实践的转化之力》，上海，华东师范大学出版社，2015。

真正介入实践，将"中国"意识与"中国"立场内化于具体的实践中。① 这意味着中国教育学的构建必须基于中国的教育实践。基于中国实践的教育学才是属中国、为中国、在中国的教育学。② 最后，"中国教育学"发端于"中国问题"。这些问题具有鲜明的特殊性，例如，学生学业负担重，学校办学自主权不够，城乡之间、地区之间、学校之间教育差异较大等，都是典型的中国教育问题。

在思维方式上，走出本土—国际二分的思维模式。本土—国际、普遍—特殊之间也存在交互生成的关联，只有充分国际化才有真正本土化③；同理，只有充分特殊化，才可能充分体现普遍性。"中国现在对世界事务的深度参与，对中国人文社会科学知识转型是个历史性机遇。新的知识本体更有可能在中国与世界的互动中——而不是在回到传统国故中的中学本体，或者唯西学本体的解释框架下——挺立起来。"④

以如上既有共识为前提和基础，我们需要深入探讨的问题是：既然以走向世界为背景，且已确定"中国教育学"或"中国特色教育学"为发展目标，那么，未来发展方向是什么？如何把理

---

① 孙元涛：《"教育学中国化"话语的反审与重构》，载《全球教育展望》，2009(4)。

② 郭建斌：《由"教育学中国化"到"中国的教育学"》，载《现代教育科学》，2017(4)。

③ 郝雨凡：《只有充分国际化才能真正本土化》，载《中国社会科学报》，2009-12-22。

④ 苏长和：《中国拿什么贡献给世界》，载《文汇报》，2010-05-03。

论概念和表述意义上的中国教育学，变成现实意义或实践意义上的中国教育学？为此，需要进一步解决两个基本问题：其一，如何理解"中国教育学"？何谓"中国教育学"之"中国"？作为目标和理想的"中国教育学"，目前依然相对抽象，如何使其进一步明晰化、具体化？其二，构建"中国教育学"的未来挑战在哪里？难在何处？本文通过对如上两大问题的应答，试图实现中国教育学在新时代的价值重估、原创推动与阐释深化。

二、"中国教育学"的"中国"内涵与目标

作为发展方向、目标和理想的"中国教育学"，其中的"中国"一词，殊为关键。以"中国"为背景和语境，以"中国"为对象和目标的改革开放，始终都是以"中国"为核心的。当"中国"与作为一门学科的"教育学"并置时，如何理解"中国"之深意，成为我们首先需要深思的问题。

我们需要在追问中明晰：何谓"中国教育学"之"中国"？它所蕴含的"中国性""中国感""中国味"何在？

"中国"是一种"态度"。它是一种看待"中国"的态度，可以概括为中国自觉。[1] 这是一种理论自觉意义上的中国自觉[2]，或

---

[1] 欧阳康：《在激荡疾变的世界格局中提升"中国自觉"》，载《中国社会科学报》，2010-01-05。

[2] 郑杭生：《促进中国社会学的"理论自觉"——我们需要什么样的中国社会学？》，载《江苏社会科学》，2009(5)。

者说是一种基于中国自觉的理论自觉。它意味着教育学研究者应当在错综复杂、激荡巨变，因而充满了不确定性的世界格局中准确探寻自身的合理定位，自觉谋划中国教育学未来发展的方向、道路、格局、速度与节奏。中国自觉首先表现在对中国在新时代所面对的独有的中国难题，包括中国教育学在理论和实践中面临的各种特殊问题、特殊困境的充分认识与科学把握。当前，新时期的教育问题与矛盾集中于中国大地，时序交错，空间异构，归属不同主体、不同层次的教育问题交织互渗，其交错性、悖论性和复杂性之强，前所未有，既是中国难题，也是世界难题。因此，教育学研究的中国自觉，需要自觉化解中国难题，彰显中国信心，在此过程中，自觉守护中国利益，合理履行中国责任，同时，自觉探寻中国道路，清醒回应中国期盼。教育学的中国自觉，更在于基于中国自觉，对教育研究和教育实践中的中国经验、中国知识和中国道路的提炼与表达。

"中国"是一种"立场"。这种立场是相对于西方立场而言的，它意味着"对于中国自身的历史经验，包括近代以来的经验，尤其是改革开放的经验，必须要重新加以梳理，不能用西方的理论加以套裁……它隐含着反对以西方为中心来考察中国自身的事物"①。它隐含了一种自我尊重，即尊重中国自身的经验和历史，尊重中国研究者的天赋权利，这种权利意味着研究者有权

---

① 曹锦清：《如何研究中国》，5～6页，上海，上海人民出版社，2010。

利修正西方的理论，甚至修正审视和研究中国的"西方眼光"。中国教育研究者一直受到这种"西方眼光"的缠绕和折磨，社会科学和教育科学的理论，近代以来几乎全部来源于西方。要构建"中国教育学"，需要的是持有中国立场的教育学。这种立场的实质是一种学术立场，它蕴含了中国特有的学术传统、学术基因、学术命脉与学术典范。

"中国"是一种"视角"。无论是一门学科，还是一种理论，都是一种看待自然世界、社会世界和人生世界的视角。中国教育学要想在世界教育学领域内卓然而立，必须做出"中国贡献"，其中的贡献方式之一，是展现一种看待教育和教育学的视角和眼光，它可以是内在的眼睛，也就是吴康宁所言的"自己的眼睛"①，如此带来的不只是改变，即改变中国教育学界长久以来的惯习——借助"他者的眼睛"来看自己的问题，也是一种增添和创生——人类从此多了一双剖析教育和教育学问题的"中国眼睛"。这种视角和眼光，也可以是外在的眼镜。人类不能只用"美国眼镜""德国眼镜""芬兰眼镜"等西方眼镜来看待、审视教育和教育学问题，也需要有"中国眼镜"，由此引发只有"中国眼镜"及其内含的"中国视角"才可能看出的问题和经验。

"中国"是一种"方法"。"中国"不只是方法施展和运用的对象，也是一种独特的方法，包括研究方法、研究路径和策略，

---

① 吴康宁：《"现代教育社会学研究丛书"总序》，见张义兵：《逃出束缚："赛博教育"的社会学解读》，总序，2 页，北京，北京师范大学出版社，2003。

其中内含了中国文化特有的认识论、方法论的眼光，包括中国文化传统特有的思维方法或思维方式，即关联思维、互动生成思维、整体融通思维和综合渗透思维等。它隐匿于"天人合一""知行合一"等典型的中国话语背后，推崇的是天与人、知与行的关联、互动、融通和渗透等。这些构成了认识与探究中国及世界教育、教育学问题的参照系和坐标轴。

"中国"是一种"典范"。所有的"态度""立场""视角""方法"，最终都汇聚为一种"学术典范"，蕴含了中国教育学特有的价值观、思想体系与框架结构，以及认知方式。它根植于中国学术典范，涉及中国学人全套的信仰、价值和技术的改变。① 这种学术典范具有"学术火把"的功能，即"中国火把"。任何理论及其包含的概念、范式、框架等都是一支火把。以往的中国教育学界，有时习惯于用来自他者的"西方火把"来照亮、引领自己的研究与发展之路，甚至潜意识里把"西方火把"视为唯一的火把，"如果我们全体都只靠一支火把引路，而不自备火把，就永远只能跟着它的光走，永远只看到从它的角度所看出去的景色，以及它所能照到的范围。即便我们自己的样貌，也得依赖拿着火把的人描述给我们听"②。在新时代，到了建构教育学的"中

---

① 罗小虎：《专访余英时：中国现代学术"典范"的建立》，载《经济观察报》，2018-08-27。

② 汪琪：《本土研究的危机与生机》，28 页，上海，华东师范大学出版社，2016。

国典范"，进而把它变成一支火把，到了汇聚点燃"中国火把"，照亮引领中国教育学，甚至世界教育学前行的时候了。

如上对"中国"概念的解读，是在此时代的新解读，但绝非确定不变的完成式解读。"中国"或"中国性"这个概念，同样需要在与时俱进中不断建构，是"现在进行式""将来进行式"的持续重构。

"中国"概念的厘清，为"中国教育学"的内涵与发展目标奠定了理论上的根基。所谓"目标"，是以内容为基础的程度化表达。"中国"也好，本土也罢，既是有没有、是不是的存在性问题，也是够不够、好不好的程度性问题。它需要回答的问题是，怎样的研究及研究成果，才有资格被称为"中国教育学"研究？笔者认为，所谓走向世界的"中国教育学"，是以中国文化传统基因为根基和魂魄，凝练了中国特色、推出了中国原创、形成了中国体系、提升了中国影响，最终成为被世界教育学学术界充分理解、高度认同和尊重的教育学。这一内涵更多具有"应然性"，内含了预期的四大目标。

一是凝练中国特色。中国特色包括能努力学习并适当取法中国传统文化与智慧，尤其是教育智慧；能解决当下实际的中国教育危机与难题；能让中国特色本身具有世界胸怀、国际视野与长远目光，成为世界认同的优质特色；能让"中国特色"精益求精，并成为"世界特色"。

二是推出中国原创。贡献出原创性的数据、概念、问题、观点、范式及其背后的视角、思路等，为世界教育和教育学问题研究和解决提供"中国方案""中国发动机"，最终实现从"取经"知识到"传经"知识的转向。

三是形成中国体系。把不同维度和层面的相对点状、碎片化的中国原创、中国贡献，转化为体系化的表达，这个体系既有中国传统根基，也是直面中国当下现实后融通整合的产物，体现了历史与逻辑、历史与现实的统一。

四是提升中国影响。通过缩小与西方话语之间的"话语逆差"，强化设置国际议题的能力等方式，在展现引领或领跑能力中，提升中国话语权，整体抬升国际教育学界对中国原创和中国贡献的显示度、能见度、理解度、接受度、认同度和运用度。

三、中国教育学走向世界的瓶颈与挑战

当下，中国教育学如果要走向世界，成为被世界理解、认同和尊重的教育学，还要破除特色不鲜明、原创不突出、体系不健全、影响不凸显等痼疾，处理好传统与现实的关系、理论与实践的关系、自我与他者的关系。其中最大的挑战来自后者，它是"中国教育学"在世界立足和发展的命脉与核心所在。

无论是改革开放 40 多年来的中国教育学，还是百年以来的中国教育学，始终缠绕着自我与他者的关系，即中外关系，尤其是中西关系，具体表现为自我需要与他者需要、自我特色和他者视野、他者承袭与自我原创、自我解释与他者认同等多重

关系性问题，等等。这些问题都是中国教育学欲走向世界绕不过去的门槛。

就自我需要与他者需要而言，难点在于如何兼容不同主体的需要。任何学科、学派及其理论成果，都是为满足某种需要而产生的，不能满足需要的理论，终究会丧失存在与发展的必要。中国教育学的存在意义，首先在于它基于中国需要，为了中国需要。同理，作为他者的西方教育学，无论是概念、方法、视角，其本源都来自西方需要，包括西方的价值观、利益等，二者之间既存在相通、关联之处，也时常存在差异甚至矛盾、冲突之处，尤其是利益冲突。如何既满足自身需要，又顾及他者需要、世界需要，如何既能打破西方窠臼，又符合国际需求——毕竟，毫不顾及他者需要的理论，难以在世界范围内得到理解、尊重和认同——是我们需要不断探讨的问题。

就自我特色和他者视野而言，挑战在于如何兼顾中国特色品质与西方视野。既然"中国"也是一种视角及其带来的视野或眼光，那么，在理论上，而且从应然的角度来看，中国特色必然是由"中国视野"而来的产物。但问题在于，20世纪以来的中国教育学理论，特别是近代以来几乎全部源自西方，由此产生了一个悖论：没有这个理论，我们无法观察中国自身的事物；而有了这个理论，我们又常常误读中国的经验。经过百年来的持续引入，西方理论通过概念、范畴、方法等早已内化为中国教育学人的视角和眼光。要构建中国教育学，首先需要反思重审已经内置或隐匿于其中的西方视野，但这种反省的指向和结果，并不能导出西方视野的一无是处，更不意味着全然抛弃。

就他者承袭与自我原创而言，关键之处在于如何在承袭、模仿和运用他者理论的过程中实现中国原创，做出中国贡献。自改革开放以来，在追踪理论前沿、挖掘传统资源、更新研究方法、引领思考方向等方面，中国教育学研究领域取得了可观的成绩。已有的教育学理论研究与探索，作为中国话语体系的一部分，已具备了足够丰富的复杂性、开放性与未完成性，成为价值重估的对象。

与此同时，需要重点讨论的是，在中外、古今的视域交融之中，中国教育学提出原创观念、概念、方法的可能性，涉及一系列基本问题。其一，何谓中国教育学原创？具体表现形态是什么？其二，原创需要什么样的文本依据、学理依据、实践依据？其三，教育学意义上的中国原创面临何种难度与限度？其四，中国教育学原创何以可能，以及达成原创共识的基础是什么？例如，在"中国教育学"原创的内核与表现形态上，存在概念原创、观点原创、视角原创等多个维度，它们可能是从熟悉的教育问题、教育现象中窥见新意，更可能是面向新问题新现象生成只有"中国"才可能生成的概念、阐释和论述。又如，在"中国教育学"原创何以可能及其共识基础的意义上，除了要有文化传统基础与现实基础、理论基础与实践基础等，还需要以多元互动作为基础，包括作为学术共同体的中国教育学学派与国家、社会、时代的互动，中国教育学研究范式对当代中国学术生长成果的汲取借鉴，中国教育学核心人物与学界内部成员的相互砥砺和影响，学术争鸣、学术批评与学派建设，等等。

就自我解释与他者认同而言，要义在于如何把自身理解和表达的中国特色，变成世界各国也理解、认同甚至借鉴的中国特色。改革开放以来的中国教育学研究，基于原有的学术文化传统和当代教育实践变革成果，在形成丰富研究成果的同时，也逐渐开始注重中国特色、中国个性、中国风格和中国话语的凝练和表达。如何把中国话语变成世界话语，是中国教育学不能不面对的重大挑战。

四、在与世界的对话和转化中走向世界

始终处于中国改革开放大潮中的"中国教育学"，从来不只是"在中国"的教育学，也是"在世界"的教育学。原因很简单，所有的"开放"，都是面向世界的开放。当然，这种开放，遵循的是"不忘本来、吸收外来、面向未来"的要求和原则，是"本来"、"外来"与"未来"的交互生成。

在此要求和背景之下，未来的中国教育学将在以下几个方面持续提升。

一是接轨度。与世界教育学接轨，是中国教育学的初始性开放目标。接轨之"接"，分别含有接入、接转、接续之意，它

们暗含了一种层层递进的关系。先是通过接入，在学习、理解和研磨中，进入教育学国际话语体系之门，随后再进行接转，实现基于本土研究与实践的创造性转化或转化性创造，以此为基础，得以达成接续：以"中国话语"的内容与方式，产生对教育学西方话语的延续、延伸和再造，即冯友兰所言的"接着说"。接轨之"轨"，是教育学世界中的主流性、前沿性西方话语，包括概念、主张、方法等。由此观之，当今的中国教育学，已经完成了接入的使命，开启了接转的历程，未来的中国教育学，将深度进入接续阶段。

二是贡献度。能否以及在多大程度上接转和接续，取决于"中国教育学"的世界贡献。今日的中国，历经40多年的改革开放，已经融入了世界，是世界中的中国，是人类命运共同体中的中国。在成为世界中心的过程中，中国影响力与日俱增，在相当程度上，未来世界的格局，取决于中国怎么做，取决于中国格局。这是中国教育学所处的时代格局、时代机遇和时代挑战，它需要不断回应这样的追问。中国教育学要走向世界，是否满足了如下前提性条件：我们的研究成果，对世界做出了何种贡献？在世界教育学理论版图、知识版图中的意义与价值在哪里？对此，中国教育学交出什么样的答卷，决定了中国教育学能否真正在世界教育学之林中卓然而立，决定了中国教育学的未来走向，最终决定了世界教育学的发展格局。

三是转化度。转化度是贡献度的源头。这里的转化涉及两个方面。一是历史传统向当代现实的转化。"中国教育学"之"中国"，其根基是中国历史、中国传统和中国文化，它们共同构成了"中国教育学"的本来，如何将对历史传统的扎根，化入丰富多变的当代现实，带着中国特有的历史传统财富和积淀，解决当下特有的中国现实问题，这种转化能力，既为未来中国教育学发展不忘本来提供根基，也展现了中国教育学直面现实的能力。二是实践向理论的转化。持续40多年的中国教育变革实践，是一种丰富且独特的中国实践，这些实践经验，以何种方式、在何种程度上转化为中国理论，是未来中国教育学能否对世界做出理论贡献的关键之所在。

四是参与度。基于接轨度、贡献度和转化度的未来中国教育学，势必会持续生成新的研究成果。自改革开放以来，国际教育界对中国教育的研究，尤其是对中国当代教育发展的研究，在数量和领域上都呈现不断增长和扩大的态势。相关国际知名教育学者的中国教育研究成果在国际教育学界产生了愈加重要的影响，如欧美的许美德（Ruth Hayhoe）、彭恩霖（Lynn Paine）、保罗·贝利（Paul Bailey）、骆思典（Stanley Rosen）、海迪·罗丝（Heidi Ross）、约翰·霍金斯（John Hawkins）、曹诗弟（Stig Thogersen），澳大利亚的安东尼·韦尔奇（Anthony Welch）、西蒙·马金森（Simon Marginson），等等。[①] 此外，若

---

① 李梅、丁钢、张民选等：《中国教育研究国际影响力的反思与前瞻》，载《教育研究》，2018(3)。

对中国和美国的国际教育研究进行量化研究,同样可以看出,美国关于中国教育的研究论文也是持续增加的。[①] 走向世界和未来的中国教育学,将会持续提升来自异域的国际学者的参与度。如果说之前的 40 多年改革开放,国际学者主要参与的是中国教育变革实践及其研讨,那么之后,会有更多国际学者参与"中国教育学"的理论建设之中,展开真正的对话。这种理论对话主要不再是西方学者聆听我们如何解读西方理论,如杜威的理论、赫尔巴特的理论,而是转变为西方学者与中国学者共同就某一个教育学理论问题展开仁者见仁、智者见智的谈论,更可能是西方学者围绕着来自"中国教育学"的某一原创性的中国概念、中国观点或中国主张展开世界性大讨论。只有通过这样的参与性对话和讨论,中国教育学才可能愈加被世界认同。由此看来,国际认同与国际参与密不可分。

这是未来以"走向世界"为目标的中国教育学所期待的对话和参与:双向对话和双向参与。这样的对话和参与本身就具有转化性或转化力,即教育学领域的中国话语与世界话语、中国创造与世界创造双向转化,彼此交融共生。这预示着,未来的中国教育学,将与世界教育学结成密不可分的"教育学"共同体,创造新的"教育学"世界。它由此成为"人类命运共同体"在教育学领域独特且不可或缺的表达方式与实现方式。

---

① 雷文、商丽浩:《中美国际教育研究的交互视域——近十年教育期刊论文分析》,载《教育发展研究》,2005(8)。

教育学中国话语体系的世界贡献
与国际认同①

继《学会生存——教育世界的今天和明天》(富尔报告，下文简称《学会生存》)、《教育——财富蕴藏其中》(德洛尔报告)之后，联合国教科文组织于 2016 年发布了《反思教育：向"全球共同利益"的理念转变?》(下文简称《反思教育》)②。作为对人类教育甚至人类社会未来发展产生重大影响的里程碑之作，已有来自不同视角的解读。作为教育学中国话语体系的研究者，笔者不仅关注其所呈现的世界声音，而且关注其中的中国声音。遗憾的是，只看到了孔子的名言"知者不惑，仁者不忧，勇者不惧"，没有看到现代中国教育思想、教育政策和教育实践的"蛛

---

① 本文已见刊于《北京大学教育评论》2018 年第 3 期，由李政涛、文娟合作完成，本次出版略有改动。

② 联合国教科文组织编：《反思教育：向"全球共同利益"的理念转变?》，联合国教科文组织总部中文科译，北京，教育科学出版社，2017。

丝马迹",也没有发现 20 世纪以来中国教育界独特而丰富的思想创生与实践创造的痕迹,更没有找到改革开放 40 多年来中国在"教育公平"、"残疾人教育"、"女性教育"(包括女童教育)等全球性问题上所创造的丰富"中国经验""中国贡献"等,笔者由此产生的困惑和失落显而易见。①

这是一个特别值得追问和深究的问题:从教育改革实践到教育学思想与理论,为什么丰富多样的中国经验、中国思想与中国话语,尤其是 20 世纪以来的创造,如此受到忽视甚至漠视和轻视?我们一直在孜孜以求与国际接轨、与国际对话,却何以如此?其中到底出了什么问题?

在笔者看来,出现如此令人尴尬情形的原因与四个世纪性瓶颈问题相关:一是如何看待中国与世界的"关系";二是如何认识与国际"接轨";三是我们可以为国际学术界"贡献"什么;四是中国贡献如何获得国际"认同"。所谓"世纪性问题",意味着它们贯穿、渗透、绵延于 20 世纪以来中国教育和教育学的发展历程之中,构成了教育学中国话语建构过程中的"关系之难""接轨之难""贡献之难""认同之难"。

一、如何看待中国与世界的"关系"

所有与中国有关的学术研究,包括在西方逐渐盛行的"中国

---

① 李政涛:《人工智能时代的人文主义教育宣言——解读〈反思教育:向"全球共同利益"的理念转变〉》,载《现代远程教育研究》,2017(5)。

研究"，都面临共同的问题：如何看待"中国"？如何理解和处理中国与世界的关系？其核心要义不是"内容"而是"视野""视域"，更是"思考方式"。这里尤其关注的，首先不是通过以"中国"为对象的研究产生了多少有关中国政治、经济、文化、科技和教育等方面的知识和观点，而是反思研究中国的视角与思维方式。已有研究中国的视角，主要表现为三个方面："从中国看中国""从西方看中国""从周边看中国"。

一是"从中国看中国"。其优势在于：置身中国的历史与现实语境之内，不戴任何外来眼镜，直面中国现象本身，还原真实且日常的中国。缺陷也一目了然：由于没有必要的参照系，因而难以跳出中国自身的局限，容易陷入"就中国看中国"的自我封闭。

二是"从西方看中国"。这是百年来中国学术界的惯习或常态。社会科学和教育科学的理论及其内含的概念、方法等，几乎全部从西方"进口"，这些外来资源内置了西方的"眼睛"或"眼镜"，由此带来的悖论显而易见——没有这些理论，我们无法观察中国自身的事物；有了这些理论，又导致我们常常误读中国的经验。从西方看中国的研究者，除了中国学者，也包括西方学者，且分为自省者和不自省者两类。自省者如法农（Frantz Omar Fanon）、萨义德（Edward Wadie Said）以及斯皮瓦克（Gayatri Chakravorty Spivak）等带动的"后殖民论述"，清晰地体认到西方视野的局限，并加以剖析批判；不自省者大多持有文化优越感，甚至文化傲慢，只不过或显或隐而已。

三是"从周边看中国"。从西方看中国带来的水土不服，在研究方法论的意义上意味着"方法与对象的不适切"，毕竟这些研究方法产生的文化土壤是西方文化；相较而言，在历史和现实的意义上，"周边国家"这面看中国的镜子，更具有契合性。[①]具体到教育领域，杨东平提出了类似看法。事实上，与中国更具共性和可比性的是日本、印度、巴西以及泰国、韩国等亚洲国家和发展中的人口大国，尤其是在教育发展战略、教育与经济的互动、农村教育等方面，这些国家的经验和教训更为重要。该视角能够在一定程度上弥补"从西方看中国"的不足，但二者同样存在着一个潜藏的危险或弊端——这依然是旁观式的角度，无法做到只有"内在其中""置身其中"方可带来的"冷暖自知"，更多的是远观而来的洞悉。即使带来一些只有旁观才可能带来的洞察与清晰，也终究是隔岸观火，甚至是隔着窗户与玻璃的察看，其间的隔阂、疏离始终在所难免。

综合来看，不能不指出的是，三个视角的共同弊端是将中国与世界隔离开来，要么在中国这边看中国，忘了身外的世界，要么在西方、在周边、在那边看中国，在对岸看中国。其背后是一种"世界主义—民族主义""传统—现代""中国—西方"式的

---

① 葛兆光：《从周边看中国》，载《中华读书报》，2016-06-09。

二元分割和对立的思维方式。[①]

要实现教育学中国话语的建构，我们首先期待的转变是"从外到内"与"从旁观其外"到"置身其中"，这意味着需要把教育学中国话语体系以及由此形成的"中国教育学"放在世界版图上予以定位和审视。这里的"中国教育学"不是相对于西方国家或周边国家的教育学，而是"在世界的中国教育学"与"在中国的世界教育学"，它就在"世界之中"。对中国教育学而言，"西方"也好，"周边"也罢，都不是作为"相对面"或"对立面"的存在，三者共同作为"世界教育学"领域不可分割的部分而存在。"世界"从此成为研究中国教育和教育学的视角和分析单位，成为以"世界"为单位的"内窥镜"和"内视角"。随之带来的结果是，此后的中国教育学及其研究成果将采用世界性的眼光，思考和表述中国问题或世界问题，形成"在中国"的世界性思考方式与表达方式，就像当年的《学会生存》和当下的《反思教育》一样，尽管它们因为"中国声音"的匮乏而显得并不那么"世界"。

二、如何认识与国际"接轨"

谈起"中国特色"，往往和"国际接轨"连在一起，这种勾连仍然意味着二者不是割裂，更不是对立的关系。相对于"中国特

---

① 丁钢、周勇：《全球化视野与中国教育研究》，见丁钢主编：《中国教育：研究与评论》第 10 辑，1～37 页，北京，教育科学出版社，2006。

色"而言，对"国际接轨"的理解和解读甚少，常常被视为不言而喻之物而轻易跳过。实际上，"接轨"一词的微言大义既不亚于"中国"，也不逊于"特色"，值得深究细查。它至少可以具体化为三个问题：什么才是"接轨"？"接轨"之难在哪里？"接轨"之后怎么办？

什么才是"接轨"？"接轨"之"接"，含有"接入""接转""接续"之意，它们暗含了一种层层递进的关系：先是通过"接入"，在学习、理解和研磨中进入教育学国际话语体系之门，随后再进行"接转"，实现基于本土研究与实践的创造性转化或转化性创造，以此为基础，得以达成"接续"——以"中国话语"的内容与方式，产生对教育学西方话语的延续、延伸和再造，即冯友兰所言的"接着说"。接轨之"轨"，是教育学世界中的主流性、前沿性西方话语，包括概念、主张、方法等。与"国际接轨"被提出时潜藏着一个预设，即我们尚处于"脱轨"的状态，是在国际主流话语之外的"末流"、核心之外的"边缘"、前沿之外的"滞后"，这可能是中国教育学一直想改变的实然状态，所以才有"接轨"一说。它的目标是：改变中国之轨长期存在的游离于世界之外的状态，使中国之轨与世界之轨"并轨"，从此在世界的轨道上运行。

"接轨"之难在哪里？改革开放伊始，中国教育学与国际"接轨"的动议和主张不绝如缕，40 年多后为何仍然旧事重提？这与"减负"的话题类似，无非是因为迟迟没有很好地解决，不断顽固地冒出来，需要一次次反复探究。那么，究竟难在哪里？

既然是"接轨"，就必然是一种双向的关系，所有的矛盾、困难或瓶颈都不是单向或某一方造成的，而是与双方有关，中西双方都需要承担各自的责任。我们在自我反省的同时，也需要转换立场，站在西方的角度，探究西方理解中国、接受中国的"难言之隐"。对于中国教育学界而言，难在何处？

难在学习和理解吗？改革开放以来，中国教育学界以翻译出版、访学留学、国际研讨、发表西语著述以及创办西语期刊①等多种方式，努力在学习吸收中走入国际前沿。在一定程度上，我们已不缺可供学习研读的西学典籍、研究方法、研究工具和最新成果，不缺可以读懂、理解、传递及阐释西方思想的跨文化人才，为何还是难以"接轨"？

难在对话与沟通吗？多年来，我们通过"引进来""走出去"，在国内外或举办或参与不计其数的国际会议，创造了类型、形式和层次多元的与国际教育研究界对话沟通的机会，千方百计吸引国际学者与我们进行学术交流，为什么还需要讨论"接轨"？

难在方法和工具吗？相对而言，国际教育学术界的主流研

---

① 例如，2006 年高等教育出版社创办和发行《中国教育学前沿》(*Frontiers of Education in China*，季刊)、2012 年清华大学创办《中国教育国际期刊》(*International Journal of Chinese Education*，半年刊)、2018 年华东师范大学创办《华东师大教育评论》(*ECNU Review of Education*)。

究取向及方法、从传统的思辨研究到各种形式与类型的实证研究①、从盛行已久的质性研究到基于大数据时代的量化研究，先后在中国教育学界登场亮相，且各有大批拥护者和践行者。基于信息技术的各种研究工具，如 SPSS 软件、Stata 软件、R 语言系统，以及各种可视化软件、数据挖掘软件等，也被广泛运用且日益圆熟。既然如此，为何与国际"接轨"仍然成为一个问题？

仅从如上简要回顾性的描述中大致可以看出，改革开放以来的中国教育学界已经发生了诸多改变，用"成果"或"成就"概括这些改变都毫不为过。然而，什么还没有改变？在笔者看来，至少表现为三个方面。一是心态。如有学者所言，"今天真正的问题，是我们对'他者'的肯定与对'自我'的否定是共生的"，要"避免跟着西方贬抑自己"。② 这恐怕不是"今天"的问题，而是中国教育学界的心态惯习——我们从不缺少实践自信，但骨子里缺少理论自信、学术自信。二是角色。我们一直是"跟跑者""跟随者"，而不是"领跑者"，常常满足于扮演"取经者"，而不是"写经者""传经者"的角色。我们对教育学西方话语的潮起潮落、此起彼伏异常敏感且亦步亦趋，习惯于在西方学界划定的

① 袁振国：《实证研究是教育学走向科学的必要途径》，载《华东师范大学学报（教育科学版）》，2017(3)。

② 汪琪：《本土研究的危机与生机》，82 页，上海，华东师范大学出版社，2016。

轨道里运行奔跑，导致我们的轨迹几乎成为西方的复刻或翻版。三是贡献。相对于教育实践变革领域中国经验的高频迭出，教育学理论意义上的"中国制造"却乏善可陈；"接入"国际学术话语体系之后，如何在"接转"之中实现"接续"，始终没有很好地解决，成为与国际"接轨"之瓶颈。在某种程度上，"接入"意味着被"纳入"国际学术联队，作为后来者，教育学中国话语的研究团队在这支队伍中究竟拥有何种地位和话语权，并非取决于"中国血统""中国基因"，关键在于"中国贡献"。不然，遭遇"学术歧视"，就会变成"理所当然"。对于"国际教育学界"（以"西方教育学"为代表）而言，又难在哪里？

困难首先在于"理解困难"，"我们"可以理解"他们"，"他们"却难以理解"我们"。这当然和语言不通有关，近年来的"中文热"主要体现在经济、商业领域，而非学术界，粗通中文的西方教育学者寥寥无几；同时，也与文化隔阂有关，跨语种、跨文化的学术交流一旦进入深层次，势必走入文化障碍区，需要交往双方有对对方文化、典籍的深度研读和理解。但类似于哲学家海德格尔研读道家及《老子》、教育人类学家沃尔夫钻研儒家及《论语》那样的学术现象，在西方学界，尤其是在顶尖学者那里属于凤毛麟角；即使有这样的研读，文化障碍带来的各种文化误读也层出不穷，如海德格尔这样的思想家也不例外。至于是否存在学术意义上的文化歧视或学术歧视，我们无法轻易判断，但学术无视、学术盲点却是一目了然的客观存在。

自改革开放以来，国际教育界对中国教育的研究，尤其是对中国当代教育发展的研究，在数量和领域上都呈现不断增长的态势。相关国际知名教育学者的中国教育研究成果在国际教育学界产生了愈加重要的影响，如欧美的许美德、彭恩霖、保罗·贝利、骆思典、海迪·罗丝、约翰·霍金斯、曹诗弟以及澳大利亚的安东尼·韦尔奇、西蒙·马金森等。[①] 此外，有学者对中国和美国的国际教育研究（1994—2003 年）进行量化研究，发现美国关于中国教育的论文也是在持续增加的。[②]

　　即使如此，也依然不能掩盖三类学术无视和学术盲点：在研究主题上，主要是中国教育的历史、中国当代教育问题，首先是高等教育，其次为中等和初等教育，很少涉及中国教育理论，尤其是中国教育学理论；在研究视角和研究范式上，基本上是运用西方视角、研究范式来研究中国教育问题，依旧是"从西方看中国"；在研究资源上，除了专门研究中国教育史、中国当代教育问题的研究者会引用来自中国学者的研究成果，大多数西方教育研究者在思考和探究一些普遍性的教育问题时，从其注释、参考文献等细节看，很少运用来自当代中国学者的研

---

　　① 李梅、丁钢、张民选等：《中国教育研究国际影响力的反思与前瞻》，载《教育研究》，2018(3)。
　　② 雷文、商丽浩：《中美国际教育研究的交互视域——近十年教育期刊论文分析》，载《教育发展研究》，2005(8)。

究成果。① 与中国研究者大量运用西方学者研究成果的情形截然相反,这是一种极不对称的单向"接轨"。

总体上可以断言,在学术理论生产和知识体系建构的意义上,西方教育学界存在"中国盲区",他们几乎无须了解,更不会运用来自中国同行的研究成果,这与理工科存在明显的不同。不能不说,隐藏其中的根本问题或症结性的问题是:在孔子、老子、庄子等标志性的中国传统思想符号之外,西方教育学界似乎没有关注当代中国理论和中国话语的现实需要。对此不能简单抱怨、批评和指责对方了事,而要反观自身:中国如何吸引"西方"和"世界"?如何把了解、学习和引用中国话语与中国成果变成其内在需要?这是当下与国际"接轨"面临的第三个问题:"接轨"之后怎么办?这应当是进入新时代之后再度研讨"与国际接轨"时我们需要面对和解决的重大时代课题,也是新阶段的发展目标。

---

① 2013 年,笔者在德国访学期间,曾经浏览了 20 年来的《美国教育研究》(*American Educational Research Journal*)、《比较教育评论》(*Comparative Education Review*)、《教育人类学季刊》(*Anthropology & Education Quarterly*)、《哈佛教育评论》(*Harvard Educational Review*)、《英国教育研究》(*British Educational Research Journal*)等国际顶尖教育学术期刊,尤其是德国的《教育科学季刊》(*Vierteljahrsschrift für wissenschaftliche Pädagogik*)、《教育学杂志》(*Zeitschrift für Pädagogik*),尽管这些杂志偶尔也有来自中国学界的论文或书评,但就每期的主打选题及核心论文而言,基本上是西方视角、西方问题和西方经验。难得见到有西方学者把目光投向中国,无论是选题、注释、参考文献,还是对学术期刊的分析与研究,都难觅"中国身影"。

三、我们可以为国际学术界"贡献"什么

"接轨"之后最需要解决的问题是：在学习、吸收和借鉴之后，我们能否回馈和贡献给国际社会？要把教育学的"中国话语""中国经验""中国制造"等变成西方教育学界的"内需"，吸引对方了解中国、引用中国，这是"接轨"之后的中国教育学界能够给予回馈并做出属于自己的学术贡献的不二法门和唯一路径。

无论是回馈还是贡献，都与"写经"有关。经过百余年的"西天取经"，走入新时代的中国教育学，首先需要发生的转变是从"取经"走向"写经"，即从"西天取经"走向"中国写经"，写出属于自己的"经书"，进入已有的世界"经书"之林。

这是"接轨"之后的中国教育学界的"世界担当"。换言之，中国教育学界必须避免在光秃秃的西方概念上建构中国学门的想象，应转而通过具体、扎实和富有成效的研究，向世界清晰地展示我们回馈了什么、贡献了什么。在这个意义上，"中国"一词具有能力内涵，"中国"代表了一种独特的"能力"，即"中国能力"，它在表明有能力学习、理解、借鉴和运用西方理论的同时，还显现了一种贡献能力和创生能力。在教育学中国话语体系建构的过程中可以做出的"中国贡献"或"中国回馈"，具体表现在以下三个方面。

第一，回馈和贡献"中国视角"。吴康宁曾经提出，中国教

育学研究要有"自己的眼睛"①。一种"眼睛"就是一种看待问题、思考问题和解决问题的视角和眼光。任何一种理论及其内置的核心概念、范畴、观点,都内设着一种看问题的视角。例如,古往今来人们对"人""教育""教育学"等概念的理解出现了如此多的差异,呈现出"仁者见仁,智者见智"的丰富论述,无非是不同时代、不同国家、不同民族、不同论者的视角差异使然。同样,进行教育公平研究、课堂研究、学习科学研究等世界性教育领域的研究,教育学中国话语体系能否提供来自中国的思考视角并与西方视角形成互动互补之势? 视角的产生与思维方式有关。当中国人倡导"天人合一""知行合一"之时,背后隐含的是关联思维、整体融通思维、综合渗透思维和互动生成思维,强调的是天与人、知与行的关联、融通、渗透与互动,而不是"就天想天""就知想知",或者"就人说人""就行说行"。以如此思维方式观察课堂教学,研究视角不是要么看"教",要么看"学",而是教与学的"互动生成"。② 这是在中国发生的"新基础教育"改革研究教学的特有视角。

　　第二,回馈和贡献"中国主张"。依据《韦氏大词典》的定义,学术研究是一种"发现与解释事实,根据新事证修订既有理论,

---

　　① 吴康宁:《"现代教育社会学研究丛书"总序》,见张义兵:《逃出束缚:"赛博教育"的社会学解读》,总序,2页,北京,北京师范大学出版社,2003。
　　② 叶澜:《世纪初中国基础教育学校"转型性变革"的理论与实践——"新基础教育"理论及推广性、发展性研究结题报告》,见叶澜主编:《"新基础教育"发展性研究报告集》,23页,北京,中国轻工业出版社,2004。

或应用新理论或法则的活动"。基于这一解读，笔者认为，学术研究具有两个层次：一是"解释"和"应用"，二是"发现"和"修订"。最大的挑战是"修订"，包含了改变原有理论、创造和生成新的理论。对于教育学中国话语体系来说，在中西教育学话语体系的关系上，我们最不缺的是"解释"和"应用"西方理论，最稀缺的是修订与改变西方理论，创生新的理论。这些"稀缺"都与"学术主张"有关。汪琪指出："在华人学界，学术发展不仅仅是缺乏'理论论述'的问题，而是缺乏'学术主张'。'学术主张'包括研究者对于文献中所有隐含的预设、所展现的观察分析角度与立论架构、使用的方法、背后的深层结构、价值与世界观提出的意见，也包括他自己从中所发展出来的看法与主张……在欠缺'学术主张'的研究中，读者无法看到研究者本身背景、专长与关怀主旨所反映出来的观察角度、看法、论点或新意。"①以此标准反观教育学的中国话语体系，我们多年来忙着解释和应用杜威的理论、赫尔巴特的理论、福柯的理论、罗尔斯的理论、本纳的理论等各种引领国际学术风潮的理论，有的希望尽可能解释得周全，符合其原意，有的期望能够解释出"新意"来，但很少会进行反向思考：有了这些解释和应用，能否对这些外来理论提出修订、完善和改造，从而对该理论所欲解决的问题或研究对象贡献出新角度、新看法、新论点、新概念？

---

① 汪琪：《本土研究的危机与生机》，21 页，上海，华东师范大学出版社，2016。

例如，罗尔斯(John Rawls)的正义论是中国学者研究中国教育公平问题的主要理论资源和源泉，然而大多数研究停留在解释和应用的层次上，很少会在修订、完善和改变的意义上思考：针对在中国语境内的教育公平问题，有了对罗尔斯理论的应用，能否对这一理论有所改变、丰富和发展？于是，在中国教育公平研究领域内，我们看到的只是形形色色的罗尔斯理论的复刻版，看到的只是西方话语，而不是中国话语。相比而言，作为社会学家的费孝通做出了典范性的表率，他在应用人类学家马林诺夫斯基(Bronislaw Malinowski)"功能主义"理论于中国农村研究的过程之中，提出了"差序格局"的主张，拓展了"功能人类学"的理论边界和理论世界。不仅仅是中国教育学，当下中国人文社会科学都急需更多的费孝通式能够提出"中国主张"的学者。

第三，回馈和贡献"中国范式"。这里的"范式"主要是研究范式或研究典范，其核心是"研究方法论"。多年来，包括教育学在内的人文社会科学领域，在国际性的学术交流、对话、讨论和学术生产中，基本上不过是"西方主流研究传统之内的'独白'"。表面上存在诸多针锋相对的主张和观点，实际上系出同源，遵循的是同一类研究范式或典范，都是欧洲这一特殊的社会文化脉络与知识系统的产物，并且同时成为非欧洲学术界的"如来佛的掌心"，只要遵从这一典范，无论有多少讨论和争论都是在这一"掌心里的风暴"。学术世界倘若只有一种研究范式或研究典范，难以引发真正的对话。与独白不同，对话始终是以差异和不同声音的存在为前提的。有着深厚学术文化积淀和基础的中国教育学，完全有可能基于自身的学术文化命脉和教育实践变革的中国经验，在吸收、改造西方研究典范的过程中，凝练生成由核心价值观与世界观、基本预设、思考框架、思维方式等整合而来的新的研究范式，最终把对西方研究典范的复制性或复刻性的研究，变成只有通过中国范式才可能生成的创造性研究。这是我们最期待的"中国贡献"，也是教育学的中国话语体系。

　　无论是"中国视角"还是"中国主张"，抑或"中国典范"，这些书写了教育学中国话语体系的"经书"最终都将汇聚为"中国火把"，它的出现得以改变一种传统格局——中国教育学自诞生之日起始终跟随着学术意义上的"西方火把"前行，"如果学术研究无数发展的可能性隐藏在黑暗当中，则概念、理论与典范框架就是一支火把，它引导我们去关注某一个特定的区域范围。但是如果我们全体都只靠一支火把引路，而不自备火把，就永远只能跟着它的光走，永远只看到从它的角度所看出去的景色，以及它所能照到的范围。即便我们自己的样貌，也得依赖拿着火把的人描述给我们听。不但如此，用这支火把找路的人还可能会走错路、迷失方向，或在原点打转，那么跟随在后面的人又如何?"①今日的中国教育学特别需要基于教育学中国话语的

　　① 汪琪:《本土研究的危机与生机》，27～28 页，上海，华东师范大学出版社，2016。

提炼与创生，创造属于自己的学术火把，照亮并引领自己的道路。

四、"中国贡献"如何获得"国际认同"

当中国教育学写出属于自己的经书，从"传经"走入"写经"阶段之后，后续的发展阶段、发展方向是"传经"，在该阶段要解决的是"经书写就之后怎么办"的问题，即"中国回馈"和"中国贡献"，如何获得"国际认同"并产生国际影响力。问题的关键是：中国所做出的学术贡献，凭什么让国际认同？具备什么条件才足以吸引和打动世界，尤其是影响居于世界主流地位的教育学西方话语？一言以蔽之，什么样的学术回馈与贡献，或者什么样的"经书"，最能吸引、打动并说服世界？

首先，符合国际学术规范和表述逻辑的学术成果。

当代国际主流学术规范的制定者是以欧美为代表的西方国家，话语权不在中国，但该规范本身内含的科学内涵、科学标准及科学态度已经成为国际共识，成为国际前沿或世界一流学术成果的前提性基础，对此已无须赘述。学术成果形成和表达过程中的表述逻辑是相对容易被忽略，因而更值得探究的问题。多年来，在与西方学术界的交流对话中，常常会出现一种情况：中国讲述者的英语很好，能够把来自教育学中国话语体系的研究成果转述为熟练的英文表达，作为听众或读者的西方学者却反馈以茫然、迷惑的神情——问题的症结不只是文化障碍和语言障碍，更在于我们没有学会用西方人能够理解的表述逻辑表达中国思想和中国经验。这种表述逻辑既表现为研究者的学术价值观、世界观和前提预设，又展现为表达研究成果的框架结构和内在逻辑，如需要有"文献综述的铺展""研究方法的描述""研究结论的得出"等基本内容，让读者知晓作者有何研究基础、为何选择及如何运用这一研究方法、研究结论如何得出，以及得出何种结论等。此外，表述逻辑还体现于"研究问题的微与细""核心概念的清与实""文献综述的实与深""研究方法的准与透""参考文献的宽与广"等细节。只有做到"中国制造、国际表述"，才可能让教育学中国话语成为"国际话语"。当代中国教育学界已经不缺懂各种外语的人才，缺的是既懂外语又能做研究，还能以西方人能够理解和认同的表述逻辑表达"中国话语"的人才。

其次，具有全球视野和全球思维的学术成果。

经济全球化要求并赋予当代教育学研究以全球视野的可能性。视野之于学术研究的意义，除了制约问题提出的背景之广度和深度，还影响问题提出的方式和研究品质的高低，更事关成果的学术影响力。学术研究中的全球视野，包括"问题的全球性""眼光和视角的全球性""方法的全球性""思维方式的全球性"等。① 研究视野的全球性有利于覆盖更多的国际学者，助推世

---

① 文娟、李政涛：《当代教育研究中的全球视野、跨文化能力与中国特色》，载《全球教育展望》，2013(7)。

界性影响力的产生。仍以《反思教育》为例，它与《学会生存》一样都展现了一种"全球性思维"或"世界性思维"。[①] 它首先表现为一种理解教育的全球性眼光或世界性眼光。这种眼光不是某一国家、某一民族、某一群体、某一流派的眼光，而是跨国际、跨民族、跨群体、跨流派的，因而是属于全人类、全世界的；它不为少数国家、个别民族、某一群体或流派思考和代言，而是为全人类的教育福祉服务。与之类似，全球性眼光意味着将所有思考置于全球性背景之下，针对人类普遍存在的全球性问题，提出解决问题的全球性思路与策略。《反思教育》指出："当今世界的错综复杂和矛盾冲突，达到了前所未有的程度。""经济增长和创造财富降低了全球贫困率，但世界各地的社会内部以及不同社会之间，脆弱性、不平等、排斥和暴力却有增无减。不可持续的经济生产和消费模式导致全球气候变暖、环境恶化和自然灾害频发。此外，国际人权框架在过去几十年中得到加强，但这些人权规范的落实和保护仍然是一项挑战……技术发展增进了人们之间的相互关联，为彼此交流、合作与团结开辟出了新的渠道，但我们也发现，文化和宗教不宽容、基于身份的政治鼓动和冲突日益增多。"[②] 无论是全球贫困率还是全球变

---

① 李政涛：《人工智能时代的人文主义教育宣言——解读〈反思教育：向"全球共同利益"的理念转变〉》，载《现代远程教育研究》，2017(5)。

② 联合国教科文组织编：《反思教育：向"全球共同利益"的理念转变？》，联合国教科文组织总部中文科译，1页，北京，教育科学出版社，2017。

暖、环境退化和自然灾害频发以及全球学习背景，都是全球性问题，它们无法凭借一国、一民族、一群体之力得以解决，只有具备全球性的思路与策略才能逐步消除。

最后，满足世界需要和解决国际问题的学术成果。

以往人们常常如此表达民族性与世界性的关系——"只有民族的，才是世界的"。但问题在于：民族性的不一定会自发自动成为世界性的。如果中国教育学的研究成果关注的只是"吾国吾民吾土"的特殊问题，与其他国家，尤其是拥有学术话语主导权的西方国家没有任何关系，那么这种研究成果的影响力最终只能止于中国和限于中国，难以走向世界。由此触及国际认同的根本之处——如果站在他者立场，他者凭什么关注、接纳和认同教育学中国话语？如下问题是中国教育学界无法回避的：我们的研究成果能够解决世界性教育问题吗？能够有助于突破国际教育学界普遍面临的理论困局与思想困局吗？能够解决人类普遍遇到的问题，满足人类教育发展甚至社会发展的需要吗？如果能够带着这些问题从事教育学中国话语体系研究，就是"站在世界的肩膀上看中国"，就有可能建构"在世界的中国教育学""在中国的世界教育学"，让中国教育学处在"世界之中"。

要提升教育学中国话语体系的国际认同度，当代中国教育学界除了对研究本身做出调整、改变和提升，还需要拟定完整清晰的全球理论发展与传播战略，消除"西强我弱""话语逆差"等痼疾，提升教育学中国话语的国际能见度与显示度。除了亟待完善"教育学界的学术文化与学术规范""面向国际的学术发表体制与平台",以及推动"研究主体走向多元化"等①,这一传播战略还可以包括如下内容。

其一,创建研究机构。依托组织平台,吸引国内外学者既关注中国教育实践研究,也关注中国教育学理论研究,如海外中国教育研究中心、教育学中国话语体系研究中心等②。

其二,培育青年人才。先从国内入手,以形成"全球视野、眼光与思维",拥有"跨文化学术能力""全球学术胜任力""中国学术成果表述力"为核心目标,提升青年学者对于教育学中国话语的传播自觉和传播能力。

其三,举办海外专场论坛。在积极参与美国教育研究联合会(American Educational Research Association,AERA)年会等国际知名学术会议的同时,还需要在这些论坛里开设"中国专场",以专题和团队的方式,集中介绍教育学中国话语体系内创生的最新研究成果。

其四,与海外汉学界合作研究。汉学研究在西方早已成为一个独特且重要的学术领域,涌现出一代代杰出的汉学家,他们不仅是"中国研究"领域的代表人物,而且是联结西方主流学术界和核心话语体系学术界的纽带。可以通过与他们的合作研

---

① 李梅、丁钢、张民选等:《中国教育研究国际影响力的反思与前瞻》,载《教育研究》,2018(3)。

② 例如,2018 年 3 月华东师范大学成立了"教育学中国话语体系研究中心"。

究，打开进入国际学术主流界的通道，提升"中国声音"的显示度。

其五，发布影响力报告。除了对中国教育研究的国际影响力进行专题研究①，还可以定期发布"教育学中国话语国际影响力报告"②"国际教育学界中国研究进展报告"等，密切跟踪、把握相关动态和前沿方向。

如上传播战略的基本理念与基本目标，是"立足中国、参与全球""中国元素、国际制造""中国经验、国际表述"，逐渐推动教育学中国话语成为世界性话语，成为国际教育学理论与思想的发动机之一。

---

① 丁钢：《中国教育的国际研究》，上海，上海教育出版社，1996。
② 类似于如下分析和研究，如戴维民：《中国学术期刊国际影响力分析》，载《复旦学报(社会科学版)》，2004(1)。

图书在版编目（CIP）数据

智能时代的中国教育学/李政涛著. --北京：北京师范大学出版社，
2025.8. --（当代中国教育学小丛书）. -- ISBN 978-7-303-30891-0

Ⅰ.G40

中国国家版本馆 CIP 数据核字第 2025XR9978 号

———————————————————————————————————

ZHINENG SHIDAI DE ZHONGGUO JIAOYUXUE

出版发行：北京师范大学出版社 https://www.bnupg.com

　　　　　北京市西城区新街口外大街 12-3 号

　　　　　邮政编码：100088

印　　刷：北京盛通印刷股份有限公司

经　　销：全国新华书店

开　　本：890 mm×1240 mm　1/32

印　　张：9.75

字　　数：194 千字

版　　次：2025 年 8 月第 1 版

印　　次：2025 年 8 月第 1 次印刷

定　　价：56.00 元

———————————————————————————————————

策划编辑：鲍红玉　　　　　　　责任编辑：岳　蕾

美术编辑：焦　丽　　　　　　　装帧设计：焦　丽

责任校对：张亚丽　　　　　　　责任印制：马　洁